儒林怪杰
吴敬梓传

刘兆林 著

作家出版社

中国历史文化名人传

组委会名单

主任：李　冰
委员：何建明　葛笑政

编委会名单

主任：何建明
委员：何西来　李炳银　张　陵　张水舟　黄宾堂

文史组专家成员（按姓氏笔划为序）

王春瑜　王家新　王曾瑜　孙　郁　刘彦君　李　浩　何西来
郑欣淼　陶文鹏　党圣元　袁行霈　郭启宏　黄留珠　董乃斌

文学组专家成员（按姓氏笔划为序）

王必胜　白　烨　田珍颖　刘　茵　张　陵　张水舟　李炳银
贺绍俊　黄宾堂　程步涛

出版说明

中华民族五千年文明史中，涌现了一大批杰出的文化巨匠，他们如璀璨的群星，闪耀着思想和智慧的光芒。系统和本正地记录他们的人生轨迹与文化成就，无疑是一件十分有必要的事。为此，中国作家协会于 2012 年初作出决定，用五年左右时间，集中文学界和文化界的精兵强将，创作出版《中国历史文化名人传》大型丛书。这是一项重大的国家文化出版工程，它对形象化地诠释和反映中华民族文化的基本精神，继承发扬传统文化的精髓，对公民的历史文化普及和建设社会主义文化强国都具有重要而深远的意义。

这项原创的纪实体文学工程，预计出版 120 部左右。编委会与各方专家反复会商，遴选出在中国文化发展史上产生过重大影响的 120 余位历史文化名人。在作者选择上，我们采取专家推荐、主动约请及社会选拔的方式，选择有文史功底、有创作实绩并有较大社会影响，能胜任繁重的实地采访、文献查阅及长篇创作任务，擅长传记文学创作的作家。创作的总体要求是，必须在尊重史实基础上进行文学艺术创作，力求生动传神，追求本质的真实，塑造出饱满的人物形象，具有引人入胜的故事性和可读性；反对戏说、颠覆和凭空捏造，严禁抄袭；作家对传主要有客观的价值判断和对人物精神概括与提升的独到心得，要有新颖的艺术表现形式；新传水平应当高于已有同一人物的传记作品。

为了保证丛书的高品质，我们聘请了学有专长、卓有成就的史学和文学专家，对书稿的文史真伪、价值取向、人物刻画和文学表现等方面总体把关，并建立了严格的论证机制，从传主的选择、作者的认定、写作大纲论证、书稿专项审定直至编辑、出版等，层层论证把关，力图使丛书经得起时间的检验，从而达到传承中华文明和弘扬杰出文化人物精神之目的。丛书的封面设计，以中国历史长河为概念，取层层历史文化积淀与源远流长的宏大意象，采用各个历史时期最具代表性的文化符号与雅致温润的色条进行表达，意蕴深厚，庄重大气。内文的版式设计也尽可能做到精致、别具美感。

中华民族文化博大精深，这百位文化名人就是杰出代表。他们的灿烂人生就是中华文明历史的缩影；他们的思想智慧、精神气脉深深融入我们民族的血液中，成为代代相袭的中华魂魄。在实现"中国梦"的历史进程中，必定成为我们再出发的精神动力。

感谢关心、支持我们工作的中央有关部门和各级领导及专家们，更要感谢作者们呕心沥血的创作。由于该丛书工程浩大，人数众多，时间绵延较长，疏漏在所难免，期待各界有识之士提出宝贵的建设性意见，我们会努力做得更好。

《中国历史文化名人传》丛书编委会

2013 年 11 月

吴敬梓

目录

引言

伟大也要有人懂

　　一向行色匆匆的长江，与总是悠然漫步的历史长河相互牵扯着，流淌到了大清帝国的乾隆五年（1740）。世界最古老的华夏中国，数不胜数的读书人，正在挖空心思为中举进士谋官而呕心沥血之时，长江边的金陵（今南京）清凉山下一座简陋民宅里，年届四十，被祖父与嗣父命名敬梓，却自号粒民的吴姓秀才，正为自己悟出的不惑目标而奋笔书写一部时人所不齿的稗史开篇——《说楔子敷陈大义　　借名流隐括全文》。

　　这位"头缠长辫，身着青布破长衫，面皮微黄，两眉剑竖，如画上关夫子眉毛"的痴狂秀才吴敬梓，构思酝酿多年，自诩要写的一部大书，终于开篇了。他正饥肠辘辘，不吸烟，也不喝茶，极其简陋的案头却放了一大杯白酒。他当时已掏不出买半斤酒的银钱，而且严重的消渴病（即糖尿病）已不容许他饮酒，他却全然不顾酒的害处，靠赊来的烈酒将灵感驱动得如山野奔鹿，一时难以收拢。因已酝酿许久，成竹在胸，所以开篇写得别开生面，也十分得意：

人生南北多歧路，将相神仙，也要凡人做。百代兴亡朝复暮，江风吹倒前朝树。　功名富贵无凭据，费尽心情，总把流光误。浊酒三杯沉醉去，水流花谢知何处。

这一首词，也是个老生常谈。不过说人生富贵功名，是身外之物；但世人一见了功名，便舍着性命去求他，及至到手之后，味同嚼蜡。自古及今，那一个是看得破的！

以上这段开篇话，能在三百多年前说出，作者虽自谦是老生常谈，其实是石破天惊，振聋发聩的。请深思一下，"将相神仙，也要凡人做"，"功名富贵无凭据，费尽心情，总把流光误"，这话可是说在封建大清帝国的盛世之年，天下是皇家的，将相神仙除了皇亲国戚之外，都是由皇帝亲自命题，并仅凭四书、五经、八股文来钦定的极少数顺儒，哪里有凡人做的份？一个小小粒民秀才，他竟敢既指责朝廷"功名富贵无凭据"，又敢讽刺成群结队的读书人"费尽心情，总把流光误"，并号召人们要将富贵功名"看得破"！这怎能不是石破天惊，使人振聋发聩的伟大之语？不过这伟大之语当时没人懂，或有人懂了也装聋作哑而已！

接着，这位已年届不惑的大秀才继续用笔娓娓道来：

虽然如此说，元朝末年，也曾出了一个嵚崎磊落的人。这人姓王名冕，在诸暨县乡村里住。七岁上死了父亲，他母亲做些针指，供给他到村学堂里去读书。

……王冕看书，心下也着实明白了。那日，正是黄梅时候，天气烦躁。王冕放牛倦了，在绿草地上坐着。须臾，浓云密布，一阵大雨过了。那黑云边上镶着白云，渐渐散去，透出一派日光来，照耀得满湖通红。湖边上山，青一块，紫一块，绿一块。树枝上都像水洗过一番的，尤其绿得可爱。湖里有十来枝荷花，苞子上清水滴滴，荷叶上水珠滚来滚去。王冕看了一回，心里想道："古人说，'人在画图中'，其实不错。可惜我这里没有一个画工，把这荷花画他几枝，也觉有趣。"又心里想道："天下那有个学不会的事，我何不自画他几枝。"

......

王冕见天色晚了，牵了牛回去。自此，聚的钱不买书了，托人向城里买些胭脂铅粉之类，学画荷花。初时画得不好，画到三个月之后，那荷花，精神、颜色无一不像，只多着一张纸，就像是湖里长的；又像才从湖里摘下来，贴在纸上的。乡间人见画得好，也有拿钱来买的。王冕得了钱，买些好东好西，孝敬母亲。一传两，两传三，诸暨一县都晓得是一个画没骨花卉的名笔，争着来买。到了十七八岁，不在秦家了，每日画几笔画，读古人的诗文，渐渐不愁衣食，母亲心里欢喜。

这王冕天性聪明，年纪不满二十岁，就把那天文、地理、经史上的大学问，无一不贯通。但他性情不同：既不求官爵，又不交纳朋友，终日闭户读书。又在《楚辞图》上看见画的屈原衣冠，他便自造一顶极高的帽子，一件极阔的衣服。遇着花明柳媚的时节，把一乘牛车载了母亲，他便戴了高帽，穿了阔衣，执着鞭子，口里唱着歌曲，在乡村镇上，以及湖边，到处顽耍，惹的乡下孩子们三五成群跟着他笑，他也不放在意下。只有隔壁秦老，虽然务农，却是个有意思的人；因自小看见他长大，如此不俗，所以敬他，爱他，时时和他亲热，邀在草堂里坐着说话儿。

……

弹指间，过了半年光景。济南府里有几个俗财主，也爱王冕的画，时常要买；又自己不来，遣几个粗夯小厮，动不动大呼小叫，闹得王冕不得安稳。王冕心不耐烦，就画了一条大牛贴在那里；又题几句诗在上，含着讽刺。也怕从此有口舌，正思量搬移一个地方。

……

又过了六年，母亲老病卧床。王冕百方延医调治，总不见效。一日，母亲吩咐王冕道："我眼见得不济事了。但这几年来，人都在我耳根前说你的学问有了，该劝你出去做官。做官怕不是荣宗耀祖的事！我看见这些做官的都不见得有甚好收场！况你的性情高傲，倘若弄出祸来，反为不美。我儿可听我的遗言，将来娶妻生子，守着我的坟墓，不要出去做官，我死了，口眼也闭！"王冕哭着应诺。他母亲奄奄一息，归天去了。

……

不数年间……到了洪武四年，秦老又进城里，回来向王冕道："……我带了一本邸抄来与你看。"王冕接过来看……便是礼部议定取士之法：三年一科，用五经、四书、八股文。王冕指与秦老看，道："这个法却定得不好！将来读书人既有此一条荣身之路，把那文行出处都看得轻了。"说着，天色晚了下来。此时正是初夏，天时乍热。秦老在打麦场上放下一张桌子，两人小饮。须臾，东方月上，照耀得如同万顷玻璃一般。那些眠鸥宿鹭，阒然无声。王冕左手持杯，右手指着天上的星，向秦老道："你看贯索犯文昌，一代文人有厄！"话犹未了，忽然起一阵怪风，刮得树木都飕飕地响。水面上的禽鸟，格格惊起了许多。王冕同秦老吓得将衣袖蒙了脸。少顷，风声略定，睁眼看时，只见天上纷纷有百十个小星，都坠向东南角上去了。王冕道："天可怜见，降下这一伙星君去维持文运，我们是不及见了！"当夜收拾家伙，各自歇息。

自此以后，时常有人传说，朝廷行文到浙江布政司，要征聘王冕出来做官。初时不在意里，后来渐渐说得多了，王冕并不通知秦老，私自收拾，连夜逃往会稽山中……

王冕隐居在会稽山中，并不自言姓名；后来得病去世，山邻敛些钱财，葬于会稽山下……可笑近来文人学士，说着王冕，都称他做王参军！究竟王冕何曾做过一日官？所以表白一番。这不过是个楔子，下面还有正文。

这篇楔子为开篇提纲挈领第一要章，却写得平白如老叟叙家常故事，通篇没有一句华丽辞藻，没用一个典故，也不用半句文言，现在读来也如今人写的一般亲切，文字通畅易懂，意境却美妙如画，尤其思想境界的超凡脱俗，前无古人。对于中国古典文学，这无疑是一次重大革新。在此之前，无人将画画的白描笔法用于小说描写景、物、人。此前的中国小说，几乎都不描写景物，写人也是身高八尺，怒目圆睁，或花容月貌、闭月羞花之类。吴敬梓仅这开篇第一回的景物描写，已堪称开历史先河。还有对王冕这个人物的描写，也如画功一般逼真生动，这也是中国小说创作的一个历史性进步。而这前无古人的进步，又引出众多后之来者，因而堪称文学史上一块重大里程碑了。总括全篇这第一回，借名流"敷陈大义"，即今天所说的主题思想，不仅当时振聋发聩，至今也闪烁着不朽的光芒：作者借所描写的前朝人物之口，直指当朝"取士之法定得不好"——"将来读书人既有此一条荣身之路，把那文行出处都看得轻了。"而作者著此书所处时代，正属史学界已有定评的"康乾盛世"，是乾隆皇帝执政的太平盛世之年，吴敬梓却独具慧眼指出"一代文人有厄"，这不正是让时人讥笑他痴狂癫怪的所在吗？那么他于太平盛世中指破的"厄"在哪里呢？看完他用十年心血写成的《儒林外史》全篇，便可理会，厄在用无用的八股时文取士，而文士们的心灵已被僵死的八股时文腐蚀坏了，不重视"文行出处"，一心只把朝廷规定的"取士时文"，即"八股文"，当博得皇帝说好而乞求官做的敲门砖。但是，对作者"一代文人有厄"的先见之思，同时代的一些得意文人竟认为，那一代文人哪里有厄，欣逢太平盛世，如果仍然说有厄的文人，一定厄在他自己无能。这等说法所指的能，只是为自己的荣华富贵谋官发财光宗耀祖方面有用而于国计民生无用的私能，而不是出以国家与民族发展的公心，于人的心灵健康着想的公能。

其实，那个太平盛世，不过盛在风调雨顺，没有战乱，经济有所发展罢了。靠文字狱实行对人的思想禁锢，靠僵死的八股时文挑选庸才为官，对文化与人的精神都是巨大的戕害！所以"五四"新文化运动时代的胡适先生说："不给你官做，便是专制君主困死人才的唯一妙法。要想抵制这种恶毒的牢笼，只有一个法子：就是提倡一种新社会心理，叫人知道举业的丑态，知道当官的丑态，叫人觉得'人'比'官'格外可贵，学问比八股格外可贵，人格比富贵格外可贵。社会养成了这种心理，就不怕皇帝'不给你官做'的毒手段了。……一部《儒林外史》的用意只是要养成这种社会心理。……这种见识，在二百年前，真是可惊可敬的了！"所以伟大的鲁迅先生才称吴敬梓的《儒林外史》是一部"出以公心"的"伟大讽刺小说"，开了中国讽刺小说的历史先河。鲁迅先生还深怀哀国人之不幸、怒国人之不争的沉重心情发出呼唤：伟大也要有人懂！

唯其如此，我们有必要弄懂，出以公心的先知先觉者吴敬梓与他的

《儒林外史》何以伟大。

在以修身齐家治国平天下为读书目的古中国，提倡的"万般皆下品，唯有读书高"，不是指读方方面面有见识有价值的书都高。那些于封建统治不利的，即便是天才之书，也难跻入高列。对这种难入高列的天才之书，不仅不以为高，且要禁，要焚，连著这种书的儒们也要坑。所以，不仅中国"五四"新文化运动的主将鲁迅和胡适等少数人，读懂了并极力赞美《儒林外史》的伟大，一些外国人如美国著名学者亨利·韦尔斯也大加赞美说："《儒林外史》是一部极为出色的著作……足堪跻身世界文学史杰作之林，可与意大利薄伽丘、西班牙塞万提斯、法国巴尔扎克或英国狄更斯等人的作品相抗衡。"

但是，伟大的《儒林外史》和伟大的小说家吴敬梓，在国内却越来越少有人读，当然也越来越少有人懂，甚至少有人知了。一个没有伟大作家的民族是悲哀的，有了伟大作家却被人遗忘或不懂的民族，更可悲哀。这位崇尚自由平等、蔑视权贵，又出于公心、乐于助人的伟大作家，在写作《儒林外史》的后期，连粥饭都喝了上顿没下顿了。无米下锅，无炭暖足，却伏案茅屋，靠搓手顿足而笔耕不辍，用自己创作的几百个儒林人物传世，以伸张知识分子不应只为科考谋官而读书，呼唤所学知识应对社会和百姓有用的卓见。他本人，是有条件也有能力科考为官的，可他这个史上有名的科举世家有望进士为官的富家子弟，却于最有为之年发出背叛的誓言，不考不宦，甘为"粒民"，一心写作批判腐朽没落科举制度，呼唤读书人觉醒的《儒林外史》了。而这部至今仍闪烁着人类进步思想光芒的不朽之作，在作者死后五十年才得以刊刻行世，好不令人心酸。而那些待此等不朽名著于不屑，却对当下风靡的速朽"名著"须臾不得离开的读者们，岂不更令人心酸？

唯伟大可以消酸！

第一章

1. 全椒探花府

让时光之水从《儒林外史》始写开篇之际再倒流四十年。

不舍昼夜的长江刚好奔流到公元一七〇一年，中国的改朝换代，到了大清康熙四十年（1701）。

康熙大帝当政六十年，四十年上，正是风调雨顺的太平之年。

这年农历五月，浩浩长江西畔，距现今江苏省会南京只百多里的安徽滁州全椒县城，石榴花正如春风撩拨下的野火，热烈地烧红了穿城而过的襄河两岸。

那个五月，距今已有三百一十一年之久，所以无法考证是五月的几日了。但是，那一日，全椒，乃至全滁州，几乎家喻户晓的吴家探花府，有了需认真对待的特大喜事是可以肯定的。

都说祸不单行，福不双临，可探花府吴家的大喜之事却同时来了两件。两件大喜事赶在一起，便可以说是特大喜事了。

一件是，府上当家老爷吴旦的诗文集——《赐书楼集》，刻印完成，需庆贺一番，然后放入探花府的赐书楼。阔大探花府里住着的吴家，祖上便以儒为业，极为看重读书，是全省，乃至全国著名的科举世家。眼下正当家的大老爷吴旦，有新诗文集刻印问世，当然是整个府上的大喜事。这喜事到底有多大，需先说说吴家所居探花府的来历才会清楚。

"国初以来重科第，鼎盛最数全椒吴"，这诗句说的就是全椒探花府的吴家。这吴家，从明朝万历年间的先人吴沛开始，便彻底弃农弃医，开始攻读四书五经，写作八股制艺，以儒为业了。据《全椒县志》记载，吴家祖上最先投身举业的吴沛，受家里管教极严，不许自由玩耍，连上街看一次民间戏曲都要痛遭杖打，穷尽全部精力，三十岁方得参加乡试而未中。以后又历经多年，七次参加乡试均未中举，直到四十岁上才补上一名可怜的廪生。一辈子教书，最突出的成果是将自己平生写作八股制艺的体会，写成《题神六秘说》（分"竖、翻、寻、抉、描、疏"说）和《作法六秘说》（分"逆、离、原、松、高、入"说）两篇著作。单就科考作文来讲，这十二秘诀确属管用的真知灼见，加上他后来专门教书，耳提面命传授给儿子，便大见成效。他的五个儿子，除老二被安排专门料理家政外，其余四个儿子皆遵他之命专心"业儒"。这四子分别考中进士，而且有一为探花：老大吴国鼎，是明末癸未进士，官中书舍人；老三吴国缙，清顺治乙丑进士；老四吴国对，顺治戊戌进士，探花及第，官翰林侍读；老五吴国龙，也是明末癸未进士，官礼部都给事中。而吴国对和吴国龙是孪生兄弟，吴国龙的儿子吴晟，又是康熙丙辰年进士，另子吴昺辛未年进士，榜眼及第。一家五兄弟考出四个进士，而且一个一甲三名探花，这在哪朝哪代都是了不起的事情，不能不成为科举史上一大美谈。吴家这个进士团中，因吴国对中的是一甲三名探花，按例授官翰林院编修，颇受福临皇帝赏识，后曾任福建主考、顺天学政等职。吴家举业绩显，家道日隆，弟兄们合力建下偌大一座家宅。这老四吴国对，也就是探花府当下掌门老爷吴旦的祖父，虽是一甲三名探花及第，不及榜眼及第的后辈吴丙，但他的功名在全族为最高者，曾受顺治皇帝恩宠赐书，并有幸伴随过皇帝，所以吴家的大宅第便以探花府命名。

这探花府建在全椒县城的襄河岸边，接近城垣处，除了因各种需要的房屋，还特意建有一座"赐书楼"，是专门收藏皇帝所赐书、匾和朝廷要员赠赐给吴家的题字、诗文、书、信等真品的专用楼屋。可想而知，这赐书楼在探花府当下掌门人吴旦眼中，会有多么重要。吴家出过那一批进士之后，已多年不第了。这个当家的吴旦已年老多病，才只是个秀才，与祖上的一群进士比，已不可同日而语。而他的长子吴霖起，入学成为秀才多年，岁科考试成绩常列一等，乡试却未曾中举，只在康熙丙寅二十五年（1686）又行的拔贡考试中，各种文章都写得出类拔萃，而被选中拔贡。因父母有病，他一直按朝廷规矩，在家尽孝候职，并埋头苦读，孜孜以求前辈攀及的科举高峰。

探花府的吴家，另一件大喜事，便是掌门老爷的这位长子吴霖起得了儿子。探花府的长子得子，等于吴家后继有人了，非同小可啊！古老中国，不孝有三，无后为大。长子吴霖起终于有了儿子，这对吴家掌门老爷来说，是多大的喜事，便不言而喻了。

但是，这其中有个特殊情况，使吴家这个新生儿，即本传传主，还没起名，便成了为吴府添乱的人。他添的是什么乱呢？前边所说探花府当家老爷吴旦的长子吴霖起，他虽为长子，本人却既没生子也没生女。眼下的一个女儿，是从多子多女且家庭负担很重的吴旦之弟吴勔之子吴雯延家过继来的，过继此女之时，还议定，吴雯延再生一子仍过继给吴霖起为嗣。这是因为，封建社会的中国，一个家族的族长之位要由长子之子继承。不管吴霖起得的是亲子还是嗣子，探花府掌门人的长子有后了，当然大喜。但是，笔下这个死后二百多年才得了个伟大讽刺小说家之名的传主，也因此埋下了一生不幸的伏笔。所以如此说，因在封建宗法社会，过继承嗣者虽屡见不鲜，但在大家族中，被出嗣者本人不因此陷入纠葛漩涡而一生不幸者，却极少。

新生儿既已出嗣给吴霖起，名字就该由嗣父呈请当家老爷来定夺。按家谱规定，吴霖起的上辈人，名都是一个字，有排雨字旁的，有排日字旁的。他父亲吴旦排的即是日字旁。而下辈又该是一个字的了，而且该排木字旁。

父子俩早就查阅了许多书典，把木旁的意美之字列了一大串，最后不约而同，独独留下一个梓字。理由相当充分：一是梓字有木旁，符合家谱第一要求；二是《诗经》有云，"维桑与梓，必恭敬止"，"梓为木王，盖木莫良于梓"。姓吴名梓，即吴家的良材。另外，梓还有印书雕版之意，付梓，就是书付排版之意。这层意思是儿子吴霖起特别提出的。知父莫如孝子，在家尽孝的奇才拔贡不会不懂得父亲对已付梓即将面世的《赐书楼集》是何心情，所以他特别想到梓字这另一层意思。

只考得秀才的吴旦，当然高兴长子这份孝心，但他却不能承受这个意思。他说："吾儿能想到梓之雕版之意，甚好，但不能是纪念我个秀才之书付梓，而应为纪念皇上之书梓后赐与吴家之意！"吴霖起则说："父亲此意当然胜过儿意，对外就以父亲之说为准，但在儿心里，必有纪念父亲文集付梓之意不可！"

吴旦："我个秀才，怎敢与皇上并比，纪念吾书，会误吾孙前途！"

吴霖起："那就依父之意，不过需再加一字为上！"

吴旦："加字便破了家规！"

吴霖起："梓字是按家谱定的，加个字，意在加深梓意，不算离谱！不离谱而有新意，就奇了！"吴霖起就是因文章奇好而被选为拔贡的，因此他向父亲力争，"不离大谱，又出新奇，才能为祖上增光，咱吴家才有望再出进士！"

一听再出进士，吴旦眼睛亮了："你要添何字？"

吴霖起："敬！吴——敬——梓，意在我儿既要敬仰皇上所赐之书，又要敬重祖父所著之书，才能成为既有祖根，又能参天之梓！"

吴旦："此意虽好，但只取前意更好——敬仰皇上所赐之书并遵旨而行，才会大有出息。不然，走上邪路，有何前途？你虽比我有点出息，但若改了好奇图新之病，也许就中了进士也未可知。就按你意，加此敬字，但绝不得灌输奇想。顺此意，我再为孙儿取字'敏轩'，意在促其敏而好学！"

可是，吴敬梓这一辈的排行，同堂人家都取名两个字，单单长房嗣子取名三个字，往下再有哪家添丁，该如何办？

质疑传到老爷吴旦那里。吴老爷子把几个弟兄和他们的儿子召集到自己的居所。他先看了一眼拔贡长子吴霖起，再挨个扫视一遍均无学位的其他三子，然后又较长时间环顾了一番自己的住宅。

这套宅子，在探花府第算最重要的部分，是个错落有致的群落，虽没了兴建之初的欣欣向荣气象，已显出主人的颓势，但毕竟瘦死的骆驼比马大，仍可见出昔日主人的不凡来。

古时滁州城乡住宅多为砖木结构的楼房。清代以后，多为一明（厅堂）两暗（左右卧室）的三间屋和一明四暗的四合屋。一屋多进。大门饰以山水人物石雕砖刻。门楼重檐飞角，各进皆开天井，通风透光，四处雨水通过条条水槽淌入阴沟，吉称"四水归堂"，意在"财不外流"。各进之间有隔间防火墙，远看有如古城堡。一般是一个分支住一进，中门关闭，各家独户过自己的日子。中门打开，一个大门进出祭奠先人。滁州地区气候湿润，人们一般把楼上作为日常生活主要栖所，保留土著山越人"巢居"遗风。楼上厅屋一般比较宽敞，有厅堂、卧室和厢房。屋外墙除入口，只开少数小窗。小窗通常用水磨砖或青石雕砌成各种形式漏窗，点缀于白墙上，形成强烈的疏密对比。民居正立面，墙上有卷草、如意一类的砖雕图案。入口门框多用青石砖砌成，给人以幽静安闲之感。探花府邸的建筑就是这样特点，院落很深，进门为前庭；中设天井，后设厅堂住人；厅堂用中门与后厅堂隔开，后厅堂设一堂二卧室，堂室后是一道封火墙，靠墙设天井，两旁建厢房，这是第一进。第二进的结构仍为一脊分两堂，前后两天井，中有隔扇，有卧室四间，堂室两个。第三进、第四进，结构都是如此，一进套一进。

按着当家老爷吴旦的打算，整个探花府将来是要分别留给子孙的，尤其长房嗣孙吴敬梓的诞生，使他的这个想法更加明晰。吴家的荣耀在于举业，眼下举业之绩数长子吴霖起为最，老爷吴旦住的宅院留给待补拔贡吴霖起无疑，尤其嗣孙吴敬梓的定名，让这位一直不得志的病秀才产生了新的期望。于是他向各位族人郑重宣布："吴家族谱不能变，敏轩少爷是我长孙，为使长孙不辜负皇恩成为出众之材，我特准其名增加一字，往后其他人等，一律仍按族谱命名，各家均不得有离谱之想！"

探花府因当下家长吴旦功名不高且长期患病，与兴建之初相比已显落势，吴旦必须强力支撑方有可能不使落势加剧。所以当苏州方向涌来数百乞讨的工匠时，吴旦丝毫不敢热情，吩咐长子吴霖起以及吴府下人，赶紧关门闭户一躲了之。乐善好施的吴霖起问原因，吴旦面对偌大探花府，正色训导长子说，咱吴家添了男丁，更要嗣兴家业，哪样不得积蓄？那么多闹事受官府驱赶的流浪工匠，谁可怜得起？

吴霖起这才觉出自己肩上担子的分量，和夫人宋氏带着嗣子敏轩，以长房长孙的独有资格，正式入住了探花府特别重要的宅屋。没亲自生子的宋氏无奶水，吴敬梓的哺育便由雇用的奶娘来做。穷家奶娘的乳汁哺育得不时能听见吴敬梓的笑声。那笑声，在吴旦和吴霖起父子耳里，就像探花府参天大树上喜鹊的歌唱。

这歌唱，引来吴家远近亲友纷纷上门送贺礼。最贵重的礼品要数吴霖起的堂叔吴勖即小敬梓的亲爷送的一对青花瓷胆瓶，瓶上是一幅状元中榜的画儿。吴霖起的堂弟吴雯延即小敬梓的生父，送的是一套贵重的楠木屏风，那上面雕刻的是极为精美的五子登科图。这还不算，生父还在小敬梓百天的时候，又送了一只很重的银锁。其他有送一对樟木箱子的，有送一对翡翠脚镯和一对墨玉手镯的，好像吴敬梓将来注定会考中进士，甚至中上状元，唯恐礼薄了会后悔似的。家在柴草市的远亲卞魁，已多年不与探花府来往，这回也来送礼。吴旦清楚卞魁家生活窘迫，而且卞魁家半年前生了个女娃，吴家却没送过贺礼。好在卞魁论起辈分要低两辈儿，并不会计较。卞魁送来的是一包新弹好的细棉，他战战兢兢向吴旦叫了声老爷说，咱们是近亲，没有重还有轻，今年新摘的淮河细棉，弹得精细，白得耀眼，给贵娃絮被褥最好了。

也有让吴旦头疼的送礼者，其中辈分很高吴旦得称为舅爷的庞晃便是。庞晃一来，把红纸包好的银锭放在桌上说，谁不来我得来，没啥带的，送几锭银子最实惠！

吴旦不乐意见庞晃，但脸上也堆出些笑意说，舅爷来了是增吴家面子，屋里请。

庞晃摆手道，宝局上还有人等我，告辞！

吴霖起把亲友们送来的礼品一一记下，吴旦看了说，可要记好，将来人家有喜事定要一一还了这些人情，不过舅爷庞晃送的银子不用记，心里记着就行了。

吴霖起不解说，县衙侯举人送的也是银子，跟舅爷的一样多，举人记了，舅爷为啥不记？

吴旦说，举人是正经的读书官人，舅爷是不正经的惯赌之人，银子和银子不一样！

为了求得嗣孙，吴旦几年前就费下苦心了。他曾无数次在探花府徘徊。这回有了嗣孙，吴旦特别当回事儿把嗣孙的亲爷，连同其他几位堂弟都请过来吃酒。

一圈红木椅子把一张杉木大圆桌围上，吴旦笑容可掬说，我请堂弟们过来吃酒，不外是商讨咱吴家后人举业的大事，同时就把自己的《赐书楼集》一一递上。

吴敬梓的亲爷吴勖见一桌人都是同辈弟兄，便提议说，大侄霖起是候补拔贡，也算有功名之人，又当了敏轩的嗣父，该叫他来陪酒，也好一同商量！

吴旦这才把候补的拔贡儿子叫上桌。

吴霖起怯怯坐在下首，听父亲说道："大清开科以来，是吴家举业最盛之时，现今康熙爷执政已然太平盛世。前清重臣鳌拜倒了，割据一方的吴三桂、耿精忠、尚可喜三藩平了，这年头不事举业断无道理。当下吴府有了吴檠和敬梓两个男后生，理应早为他们的举业做好打算！"

吴霖起谦恭地对桌上的各位长辈说，孩子尚不知事，费心太早也是无用。既然太平盛世，孩子将来生意上能有成就也算得上有出息。

吴霖起所以这样说，是因桌上还有吴家的姑老爷在，人家是襄河镇最有身份的商人。

听了此话，吴旦不禁心头火起，顺嘴冲出"混账"二字，然后就无话了，酒杯也不再举起。

长房吴旦召集的酒席因儿子这句扫他兴的话，竟不欢而散。因此以后再有涉及吴敬梓将来的事，吴霖起一概听父亲的，断不敢擅做主张，吴旦老爷才重又高兴起来。

整个探花府都对吴敬梓继承吴家举业寄予了厚望。哪料上苍没这么想，却在这一年里，神差鬼使江淮江浙数十浪荡形骸的文人才子，聚于离探花府吴家不远的滁州琅琊山醉翁亭吟诗作赋，在文学史上留下佳话，使整个全椒读书人无不知晓。日后渐渐长大的吴敬梓也不会不深受影响，所以才成了名声并不比他们小的伟大文豪。可这伟大文豪，却恰恰违背祖训，成了地地道道的不肖子孙。

2. 奶娘及洗衣娘

吴敬梓一出生就成为嗣子，而嗣娘不可能有奶水，亲娘有奶又用不上，所以，奶娘便成了他童年记忆最深、感情也最重的人。中国有句贬义的话，有奶便是娘。而往深处一想，被人家用血样重要的奶汁养大了，出于感恩而以娘相称，这不该是贬义的。

所以青少年时期的吴敬梓，曾背着祖父多次去看望他乡间的苦命奶娘。可以说，奶娘的乳汁是他一生都没枯竭的营养，以致他到壮年发誓拒考不宦，永做平民文人而自起名号"粒民"。

吴敬梓出生那年，将近年关的时候，他的第一个奶娘回家过年就再没回来，原因是奶娘自己的娃崽和全家都离不开她。吴家只得四处寻找适合的新奶娘。不光在襄河镇找，连武岗西王庙和伟庄那边都去看了，再远一点儿的六镇、马厂、二郎口那边也去了。寻了一大圈，最后不得不把柴草市的远亲卞魁的老婆找了来。

老爷吴旦问卞魁老婆叫什么名字，卞魁老婆头都没敢抬，说自己没名。古时乡间平民百姓家的女人许多无名，按姊妹排行大小定个顺序就行了，出了嫁再加个婆家的姓也就完了。像卞魁老婆，大多都称卞魁家的。吴旦便对吴霖起交代说，就称她敏儿他奶娘吧。

小小吴敬梓离不开他的奶娘，奶娘对吴敬梓喜爱之情也视同己子，连吴霖起的妻子都自愧弗如。奶娘不仅喜爱吴敬梓，还特别羡慕吴敬梓有两个名字，每当她敏儿敏儿地叫着这个名字时，总又会想着另一个名字——敬梓，同时又不能不特别强烈地想到，自己的女儿同自己一样，也没个名字。

有一天，奶娘趁吴霖起放下笔从书案边走到她身边亲亲敏儿时，鼓起勇气把想请他给孩子起名的愿望说了出来。她觉得，比大老爷和善可亲的大少爷，将来必是个出人头地的官家人，若是他能给女儿起个名字，也会是个福分。比大老爷心地善良，也比大老爷乐善好施的吴霖起，当然不会拒绝自己爱子奶娘这个唾手可得的请求。刚好他停笔时写在纸上最后的两个字是"折桂"。他便指着那个"桂"字说，这个桂字就很不错，桂花要在贵时开，你女儿若叫桂儿，长大一定会嫁个贵人！于是奶娘就把自己的女儿叫成了"桂儿"，自己就不仅是卞魁家的，还是桂儿她娘了。有了两个名字的奶娘，越发感到给敏儿当奶娘的荣耀，也越发对敏儿爱得胜过早早就舍了奶的桂儿。

奶娘哺育的少爷吴敬梓，骨子里浸透了与奶娘的亲情，且与日俱增。奶娘的奶、长相、声音和体温都融化在吴家掌上明珠的血液和心灵中，已不可或缺了。但是，吴敬梓满四岁那年，吴府发生的一件事，却让胜似亲娘的奶娘，不得不离他而去。

康熙四十二年有一阵子，全椒县都在传康熙皇帝要来滁州。这个传闻让老爷吴旦激动不已，他考虑的是，年过四十的候补拔贡长子，已候补数年，该趁此机遇活动活动，补个空缺了。便经友人指点买了一尊价钱不菲的银蟾，欲送知府打点。买回来的银蟾悄悄在家放着，没几个人知道，但近水楼台的奶娘是看过一眼的，那是吴霖起拿着让被奶娘背着的敏儿高兴看了一眼，奶娘借敏儿的光，也看了那么一眼，连那东西的细模样都没看清。可银蟾却不翼而飞了。

吴旦老爷急了，吩咐在全府悄悄查找了个遍，不见踪影，同时那天也不见了奶娘的影儿。查问了吴霖起的夫人宋氏才知道，是夫人送奶娘一些旧衣物，让她回家过小年了。管家便怀疑银蟾没影儿一定与奶娘没影儿有关，遂亲自到奶娘家去查找。

卞魁家的草屋里，奶娘正在叠整着刚刚从吴家拿回的旧衣物，管家闯进来劈头就问，老爷家的银蟾是不是让你拿来了？

奶娘惊愕问，啥银蟾？

管家把奶娘从吴家带回的衣物，还有她自家可疑的地方都翻查个遍，并无银蟾的影儿，吴家便向县衙报了案。

案子虽没破，吴旦大老爷却打发了奶娘。为此，吴敬梓哭闹了多时，吴霖起也愧疚了许久。父子俩，一个割舍不得奶娘，一个愧对奶娘育子之恩。

银蟾最终也没下落，吴敬梓却因此没了奶娘，吴霖起也没获补空缺。倒是没了奶娘也便断了奶的吴敬梓，从此被嗣父严加管教起来，《三字经》《百家姓》《千家诗》一天到晚死背个没完。直到康熙四十七年，全椒县衙将赌棍庞晃收进监牢，才使吴家丢失的银蟾一案水落石出。原来赌棍庞晃本是探花府的舅爷，出入吴家时，趁无人之际偷走银蟾。若不是他输光银两后竟胆大包天又去县衙行窃被捉，恐怕吴府的银蟾就永无水落石出之日了。

这件事最有愧疚感的是候补拔贡吴霖起，从一开始他就预感到父亲一定是冤枉了奶娘，得到证实后，吴霖起时常愧疚地向少儿吴敬梓讲述奶娘的好处，使奶娘的人品和恩情，愈加在吴敬梓心血中发酵，扩及对奶娘这类的人，都有一种天然的感情。

吴敬梓童年的记忆里，还有一个名中带娘字的女用人，家里大人们都管她叫洗衣服的王三姑娘。尤其吴敬梓的母亲宋氏，一喊她便是这样的话：王三姑娘，把幔帐拿去洗洗！王三姑娘，把敏儿的衣服拿去洗洗！

王三姑娘其实是个寡少妇，虽说丈夫死了多年，而且结婚不到一年就死了，因有婆家在，她就得守着寡不能嫁人。她的婆家只是襄河镇的平民人家，没了男人的王三姑娘既不能嫁人又没法自己养活自己，婆家便把她送到探花府当用人，已有些年。

康熙四十七年，吴敬梓八岁，吴霖起早已开始在父亲督促下严加管教敏儿苦读诗书了。但探花府的深宅大院和书房严实的门窗，总也圈不住吴敬梓聪明好奇的眼睛。他总是提前背会父亲规定的功课，余下的时间就独自溜到书房外寻看有趣之事。如果父亲在身边，他便央求父亲带他看襄河景色，父亲不同意或没时间，他就央求下人带着去。而下人里面他最乐意求也最乐意为他效劳的，就是洗衣娘王三姑娘，因为王三姑娘与被辞的奶娘关系最好。奶娘走了，最疼爱吴敬梓的下人就是王三姑娘。

这年，候补拔贡吴霖起忽然接到安徽巡抚通知，允许他到定远县衙任典仪之职。这个消息差不多是吴霖起盼望了好几年的喜讯，可此时他却高兴不起来了。这年他的母亲身染重病，若是抛下母亲而去就任，则是不孝，所以期盼数年的官职与他失之交臂。那么，一遇了儿子的恳求，他便也愿意一同出屋走走，既是自己散心，也是对孩子的爱护。如果没时间带儿子出去，儿子便去央求王三姑娘。这天吴敬梓又跑去下人干活儿那院子找王三姑娘，却意外撞见王三姑娘和一个男用人拥抱在一起，惹得他失声惊呼，于是年轻寡妇王三姑娘这事就被探花府的长辈们知道了。少年吴敬梓倒没把这事当事，他不过是下意识一声惊呼，原来王三姑娘不仅抱着亲过自己，和这个男用人也亲啊。所以当大人们悄悄说，王三姑娘婆家本来打算给她立贞节牌坊的，这回可立不成时，吴敬梓也没当回事。及至爷爷吴旦怕有伤探花府的风化，悄悄辞了王三姑娘，吴敬梓才不由感到又像奶娘被辞走时，心里被重重闪了一下。后来，爱屋及乌的道理，吴敬梓想玩了便想找和王三姑娘偷偷拥抱的那个男用人，小敏儿觉得和王三姑娘好的人，一定也会愿意和他玩。但是，那个男用人也不知去向了。后来，吴敬梓听说，王三姑娘的娘家还是为她立了贞节牌坊，因为她死了。死因吴敬梓无从知道，但知道了那贞节牌坊就立在襄河岸边她夫婿的坟旁。

吴敬梓为此曾大哭一场，央求母亲宋氏带他去王三姑娘的坟上看看。母亲怕吴老爷子责骂，没敢带儿子去。吴敬梓只好又央求母亲带他去看奶娘。奶娘对儿子恩重如山，母亲没理由不同意，就真带他去了一趟奶娘家，还给奶娘带去不少东西。

老爷吴旦知道了此事，没骂吴敬梓母亲，却把吴霖起斥骂了一顿，严厉要求儿子，以后要好好看管少爷，把他关在屋里熟背诗书，一刻也不许放松，再不许少爷到院外玩耍，也不许跟下人往来。越是如此要求，却越使少年吴敬梓怀念奶娘和王三姑娘对他的好处，而对那些枯燥无聊的死书本反倒更加厌烦。这就扭曲了吴敬梓的性格，使他既渴望自由地与那些活泼善良的人们相处，又能咬牙忍住寂寞，"不随群儿作嬉戏"、"穿穴文史窥秘函"。

当时的探花府，在外人看来，是过着全椒人人羡慕的富贵生活。吴家的老爷吴旦，对吴家管理得极为严谨，从全家近百口人丁的衣食住行，到日常支付，哪一点都得想到。按他的想法，生活在大清王朝逐渐走向稳定的太平盛世，已成就显赫地位的吴氏家业，是能够按着原来的轨迹运转好长一段时光的。探花府到了吴旦掌门的时候，辉煌的日子刚刚过去几十年，再轮回一辈曾孙也不会彻底败落。历览中国封建社会的历史，每一次进步和变革，都是先从思想的变迁开始。大清王朝在康雍乾盛世时期，一贯积极采取各种有效手段，对官员和百姓的思想加以禁锢。所以，超前的思想也只能产生在极少数人当中，并且在坚硬荒凉的政治土壤上难以开花结果。一个大家族的解体与分割，也可以看出缩微的政治暗影。就是说，吴家老爷吴旦对后人的管教和塑造，目标并不低下，态度也极其严谨。为什么没有达到他最终的目的，是有复杂原因的，就是他对后人教育引导的态度极为认真，水平却并不高明。他的并不高明却极其严格的教导思想，没能像曾祖吴沛那样，为当朝培养出四名高才进士，却为后世逆反出一个不朽文豪来，似也有一份不用推脱的功劳。试想，他如果不坚持长子之子方能掌门的封建世袭思想，非让儿子过继一个嗣子，他嗣子也就不会在亲生父母和继嗣父母及众亲属的复杂关系之间躲躲闪闪，感情扭曲得亲下人而疏亲戚，从小养成深厚的平民感情和底层意识。而这种感情意识，恰恰是大文豪必备的重要素质。广为人知的蒲松龄、曹雪芹、托尔斯泰、鲁迅等大作家们，哪个不得益于此。

3. 游鱼喜活水

敏轩少爷在嗣父和祖父太阳般炙热和月亮般阴凉的目光里，也在全椒独一无二既最为富有，也煞是贫穷的探花府里，畸形而蓬勃地成长着。传主留给后人的《移家赋》中，有这样两句："梓少有六甲之诵，长于四海之心；推鸡坊而为长，戏鹅栏而愤深。"从这几句赋词中可以看出，吴敬梓幼年与伙伴游戏中，就鹤立鸡群，有争当头领的愿望。但由于他的吴门长孙嗣子身份，本来就易遭各家之妒，加之他自己又聪明率性，在家受宠，不善谦让，所以在家族兄弟中很少得到友爱。只有与他同样有着嗣子身份，且嗣父家境较为窘困，又大他五岁的堂兄吴檠（成年后多次与传主一同科考，终在传主发誓拒考不宦，一心写稗史之后，矢志不渝考中进士），和他同命相怜，话能说到一处。以至吴敬梓的整个成长期产生一个怪现象，即他的朋友都比他大，甚至多有隔辈儿忘年之交。

康熙四十七年（1678），探花府因得到在直隶做官的吴氏先贤资助，大搞过一回庭院维修。探花府是一幢多重四合院，进门为前庭；中设天井，后设厅堂住人；厅堂用中门与后厅堂隔开，后厅堂设一堂二卧室；堂室后是一道封火墙，靠墙设天井，两旁建厢房，这是第一进。第二进的结构仍为一脊分两堂，前后两天井，中有隔扇，有卧室四间，堂室两个。第三进、第四进或者往后的更多进，结构都是如此，一进套一进，形成屋套屋。众多的小院用高墙分隔，形成了好几个小天井。吴敬梓家以长房长子居住的那套房子，占据了探花府最好的空间。前庭两旁是厢房，明间为堂屋，左右间为卧室。堂屋没有隔扇，向入口开敞。厢房开间较小，采光不十分明朗。书房和闺房，都在最里头，这样不受来往客人干扰，主人读书疲倦可凭窗远眺。那些向外敞开还没有隐藏在栏杆雕花之中的小窗，可供闺房小姐选择如意郎君时窥看回廊或厅堂来客。外墙还可防盗，暗室入口用砖墙面、木雕装饰等掩盖，并有夹层设计，外人难以发现。整个庭院地形并不特殊，住屋坐南朝北。这个朝向正应了探花府吴家的居住习惯，破解了许多禁忌。滁州明清时期，徽商举仕鼎盛，他们一旦发了财，就回乡做屋，为图吉利，大门自不朝南，皆形成朝北居。探花府的这次维修,打算要建成双层屋檐。这重檐习俗的形成,有着一段广为流传的故事。据传,五代十国时,徽州是南唐后主李煜所辖之地。赵匡胤发动陈桥兵变,建立宋朝,亲征到了滁州、歙州等地区,当宋太祖到了现今休宁县海阳城外时候,大雨突降,太祖便站到一处瓦房檐下避雨,为免扰民,太祖下令不得进入室内。可是徽州民居屋檐很小,远不及中原地带的屋檐那么长,加上这天大风大雨,一行人都淋成了落汤鸡。大雨过后,居民开门发现太祖被浇得如此狼狈,以为罪责难逃,跪地不起。太祖却未责怪,问:"歙州屋檐为何如此窄?"村民答曰:"这是祖上沿袭下来的,一向如此。"太祖便道:"虽说祖上旧制不能改,但你们可以在下面再修一个长屋檐,以利过往行人避雨。"村民一听,连称有理,于是立即照办。自此以后,徽州渐渐所有民居都修成了上下两层屋檐。时隔数代,江淮大地的民居都模仿徽州民居建造重檐。吴家的探花府建造于清顺治帝时期,而吴家的祖先由江浙迁居至此,不喜欢这里的重檐大屋,造房时保留了许多的江浙风格。所以此番大修,吴旦决定就手改成与当地相同风格的重檐。

如此不厌其烦地细说探花府建筑结构与风格,意在让读者明白,探花府这维修工程会怎样的费心耗时。因而在探花府大修期间,家长吴旦和长子吴霖起的精力都被修务占去,对吴敬梓的管束就没更多心思顾及,就使童年的吴敬梓有了一次大空子可钻,得便就跟工匠们厮混一气,工匠们也喜欢逗他取乐,反使他偏得了一次吸取民间文学丰富营养的良机。

工匠:"敏少爷,给我们背段古书听听,看长大能不能考上探花!"

吴敬梓:"要考就考状元,探花算老几?!"

工匠:"你家老爷听这话可乐坏了,我们不干活儿他也会发工钱的!"

吴敬梓:"谁不干活儿我爷就辞谁,我奶娘和洗衣娘都让他辞啦!"

工匠："那是因为你还不会背书，他觉你连探花也考不上。要觉你能考上状元，你奶娘洗衣娘都不会辞了。快背吧！"

吴敬梓："我不背，你们是想借机少干活儿！要不你们先给我讲故事，讲一个故事，换我背一篇长文！"

工匠："那我们不是更少干活儿了吗？就你这脑瓜还考状元？"

吴敬梓："那不一样，故事比文章有趣，我背文章换你们讲故事，我占便宜！"

一个工匠哈哈大笑之后，给他说了一段穷要饭花子站富人门口要饭唱的顺口溜："咣啦个咣，咣了个咣，哈喇巴一打金满装，你家吃饺子我喝汤；咣啦个咣，咣了个咣，哈喇巴一打银满装，你家吃白菜我啃帮儿；咣啦个咣，咣了个咣，哈喇巴一打铜满装，你家吃香瓜我吃瓢；咣啦个咣，咣了个咣，日出东方照西墙，我的脑袋长在脖子上；我妈的哥哥我叫大舅，我爸的老婆我叫娘；不是我妈却给我奶吃的我叫奶娘；我老婆的亲娘我叫丈母娘……"

这种生动有趣的大实话逗得吴敬梓好个开心，便也欣然兑现承诺，认真背诵了一篇雄浑的长文《阿房宫赋》。此赋为父亲吴霖起特意精心教他熟背的，意在让儿子知道，他家的探花府在全椒县虽属最豪华阔气的宅邸，但与天下第一的阿房宫比，天壤之别，差远了。启发儿子不能做井底之蛙，看不到大天，也让儿子明白，更不能把个小小井底祖宅弄破败了。因而少年吴敬梓不仅熟背此赋，也懂得嗣父与祖父的心思。所以他争强好胜一丝不苟快速背诵道：

六王毕，四海一，蜀山兀，阿房出。覆压三百余里，隔离天日。骊山北构而西折，直走咸阳。二川溶溶，流入宫墙。五步一楼，十步一阁；廊腰缦回，檐牙高啄；各抱地势，钩心斗角。盘盘焉，囷囷焉，蜂房水涡，矗不知其几千万落。长桥卧波，未云何龙？复道行空，不霁何虹？高低冥迷，不知西东。歌台暖响，春光融融；舞殿冷袖，风雨凄凄。一日之内，一宫之间，而气候不齐。

妃嫔媵嫱，王子皇孙，辞楼下殿，辇来于秦，朝歌夜弦，为秦宫人。明星荧荧，开妆镜也；绿云扰扰，梳晓鬟也；渭流涨腻，弃脂水也；烟斜雾横，焚椒兰也。雷霆乍惊，宫车过也；辘辘远听，杳不知其所之也。一肌一容，尽态极妍，缦立远视，而望幸焉。有不得见者三十六年。燕赵之收藏，韩魏之经营，齐楚之精英，几世几年，剽掠其人，倚叠如山。一旦不能有，输来其间。鼎铛玉石，金块珠砾，弃掷逦迤，秦人视之，亦不甚惜。

嗟乎！一人之心，千万人之心也。秦爱纷奢，人亦念其家。奈何取之尽锱铢，用之如泥沙？使负栋之柱，多于南亩之农夫；架梁之椽，多于机上之工女；钉头磷磷，多于在庾之粟粒；瓦缝参差，多于周身之帛缕；直栏横槛，多于九土之城郭；管弦呕哑，多于市人之言语。使天下之人，不敢言而敢怒。独夫之心，日益骄固。戍卒叫，函谷举，楚人一炬，可怜焦土！

呜呼！灭六国者六国也，非秦也。族秦者秦也，非天下也。嗟乎！使六国各爱其人，则足以拒秦；使秦复爱六国之人，则递三世可至万世而为君，谁得而族灭也？秦人不暇自哀，而后人哀之；后人哀之而不鉴之，亦使后人而复哀后人也。

记忆力惊人的吴敬梓，对感兴趣的诗文词曲之类，简直过目成诵，所以这篇文采飞扬气势恢弘的《阿房宫赋》，他背得几乎与原文一字不差，甚至明显的停滞都一处没有，工匠们也听得眼都不眨，那是被他的记忆功夫惊呆了。所以成年之后他能写出篇幅很长、文采不凡的《移家赋》，便理所当然了。可工匠们听完少年吴敬梓速背的文学名赋之后，几乎没什么反应，因都没听懂是啥意思。吴敬梓白纸样洁净的心灵中，不会不深深留下了一个烙印：祖父和父亲叫他熟背的那些高雅诗文，在一堆工匠中间连半句喝彩声都博不来啊！于是悻悻地甘拜下风，站一边看工匠们耍手艺，说笑话，插科打诨。

工匠们见吴敬梓诚朴可爱，有的就逗他："少爷，跟我们学手艺活儿吧，会了手艺能娶好妻婆！"

吴敬梓不服："书上说，书中自有颜如玉，读书才能娶好妻婆！"

这两句话工匠们是听懂了，被这精怪的孩子说得直吐舌头。

吴敬梓虽是这样和工匠们犟嘴，心下还是对民间艺术分外多了好感。所以府上大规模维修使他不能安静读书的这段时间，他便常约堂兄吴檠到乡下寻民间之乐。

他们去的多是县城周遭吴家自己的佃户，有时当天不能返回，就在佃户家小住一夜，哪家能不热情招待？吃喝虽不如在家，但与孩童玩耍的乐趣却叫他一生不忘。黑翅膀的大蝴蝶、红脑袋的长尾巴蜻蜓、绿身子的胖青蛙、伸长舌头慢喘的花狗、背上驮着吹笛牧童的黄牛，都深深装进他的记忆中，以至后半生时又都顺着他的笔墨进入他的小说中。

这天吴敬梓和吴檠来到西王庙村。村里有个十多岁姓王的小牛倌，从小死了父亲，靠母亲做些针线活儿，读不起书，不到十岁就受雇于隔壁秦家放水牛。可是每月只能得几钱银子，必得再学会干点儿什么才能养家。距西王庙秦家两三里远就是七泖湖，鲜嫩的绿草长满湖畔，湖里有鲜荷开放，岸边有零星大柳树，干壮枝长，风吹叶摆，青草翻波，蓝天悠悠，薄云悄悄，七泖湖倒映出云影天光。被牧童赶来的各家散牛，都闲集在湖畔垂柳边乘阴凉。牧童们多喜欢下湖洗澡，姓王的小牛倌却总是坐在远点儿甚至挨晒的地方，聚精会神画那淤泥而不染的水上荷花。他每天都这样边放牛边作画，为的是学画有成好卖钱供养母亲。吴敬梓在湖边发现了依牛画荷的王姓牛倌时，见他身边围了一群牧童，有指手画脚叫他画牛别画荷的，有评头品足叫他这样画荷别那样画荷的。吴敬梓细看了一会儿年纪比他大好几岁的牛倌画家，忽然忍不住嚷了一句，都别瞎指点，就让他画自己爱画的！

王姓牛倌听到了知音，不由得瞧瞧这个比自己小的陌生少年问，你是谁？我怎么不认识？

吴敬梓说，我是襄河镇吴家的敏轩，西王庙和红土山的金家都是我的表伯。

牛倌问，你准会画画吧？

吴敬梓摇摇头，书是读了些，画不会！

牛倌说，你虽不会画，说的却在理，请多说说！

吴敬梓并没再多说画画的理，他知道人家一定比他这不会画画的懂。他见牛倌画家身上的衣服打了好几块补丁，于是摸摸自己衣兜，把仅带的些许碎银掏给牛倌。牛倌坚辞不收，吴敬梓心怀善意讽刺说，我虽是吴家少爷，可不是管家，又是闲玩碰上，不过对你生了点儿敬意，莫不是嫌钱太少？

实在缺钱买纸墨的王姓牛倌只好心怀谢意收下说，少年一钱银，胜成人一万金！待我日后学画有成时赠墨荷谢还吧！

吴檠也掏出身上仅带的银钱赠与牛倌。后经数年苦练，吴敬梓兄弟俩所认识这王姓牛倌，已能把各样荷花画得出神入化，远近闻名，以致后来吴敬梓随父去了江苏赣榆，甚至成年迁居南京的恓惶岁月里，还会时常想到他。后来两人虽未得见，但吴敬梓却以他和另一王姓画家为模特，塑造成一个完美的孺子形象，即放在《儒林外史》开篇的那个王冕而不朽了。这也可看作是吴敬梓从王姓牛倌那里得到了最丰厚的谢还。

以后敏轩少爷的乡间之行逐渐增多。康熙五十一年，吴敬梓已经十二岁，长他五岁同为人嗣子的堂兄吴檠，俩人性格迥异，却同命相怜，常相依伴。几十年后两人都成了气候，不过吴檠考中的是进士，官至刑部主事，吴敬梓却拒考落魄，苦修成伟大的粒民作家，这是后话。

这天吴敬梓又撺掇吴檠到襄河上游的红土山，去五柳园的表亲金舅爷家，那里有他们一同在襄河镇学堂读书的表哥金两铭。金两铭家的五柳园是他俩共同向往的乐园。

吴家这两兄弟，只要蒙过家长，去红土山并不难。每当太阳快落山时，襄河镇码头总要有几只柴船逆流而上回红土山去。不管顺流逆流，襄河上的船夫，谁还能不让聪明灵怪的吴家两兄弟搭个脚。吴檠和吴敬梓从探花府前石阶埠头偷偷上了去往红土山的一只柴船，告明船夫，他们要去五柳园金家。

金家的五柳园在一个古老的大村子里。金家是村里的大户，襄河上过往的船尽人皆知。五柳园四周闭合，砖墙瓦舍错落有致，墙根背阴处满是青苔。屋顶瓦沟上长满了光滑多汁的石莲，还有摇摇摆摆的小石松。五柳园的廊柱油漆已失去原来的色泽，显得灰暗。院墙东西两边，挺立着高大的椿树，枝繁叶茂。五柳园的后坡，几十株刺枣和老梨树依在五柳园怀里，两少年在林外隔门一同呼喊，两铭哥，快出来！

金两铭的魂早就被吴家两兄弟勾着似的，一声唤就出窍了，飞快跑出来。金家的舅爷甚至比儿子更喜欢吴家两兄弟常来，所以每来必有丰盛餐食招待，而且一定是还不待饭桌收拾利索，舅爷已把棋桌摆上了，急不可耐先让檠少爷陪着下两盘，然后再换了高一筹的敏少爷上来棋逢对手。

　　吴敬梓来舅爷家次数多了，受舅爷指点，棋艺在同辈中已是无人可比。金舅爷十分喜爱这个聪明的外甥，把他视为神童，并曾就弈棋话题教诲吴敬梓：棋艺历来是雅士必修之功，可修为、健智、增谋，也能固志。一局棋输赢，既在智慧，又在毅力与斗志。也有用其博财的，但那是小境界。弈棋要谨慎，只能赢不能输，即便输了，也是为了最终的赢。

　　吴敬梓问舅爷，要是故意输棋呢？

　　舅爷金兆谦大笑，天下谁人会故意输棋呀！

　　吴敬梓也大笑，我才输舅爷这一盘就是故意的，输了好快点儿去叶老伯家看看！

　　金舅爷笑得更加开心，我如此看重你这外甥伢子，就是看你棋艺有天分。要说五柳园弈棋能占头位的，就是你我和那叶郎中！

　　少爷吴敬梓这次来红土山，弈棋的兴趣不在金舅爷这里，而正是红土山另一头住着的郎中叶草窗。也不光在棋上，还应算上叶郎中的闺女惠儿。

　　吴敬梓认识郎中叶草窗，就因为他来红土山舅爷家玩耍时的一次误撞。那次檠少爷和敏少爷一同来到红土山，耍遍了五柳园，又跑到了西山坡。竹林之中，三五户人家。两个少爷正在四处撒眸好玩去处，一条大黑狗倏地横在他们面前，极不友好地怒视他们。俩少爷知晓狗性，你不惹它它便不咬你，而且多半是躲你走开。但这条狗却横在了狭窄的通道上，一动不动，叫两位少爷逾越不得。

　　檠少爷冲这条不可一世的黑狗跺了一脚，不料黑狗大叫起来，并向前逼了几步，露出了狰狞牙齿。俩少爷吓得同时后退，黑狗又向前逼近，再后退再逼近，直到把两个襄河少爷逼靠到一扇紧闭的柴门前。没有了退路的俩少爷，一同直面黑狗，一同跺脚，再一同弄拳，佯做搏斗状。黑狗却毫不畏惧，牙齿一直冲两位少爷龇露着。这时身后柴门开了，出来个黄发丫头，朝狗唆嗦两声，那狗就躲回院里了。黄发丫头问俩少爷，是来看病的吗？

吴敬梓慌乱说，你这是谁家，吓我半死！

黄发丫头嘲笑说，吓半死就是活着，让我爹把你那半个死救活得啦！

俩少爷被说话有趣的女孩儿引进叶郎中家柴门小院。院子被郁郁葱葱的绿树环抱，房后是一片青青翠竹，屋前有半人高的木篱笆攀满绿藤，五色缤纷的花朵挂满绿藤爬绕的木屋。清净的郎中小院笼罩在浓郁的草药香味里。

叶郎中从屋中出来，将俩少爷让进家里，拿出自制的保健蜜丸待客。吴敬梓过意不去，随手从口袋里摸出几片吃零嘴的酥笏牌点心，分送给叶郎中父女。

薄薄的酥笏牌是全椒的名点，状如大臣上朝时用的象牙笏牌。相传是明朝的兵部尚书乐韶凤所创。用面粉、鹅油或鸭油、熟芝麻，和成面团，反复揉搓，擀成二十四层，形成长约半尺、宽约二寸的底坯，撒上芝麻入炉文火焖透，再利用炉内余热，熏烤过夜。酥笏牌香气扑鼻，经常摆在富人厅堂中待客，吃时用手指在两头一按，即碎为八块。

尝了吴敬梓的酥笏牌，惠儿天真说，听说敏少爷会下棋，不知敢不敢和我爹比试？！

吴敬梓高兴说，我们就是来向叶先生请教的！

对弈中叶郎中笑问吴敬梓，檠少爷家我去过，敏少爷家还不曾去，听令舅爷说，先曾祖赐书楼藏书很多，想必也有珍贵医书？

吴敬梓道，都是经史子集之类，医书没见过！

说话间，一来二去敏少爷的棋势占了上风，叶郎中已觉举步维艰了。此时正好有人上门求医，叶先生便起身到外屋迎客瞧病。吴敬梓二人乘机走向书柜，在许多本草金匮类医药书外，发现还有些杂书，《太平广记》《世说新语》《搜神记》及《剪灯新语》之类，不禁大喜，尽情翻看一气。待叶郎中瞧完病回来接着下棋，吴敬梓便心不在棋上，而极感兴趣地说起那些杂书来了。

叶郎中说，这些书是我闲来无事消愁解闷的，你家老爷断不会许你读的，会耽误你们将来功名！

不及吴敬梓作答，身后的惠儿推着父亲的肩膀说，郎中是管病人的，人家没病没灾少爷的功名用得着郎中操心？

叶郎中则反讥女儿，哪用得着一个黄毛丫头操心？

看父女俩如此无拘无束，吴敬梓心中不由一丝甜意升起，瞟了一眼惠儿，恰与惠儿目光相撞。惠儿夸张地对父亲说，看你操心的让少爷眼有贼光了，小心输棋！

吴敬梓对坦率活泼且嘴巴不让人的惠儿更有好感了，也讽刺说，女儿家竟会窥见男儿眼里贼光？是不是眼睛害病了！

惠儿继续调皮说，是我多让眼有贼光的人迷了眼啦！说完又朝父亲调皮一笑说，不跟你们一般见识，走喽！

惠儿跑后，叶郎中不由得刮目瞅瞅面前这个少年。才十二岁嘛，棋势开阔，全然成人棋风，而且也同自己女儿一样伶牙俐齿，难怪他金舅爷总是夸他会有出息。

叶郎中很想同吴敬梓谈谈读过哪些棋谱，可吴敬梓兴趣却在叶先生那些杂书上，想借几本带回去看。叶郎中道，借是无妨的，只是此类书于举业无益，恐怕你家老人不会同意。若特别想看，就在我这里看就是了。

这次吴敬梓的红土山之行，对乡野郎中叶草窗十分敬佩，暗暗拿他与舅爷金兆谦横竖比较。舅爷固然亲近，可是三句话下来，总爱像祖父和父亲那样向他们唠叨，莫荒少年时，专心读举业，等等，让人烦得很。而叶郎中虽无直近亲缘，可待人亲善平等，教导得体，全无长辈训人的架子，已然成了忘年棋友。还有叶家惠儿，也极有趣。所以吴家俩少爷各自选了叶家的书。吴檠选的是与科考沾边的一本，而吴敬梓却选了《太平广记》和《文海披沙》两本，拿到金舅爷家去偷看。一宿看完，第二天再跑叶郎中家换。叶郎中外出诊病了，家里只有惠儿在。惠儿还是那般顽皮说，你们是找我爹医眼睛吗？！

吴敬梓最喜欢惠儿会讽刺人的嘴功夫，只这一句又把他说得起了兴致，神速接住话说，我们是来还你爹书的，他不在，我们等他一会儿如何？

惠儿说，还我就行，浪费你们大好时光，耽误了举业，我家可担待不起！

吴敬梓兴头愈足，还嘴说，一个女孩儿家也举业举业不离口，谁还愿意和她说话？

惠儿说，你是找我爹还书的，又不是找我说话的！

吴敬梓说，哪有男孩儿专趁人家父亲不在来找女孩儿说话的，那样才叫眼有贼光呢！

两人嘴贫互讽时，叶郎中回来了，得知惠儿贬低吴敬梓他们看杂书，反而教导了惠儿一番：大户人家的孩子，其实最忌成天关书房里念经史儒业，别的却一问三摇头。经史之外，读点儿俗书杂识也有好处。比如看点儿医书，能知自己身体病否，读点儿话本，能懂世间人情，都于人生有益！

惠儿听爹替敏少爷说理，便道，人家可不是你儿子，探花府男人是要考状元的，读杂书误了前程你担待得起？

叶郎中笑说，我担待得起！若是敏少爷秀才也考不上，我就托他金舅爷保媒，请咱家来做倒插门郎中！

　　吴敬梓和惠儿都红了脸。但说的人和听的人都万没料到，这句笑谈后来竟得了应验，吴敬梓于而立之年拒考不宦，先妻病故几年之后真的成了叶郎中的女婿，叶惠儿的丈夫。

　　探花府大修之后，吴家可以消停一下了，吴敬梓的祖母又病了。老妇人的病是多年前就患下的，时轻时重。家境好，病就轻些；家境糟，病就加重。探花府翻修后焕然一新，她的病本该轻些的，却接着整个滁州暴雨连绵，襄河大水暴涨，全椒遭了几十年不遇的洪灾。虽然年景不好探花府吴家也不至于日子就一下糟到什么样子，只是这年，长子吴霖起家很不顺，候补多年仍没佳音的儿子，伺候病母亲的同时，又得伺候病妻子。这就等于，长子吴霖起一肩挑了父、母、妻子三人的担，所以对儿子的管教就顾不上许多了，因而病父亲就心情更加不好。吴敬梓常去红土山，尤其在那里看杂书的事，没能瞒住拿管教孙子当头等大事的吴旦老爷。

　　吴老爷子把吴霖起叫到病床前一通责骂：养不教，父之过，教不严，师之惰！你如此看管儿子，吴家举业之风岂不败坏你手？小小年纪就老去乡野郎中家鬼混，成何体统！今后断不可再去什么金家叶家的，他们满口经商行医之道，还有朝廷禁读的不三不四杂书，孩子们受了影响怎么得了？！

　　老爷子的话，即便吴霖起不十分赞同也得诺诺连声。因那时的大清国为了笼络广大汉人知识分子，加强新朝统治，甚至比前朝更为严格恢复八股考试，用八股文章阐论宋儒注疏的四书、五经作为科考内容。而那时的读书人也唯有通过这种科考取得功名之后，才有出路。特别是吴霖起少年时代，朝廷就一再下令严禁"淫词小说"刊布流行。而吴敬梓出生那年，玄烨又再次明令五城司坊官，"永行严禁淫词小说"，后又根据江南道监察御史张莲的的奏本，命各地方官严禁"出卖淫词小说"。

就在吴敬梓因乱看杂书受到祖父训斥这年，皇帝又进而明谕礼部："朕唯治天下，以人心风俗为本，欲正人心、厚风俗，必崇尚经学，而严绝非圣之书，此不易之礼也。近见坊间多卖小说淫词，荒唐俚鄙，殊非正理；不但诱惑愚民，即缙绅子弟，未免游目而蛊心焉，所关于风俗者非细，应即通行严禁。"其后又经上上下下官员议定，一律"严查禁绝，将版与书，一并尽行销毁。如仍行造作刻者，系官革职，军民杖一百，流三千里；市卖者杖一百，徒三年。该管官不行查出者，初次罚俸六个月，二次罚俸一年，三次降一级调用"。（《清圣祖实录》卷二五八）吴霖起当时虽没为官，但候补拔贡一定会知道朝廷这等禁令的。再者，盼嗣子功名超过自己的吴霖起本意也不会放纵吴敬梓肆意乱读的，不过可怜嗣子受管束太严郁郁寡欢罢了。另外，他认为嗣子正经功课完成得也不错，才睁只眼闭只眼的。

尽管吴霖起诺诺连声，老爷吴旦还是把堂弟吴勖郑重请来，要一同管束少爷吴檠。当着堂弟的面，吴旦大摆形势：我辈有你我尚取功名，可是远不及先贤显赫。想我吴家一门三鼎甲，四代六进士，我们断不可大意了对檠少爷和敏少爷的管教。你现在官为书办，当教诲儿子雯延贤侄，严加管束你家檠儿，让他成为敏儿楷模才是。依我之见，霖起、雯延这辈，在家风把持上还不及我们，委实不可甩手。檠儿敏儿未来一旦不能进士及第，我吴家就要败了！当下，务使俩少爷各自隔于自己书房，朝晚都要见他们一面，除读书以外诸事不允！

两位爷爷合伙把孙儿的事看得如此周密，可以想见，吴檠与吴敬梓再想一同放纵天性会有多难。

吴檠大吴敬梓五岁，加之天性就比较听话，他是能被管束住的。倒是天性难泯的吴敬梓，看身旁用人小心翼翼伺候着自己，离不得书房半步，所以对规定的功课更感无聊。有时他央求下人放他出去玩玩，下人只能表示可怜而不敢点半下头。因为大老爷有狠话，谁敢私放少爷出去，就打发了谁。吴敬梓奶娘和王三姑娘被辞的事，一个传一个，下人没有不知道的。所以下人甚至下跪，求敏少爷一定可怜他们的难处。

吴敬梓听着窗外鸟儿啼鸣，不时会想起襄河上的渡船、红土山的五柳园和叶家父女，尤其叶家那些有趣的书。若此时身边有那种书，就是不让出屋也不打紧，但是半本也没有。他便闭了眼，听着婉转的鸟鸣想那些书里的趣事。诸如《酉阳杂俎》《朝野佥载》《类说》《齐东野语》《南村辍耕录》《耳新》《文海披沙》《神异经》等等。他闭眼把书中记住的人物邀到身边来和他游戏，长了，记忆深刻的人啊怪啊，都成了他寂寞无聊时的朋友。比如东方朔的《神异经》有故事云：

> 西方深山中有人焉，身长尺余，袒身捕虾蟹。性不畏人，见人止宿，暮依其火以炙虾蟹；伺人不在，而盗人盐，以食虾蟹，名曰山臊。其音自叫，人尝以竹著火中，（火毕）（火扑）而出，臊皆惊惮，犯之令人寒热。此虽人形而变化，然亦鬼魅之类，今所在山中皆有之。

这个故事，吴敬梓三十岁时创作的《移家赋》里，痛斥不法盐商为"山臊人面，穷奇锯牙"即引用过。其他有的在晚年写《儒林外史》时，也多有借鉴，甚至使不喜欢他小说风格的作家说那是抄袭之笔。那不是抄袭，而是童年记忆太深已融化在血液中，不由自主地再创作了。

敏少爷被严管在书房不得出院时，也听大人们闲话提到西王庙的王姓牧童，说襄河镇已有人家去他那儿买画了。还说那牧童是个孝子，不作画时，喜欢赶了牛车，载着母亲，到处去玩，口哼小调让母亲高兴，自己也极快活。这让吴敬梓好不羡慕，便想自己，也十多岁了，却既不能用牛车拉着生身母亲也不能拉着嗣母去游玩，于是只好违心发愤，读那些科考的书，也好将来高中进士做大官，孝敬嗣母和亲娘，甚至奶娘。为此吴敬梓就开始违心苦读。父亲和老师规定的经史和诗赋，相对而言，他还是喜欢诗赋。一首诗或一篇赋记住了，理解了，再一遍遍用好笔好墨楷书、行书等尽情书写。

吴敬梓尽管极力调整心态，尽量让嗣父和祖父高兴些，还是因情绪抑郁而病了好几次，以至壮年以后也不健壮，染过肺病、糖尿病等，五十多岁就死于这两种病上了。

吴敬梓病快快按老人意愿苦读那阵子，赶上全椒程家市办庙会。每年的三月三、九月九都是庙会日。庙会那天东岳庙、黄花观、胡侍郎庙都是善男信女熙来攘往，更有隔河相望的含山、和州乡民也渡河而来，最远还有天长那边来的。杂耍、卖艺、耍猴人也赶来献艺挣钱，庙会人潮涌动，成了一年中男女老少最感兴趣的事。

探花府也正病快快的长房奶奶金氏，心疼病快快苦读的嗣孙，便擅自决定，带了吴敬梓及其堂兄吴檠等人，去赶程家市的庙会。他们头一天就到了五柳园金家，因程家市距金家的五柳园最近便。

五柳园一下子来了城里的十多口亲戚，加上又是姑奶奶携患病的外甥敏少爷一同前来，舅爷金兆谦便一毫不敢怠慢。金家少爷金两铭乐不可支，陪着吴檠、吴敬梓两位少爷不多时就蹿到叶郎中家。叶家小院里，郎中出去巡病，只有惠儿在。惠儿喜出望外，红了眼圈对吴敬梓说，还以为你再也不来了呢。

金两铭说，惠儿不知，吴府老爷得知两位表哥在这儿看闲书，受了责罚，不许出门，害得敏少爷都病了。

惠儿说，一会儿我爹回来让他瞧瞧，用几付药一准儿会好！

吴敬梓叫金两铭把带来的一大包酥笋牌交给惠儿，就要告辞。

惠儿却流了泪说，不等我爹啦？

吴敬梓说，家人看得紧，这次险些就来不成！

回五柳园路上，吴家二位少爷嘱咐金两铭保密去叶家的事。

金家人正和吴家人热闹，没怎么在意几个孩子的事，一见孩子们回到眼前，又拿他们说话。姑奶奶说，我让敏少爷过来几回，就为来回传个信儿，没想他们不安分，惹老爷子不高兴了。这回要不是我亲自带着，也来不成的。这一来啊，见了亲人，我和敏孙的病一下儿都好了六分！

吴敬梓的金舅爷把款待探花府贵客看得无比重要，为了显示吴家来客不凡，金兆谦特别向大家介绍两位外甥说，吴府两位少爷多才多艺，前途无量，让他们给长辈作几首诗乐呵乐呵。于是不容分说，便把另一桌上跟夫人一同吃饭的檠儿和敏儿唤了过来。

吴檠、吴敬梓俩少爷即席赋诗的才能十分出色，惹得众人不住夸奖探花府的文脉深远，后代也个个有出息。

吴敬梓在奶奶庇护下刚得一点儿快乐，病有些微见好，吴霖起赶紧按父亲指示，及时对嗣子严肃地进行了一番收心苦读教育。

4. 十三父子双丧母

吴敬梓十三岁这年，即康熙五十二年（1713）初冬，嗣母去世，也就是说，他的嗣父吴霖起四十三岁便丧妻了。

雪上加霜的是，时隔月余，吴霖起的母亲吴老夫人在吴府尚未间断的哀声中也闭目归西了。

吴霖起与吴敬梓父子，一年之内，双重披孝，两度哀伤，如此不幸，实属罕见。父子俩一同被苍茫悲雾所笼罩。

没过多久，掌门的老爷吴旦，又忽然中风不语，丧失了掌握探花府命脉的能力，不仅威风熄灭，连话也说不清一句。

吴霖起却没能接替父亲掌门，一因父亲没死，二因吴府上下没有人来提议这件事。

襄河岸边偌大探花府，即刻像风雨襄河上一只船，飘摇着似找不到埠头了，满船都是慌乱。

伯叔吴勘上门向吴霖起提的竟然是分家产的事。他以长辈口气号令说：霖起大侄，你爹作为吴家掌门已中风不语，不能掌事了。必须趁他尚还明事，把吴家全部家产及钱财细软，按支分到各自门下。这是眼下最大之事！

吴霖起无法答对伯叔的要求，只能懦懦地说，我爹初病，尚不能料理此事，还是缓缓吧！

伯叔吴勘坚决不同意说，那如何能行？趁他气息尚存，即刻就把大家的意思说了，他若听不见，写在纸上拿给他看，我这里已经写好了！

说罢，伯叔吴勘拿出叠好的宣纸，上面密密麻麻写满了各支各辈提出的要求。

此时病榻前的掌门人已神志不清，吴霖起一再恳求，伯叔才勉强说，当家的没点头，就得你给大家有个交代。事不宜迟，我家你哥雯延正好是县衙书办，一切文书由他写就是了！

伯叔吴勘走了，又一个族叔来说这事，吴霖起感到力不从心，而且心痛。

正当吴霖起因一堆痛心事一筹莫展时，朝廷有文书到了，命尚属候补拔贡的他近日赴海州，任学政教谕。

旧称海州的赣榆小县，并不是吴霖起想往的地方。自从康熙三十九年岁贡起，他一直在家等缺候补，已有十五年。尽管这其中，曾有两次机会，可都因老母病重没能赴任。如今机会又来，父亲却身陷病中。大清朝关于岁贡的任职规定，超过三次不赴任就不再提供职位。赣榆那里好与不好，老父病与不病，他都得赴任了。

候补多年终于盼来的任职通知，已无法令吴霖起高兴起来。去海州赴任的好事一时反倒成了难事。吴霖起首先感到最难的，还是嗣子的学业问题。

自康熙九年起，朝廷曾令"凡府州县每乡置社学，选择文艺通晓、行谊谨厚者，充社师"。凡近乡子弟年十二以上二十以下均可入学肄业，有能文入学者，优赏社师。除此之外，好多地方还自发兴办"义学"，承遵皇帝之命，尽兴"各省改生祠书院为义学，延师授徒，以广文教"的鸿博广诏。这时的全椒县既有社学，也有义学，可是探花府的少爷吴敬梓，却进不了这样的学堂。不是担不起学资，也不是受不得学堂礼教，而是那类学堂尚不能赢得仍活着的吴家掌门人的信赖，因此吴敬梓只能仍在家由先生管教着读经史子集。

吴霖起焦灼中把先生叫来问道，少爷这段读书如何？

先生道，还可，只是情绪不振，效果不甚理想。老爷需想法子让少爷快活些才好。

吴霖起听罢，便去书斋，见儿子目光呆滞，较从前消瘦许多，不免生出了恻隐之心，眼里竟涌出泪水，不由问道，敏儿，想吃些什么好东西？

吴敬梓摇摇头说，我想去五柳园舅爷家转转。

吴霖起说，我没半点儿空闲陪你去了，万不要再起这等念头！

吴敬梓说，我不想在家里读书，要不父亲送我进社学，那里有伴可以比着学，不孤单！

吴霖起不免又落下几滴泪来，却不敢答应爱子的请求。这请求原本简单，如今却很是为难，竟呜咽着抱住爱子久久不放。

一旁的先生劝道，老爷，你近日太过烦心，少爷的事由我好生陪伴是了，抓空我同他到外面散散心，再坐下苦读必不耽误！

吴霖起只好应允，由先生带着吴敬梓到襄河镇集市上去转。

嘈杂的集上，五花八门的各色货摊儿，都吸引不了少爷。在男女老少你呼我唤的各色摊子中，吴敬梓驻足的不是书摊儿就是测字摊儿，再不就在茶摊儿停下，看几眼品茗人的棋局。吴敬梓在热闹的看耍猴人群外发现一个书摊儿，翻拣一阵发现有本《搜神记》，又发现一本《述异记》，饶有兴趣地翻阅着不脱手了。一旁的先生不免着急，他知道朝廷明令禁止淫词小说，便要拉吴敬梓走，吴敬梓还不放手。小贩说这书十分有趣，何不给孩子买本？先生说，朝廷禁看淫词小说，我家少爷是读经史子集的，我们不能买，你也不该卖！

吴敬梓说，这两本书很有趣，不能算淫词小说！

先生说，不要瞎说，不管算什么书你都不能读！

书贩要回吴敬梓手里的书，面有愠色对先生说，都不如孩子有见识，算了，想买也不卖了！

其实书贩也怕被官家说成淫词小说，没收了书再受惩处。

没买成书的吴敬梓再就走得散漫而无兴致了，随先生坐到街边一处茶馆前歇息，意外见堂伯（即生父）吴雯延与一群官绅在里面吃茶。先生忙毕恭毕敬上前打招呼。

书办吴雯延对先生说，难道是你家老爷允许你带少爷到这等地方玩耍的？

先生说，老爷见少爷极不开心，才允许我带他出来转的。

书办吴雯延脸上闪出好多不屑说，吴霖起莫说只是候补拔贡，即便是新科状元也该想想，正该苦读书的少年，一味让他寻开心那还了得！长房老爷气息奄奄的，家族大事还没了断，写了断文书这等事也都推给我了，却有心让儿子出来寻欢作乐？

一旁的吴敬梓没听清生父和先生说些什么，还上前央求生父让檠哥哥出来和他一同玩。

吴雯延板起脸说，你吴檠哥明年就参加乡试了，再不许跟你闲逛误事。

先生见书办老爷这样态度，急忙拉上吴敬梓回到府上，把书办老爷街上说的那些话向吴霖起诉说了一遍。吴霖起虽不高兴，却说，无论如何，人家少爷举业功课读得好，咱家少爷读书的事也不能放松。我近日要到外地去赴公职，敏儿的功课及管教，就拜托先生了！然后又急把几位姑奶奶请到他的房上，委托她们照料仍无知觉的先长吴旦，便匆匆去了安庆。

父亲一走，吴敬梓立觉宽松了许多，先生的吆喝他也不怕了。有一天，费了好大周折，他终于找到堂兄吴檠一起出去玩耍。

全椒县有好几个戏班，在古镇不同的堂馆设台卖艺，招徕了很多市井名流。吴檠在吴敬梓的撺掇下，先来到了倒七戏草台那边观看。倒七戏大名庐剧，在全椒观众最多，甚至田间路上常听得见有人引颈高唱。倒七戏与安徽著名的黄梅戏大不相同，曲调缠绵，每个长句带着一个拔高的尾音，而且苦戏较多，多为水戏班子，一来没有固定台词，均由老艺人随剧情可长可短随编随唱。二来在农忙季节就散了去弄田，所以又称草台班子。这种班子滁州一带很多，吴敬梓拉先生看的这种班子便是，眼前正演的是《老先生讨学钱》。演员只两个，一个老生咳咳喽喽演讨学钱的私塾先生，一个是无比吝啬的想方设法赖着不给学钱的旦角。两人在台上你争我辩，你讨我赖，唱词风趣诙谐，老先生把家主的刻薄唱得淋漓尽致，也把老先生平日的受气可怜唱得活灵活现。

倒七戏的剧目很多，分本戏、折子戏和花腔小戏。本戏以公案、爱情和悲欢离合故事为主，折子戏是从本戏中抽出的精彩片段，花腔小戏则以平民百姓喜闻乐见的情趣为主要，其中也有闹剧和讽刺喜剧，如《讨学钱》便是。吴敬梓看完一折，便能极其相似的哼出戏里的一些唱段。吴敬梓整个身心沉浸在这出讽刺喜剧之中了，先生问他，这些无用的唱词你句句洗耳恭听，且用心品唱，咋就这么喜欢？

吴敬梓反问先生，这么生动有趣的戏难道你不喜欢？

先生说，闲来无事偶尔一听解闷也罢，这类俗戏，都不是教导读书人上进的！

吴敬梓说，那么多人喜欢，世代流传，其中准有道理！

先生说，世上道理不一，男儿应该喜欢齐家治国平天下的学问才是！

吴敬梓说，众人喜爱的东西，齐家治国者也该喜欢才是！

先生毕竟是经了主人许可，偶尔带少爷出来解解愁闷的，便不再认真和他计较。但吴敬梓意犹未尽，又独自跑开，拖上大他五岁的吴檠，跑到襄河边的吴家埠头学着戏里故事玩了好大一气。他正在月色下把聚来的一群少年扮成戏里人物快活，被路过的书办老爷、自己的生父吴雯延遇见。他当然也不希望过继给兄长家的亲生子贪恋戏要，尤其还要拐带上他的长子也不用功读书，所以二话不讲，大怒将他们驱散。

吴霖起先赶往安庆递了候任文书，便急忙返回家来，急不可耐向先生打听儿子的学业情况。先生实话实说，吴霖起听罢大发雷霆，当即找来吴敬梓，发恨要给他鞭杖，经先生和家人苦劝才免了皮肉之苦，但一顿责骂和体罚是免不了的。

5. 十四从父宦

康熙五十三年（1714）清明一过，吴霖起就只身一人匆忙启程，由全椒出发经江宁，乘船沿大运河北上扬州，至淮安转陆路取道灌云，到海州办了上任文书，便奔往江苏省最偏远的海边小县赣榆履职。

吴霖起的教谕职务，大约相当于现今的教育局长。这个天涯海角边疆小县的教谕差事，让他比在家时心情更加无法轻松。

赣榆原来的学宫，许多建筑曾遭崇祯十五年（1642）战火焚毁。顺治八年（1651）经县衙集资在旧址重建，有大成殿、戟门、棂星门、启圣祠、明伦堂、文昌阁、奎星楼等，曾盛极一时。可康熙七年（1668）又被地震毁坏严重。后虽多次修缮，都未恢复旧貌。后全县又遭海啸、虫、涝等灾害，官家无钱修缮，学务停顿多年，全县已十数年无人参加科考了。知县也到任不满一年，对吴霖起教谕分内的事，根本没挂上号。所以县太爷对他的具体指示只有一句空话：如何履职，请自酌情规划，再呈本县阅示。

教谕就是管教育的，眼前境况是，学宫倒塌，学舍破坏，师爷、先生等多到外地从教了，即便孔子再生来当赣榆县教谕也是白扯。所以吴霖起自拟的履职规划只能是申请经费，修缮学宫、学舍，然后才是逐渐聚师施教。而他递上的呈帖，也只能像遥远驿路上让骑牛老子递送的信件，等上数月都不会有回音的。

这时全椒那边却来了急信：当家老爷病危，请速归料理后事！

正无紧事可做的吴教谕便匆匆告假匆匆踏上返家之路。

仅仅时隔两月，吴府上下气氛大变。管家及下人见到长房长孙已不像先前那样当回事。再看书斋里的少爷吴敬梓，憔悴得大病了一般，见了嗣父一时泣不成声说，让我跟父亲去赣榆吧，我在那儿一定好好读书！

其他同族闻听吴霖起归来，纷纷找上门，不论上辈平辈还是晚辈，都七嘴八舌要求分家产，各立门户。

吴霖起感到自己回来的家，仿佛几经震灾和旱涝灾害过后的赣榆学宫，一片颓相，族人的吵闹与父亲的病情粘连在一起，实在令他难以理出头绪。

不管吴霖起的处境有多么窘迫，他的堂弟——全椒书办吴雯延——即吴敬梓的生父，却每天都要跟吴霖起说分家的事。

吴雯延已没有了族兄弟之间的客气，直截了当说，咱吴家几位前辈已不能主事，趁你我尚还能仗恃两位老爷子，说几句定夺的话，按辈分人丁，将全部动产与不动产都落到各自名下。此事再拖延不得了，不然下步受难的自然是你！

吴雯延说着拿出已写好的文书，展给吴霖起。吴霖起从头到尾过目半晌，上面条条目目，列得十分周详，但明眼人一看就明白，这些条目差不多让吴雯延一家占了多半个探花府的资财。

吴霖起不同意这份文书，这对吴府其他各支极不公平，如真照此立据，探花府就再也不是原来的吴家了。原来的吴家，当家老爷此时正活尸般躺着，说不出半句有威力的话来。吴霖起候补多年刚到教谕任上，还没学会怎样摆布这样的乱摊子。情急之下，他想到了曾在扬州做过督抚的吴家十一太公。去赣榆上任途中，他曾在扬州登门拜望过这位太公，并带去了厚礼的，所以家族有难便自然想到他。于是吴霖起秘密差人连夜赶赴扬州，请来吴家这位尚有余威的大清退休武官。

十一太公来到全椒，在吴氏宗祠议事大厅，按族规行过跪拜礼，才与吴家众子孙说话。在辈分和地位方面，探花府的吴旦老爷和吴勖老爷，都属晚辈，因此他威严无比，族话官话掺在一块儿说道，全椒探花府，掌门权理应由长房长孙承接，这是皇天和族规共同定下的，谁敢破坏就是不忠不孝。各户自有所求也理所当然，但吴家必须完好，不容伤风败俗之事发生。如有难为吾族长孙吴霖起者，我会请求知府大人过问。长孙不久前去赣榆赴任，途中尚能千里迢迢绕道看望我这吴家最高长者，说明吾族长孙霖起是忠孝两全之人，值得信赖！

有人本想发牢骚的，十一太公不慌不忙对眼前最为年长的吴勖道，你看这事还要我张口去请知府前来公断不成？

吴勖忙道，不用，不用！于是带领众子孙齐在十一太公面前跪拜后带头表示，吴氏后人定牢记长辈教诲，承启吴家祖风，续接吴家未来！

十一太公这才露出笑容，向探花府众人再次讲了一遍吴家举业和功名的事迹，要求男女老少都要切记。

送走十一太公，吴霖起才倒出空儿向教书先生问起敏轩少爷读书的事。先生说，少爷长进倒不算小，只是往下我难以指教得了，还是让少爷去读社学吧？

吴霖起说，你若觉吴家眼下不睦，莫不如与少爷一同随我去赣榆吧！

先生以家中父母无法离开为由婉谢了好意，吴霖起只好亲自携了爱子和厨娘香儿，返回赣榆。

头次乘船远行，十四岁的吴敬梓心情如山野小鹿，欢蹦乱跳无法收拢，连父亲布置要背会的几篇文章也静不下心来读，舱外风光使他两只眼睛已不够用。运河沿岸，绿柳间黄莺歌唱，清清水面白鹭低回。春风里催牛而耕的农夫如在田野中描画，左一幅浅绿油画，右一幅水墨丹青，偶然又一幅黄绿相间的写意。客船从全椒县的三汊河进入滁河，伴着噼啪的桨声，朝着鲜红曙色而去。远山上有半个红日特为他们早起送行一般，用湿润的霞彩铺红河面。晨风又把河面轻轻吹皱，泛起粼粼红波。随着船儿渐行渐远，往来船只也渐远渐稠，有的还撑着高帆，渐渐河道被塞窄了。到了晚上，船泊在码头，挤挤挨挨。敏感的读书少年，不由感叹，人生好不拥挤。

每停一地，吴敬梓都好奇地随父亲上岸看看，他对新地方的人和事都特别敏感，这也许与他爱看戏，爱读野史故事有关。看见有的妇女竟裹着三寸小脚，小眼睛不由瞪大了三倍，总像那年和吴檠哥哥到乡间看见那个画荷的王姓牧童，凝神地盯住细看好一会儿，仿佛非得能用笔描画出来才肯罢休。还有令他小眼睛变大的满街独轮推车，汉子们推着看去要倒似的，车上的婆娘却坐得稳如泰山，也把吴敬梓看呆了。市井建筑也大不同全椒，满街房上见不到烟筒，路上拉车的黄牛更让他大感意外。所见新奇人或物都一一印记在心，好似画在了脑中。

船行到一个小镇，上来两位搭船客，一位青衣长辫的老秀才，一位锦衣缠辫的中年商人。两人都见过很多市面，十分健谈。为答谢搭乘之情，不住说些有趣的事给吴霖起父子解寂寞。

老秀才来自安庆府，得知吴霖起是个候补多年刚赴任教谕的拔贡，便讲了几个秀才科考中举的故事，让吴敬梓听得入迷。

老秀才张口闭口向吴教谕提一个叫许学道的人。他先告诉吴霖起，许学道升任御史，钦点安庆府学道。安庆府好大，每每乡试，徽州、庐州、芜湖、蚌埠及阜阳的贡生们都齐聚安庆参考。他说，安庆府我去过五六回，当然也是参加乡试，不过我没中过举。所以没中，就因和许学道不相熟，总得不到他的关照。安庆府太大，许学道的官也大，依我看，天高皇帝远，天下秀才中不中举就是学道说了算，学道这一关把你挡住，你就是有状元之才也轮不到皇上考你。

特别爱听故事的吴敬梓见老秀才说得口渴，却没听出具体人和事，便递上杯茶说道，先生说的只是见解，并没有令人信服的事实！

老秀才润过喉咙说，我五回参考，而回回不中，或许就因太会讲故事，而欠八股功夫呢！听我给你讲亲见的故事。康熙二十八年（1689），许学道主持安庆府乡试，那年我正好在安庆应试。先考了两场生员。第三场是宣城和舒城两县的童生。老少童生啥样的都有，穷富不一，穿戴不一，但一律不穿打补丁的衣服，因怕考生用补丁作弊。那天最后点进的童生，面黄肌瘦，却胡须花白了，头戴油光的布帽，身穿粗麻布大褂。说来太巧，许学道随手翻了翻名册，正好就翻到他，问道，你就是周维谷？这个周维谷来得快，扑通就跪下说，童生正是。许学道问他多少年纪，他竟吓得如实招来说名册上写的是三十岁，实岁是五十四。许学道问他考过多少回了，他说二十岁应考，至今已考过二十余回。许学道问他为何总不进学，他说总因文笔荒谬，所以各位考官大老爷都难以赏识。

许学道那天忽然心血来潮，可怜起这个周维谷来，等收上卷子，许学道亲自看了一遍周秀才的，确觉如平板石头，太过生硬平白，丢在了一边。可是没一会儿许学道复又将卷子看过一遍，仍不能解其中大意。怪就怪在许学道却看了三遍，最后竟看出了意思，夸说是天下至文，乃一字一珠！许学道亲笔细细圈点，卷面上加了三圈。等到发出榜来，周维谷不仅没有名落孙山，而是榜上第一名。

这个周维谷，我跟他一同乡试过五回。他是舒城童生，家只两间草屋，日子饥一顿饱一顿，岳丈是个屠户，天天有肉吃，还天天能赚点儿碎银。所以他的穷女婿便借了他的光，能有盘缠回回去得了安庆府考试。倘使他周维谷拿不出盘缠，那也就没有碰上许学道亲点他卷子的运气了。

好事忽然来临，周维谷还不知道呢，跟往回一样，周维谷进学回家，家里已无接顿的粗米，他的屠户岳丈想不到他能中举，女婿给他作揖他都不待见，还藐视说女婿尖嘴猴腮，后悔把女儿嫁与这样的现眼穷鬼，让他脸上无光。周维谷早已听惯了岳丈的责骂，一句都不争辩。不觉到了六月将尽，屠夫岳丈到女婿家串门，竟然见不到一丝下酒的荤腥。周维谷家有两只生蛋母鸡，一只杀了炖肉，另一只便抱到市上卖了换酒。偏偏这时，乡试的榜帖发下来了，周维谷中了举人。

周维谷正抱着鸡在市上卖不出去着急，报喜的人就到了他家的茅屋。高头大马，敲锣打鼓，说周老爷高中了。周维谷邻居急忙去市上寻他回来接喜报，那尖嘴猴腮的周维谷还一步一跛地东张西望呢，根本不信中举的话。待随邻居返回家中，把个喜报念了一遍又一遍，不由两手一拍，嘿嘿一阵笑，便一跤向后跌倒，牙关紧咬不省人事。

众人慌忙上前，灌凉水的，掐人中的，还有敲胸拍背的，都不见效。邻居出主意，让屠户岳丈突然打几个大嘴巴，一准儿能好。可屠户岳丈吓得连说这是天上文曲星下凡，打不得。周维谷拍手大笑，一句正经话都不会说，披头散发从此就疯了。

吴敬梓再次给老秀才递上茶，刨根问底周举人后来如何。

老秀才连连叹息，说，十几年了，舒城还见周举人披头散发满街闲走。老母亲急瞎了眼，两年后便撒手人世了；屠户岳丈还一口一个文曲星地叫着，盼他能好转来得个官做。

老秀才叹息连连对吴霖起说，读书人光中了举也是白搭，大人你不是赣榆的教谕吗，这大小也是朝廷命官！只要是官，就比老百姓有出息！你这儿子，就是有出息的相！

吴霖起向老秀才笑笑，也不做争辩地瞅瞅儿子。一旁的吴敬梓正望着老秀才替周举人惋惜说，考到五十多岁还考，最后考疯了。要是不考，跟他岳丈学做屠户，还能让妻小跟着享享口福，他反倒成了两家老小一辈子的包袱！

听吴敬梓如此说，一直没做声的江宁商人主动凑上前说起一个见解相反的故事。江宁商人说，我有个朋友叫荆元，是个裁缝。他裁剪的衣裳整个江宁都有名声。他不光会裁衣缝裥，也读过好多诗书，不仅如此，他还会弹琴、书法、作诗。一般好友就问他："你既要做雅人，何不读书，却要做什么鸟裁缝？"荆元很不在乎这些，说："我也不是要做雅人，只因性情才附庸风雅学学。至于裁缝这个贱行，是祖父遗传下来的。既能读书写字，又会做裁缝，每日寻得几分银子，吃饱了饭要弹琴，要写字，诸事由我，岂不快活！"

新教谕吴霖起十分不解，也问，你朋友这等才干，为何不趁着开科之年充当生员？

商人说，世上奇人多多，论道理不一定都说得通，啥事都只能是寻知音求共鸣罢了。我呢，一个小商人，只想做好生意赚些银两。哪像读书人，讲究的是读书当官发财。人生在世，何必非当官发财，只要自己愿意的事，干什么都一样！

吴霖起想到自己的艰难坎坷，不禁略表附和道，万般皆下品，唯有读书高，不过是读书人的座右铭。我虽读书做了个米粟小官，究竟前途如何，也未可知。你看那个周维谷，举人都考上了，却疯了，命运不济！

吴敬梓也忍不住表达自己的心里话道，我就见过一个姓王的牧童成了画家，自己活得快活，也让老娘跟他享了福，不也是个大孝子！

老秀才和商人都赞说十几岁的孩子就有与众不同见解，定不是寻常之辈！

第一次出远门，吴敬梓不经意间便有许多新见闻装进脑海，比在家十几年的印象还要鲜活。尤其到了父亲任教谕的赣榆，吴敬梓有机会了解不少读书人的事，奠定了他后来激烈否定科举功名的思想基础。可以想见，他随父赴赣榆的经历，使他生命之船驶进了广阔大海，对打开人生视野，对后来《儒林外史》的创作，大有裨益。正如后来他在诗里所写："忆余十三龄，丧母失所恃。十四从父宦，海上一千里……"

第二章

6. 十五小有名

　　吴敬梓随父亲到赣榆后，开初仍是关在家里，由厨娘陪伴着读书，这比先前心情愉快，学习反倒更认真刻苦，让吴霖起觉得儿子"用力于学，已有初基"，"读书才过目，辄能背诵"（程晋芳《文木先生传》），比从前更显出不凡的禀赋和才气。不过，他不是一门心思死读，不时寻机浏览一下当地的山海风情，有时还随父亲参加当地名士聚会。他毕竟出生大户人家，沾染些"家本膏华，性耽挥霍"（《赣榆志》）的习气，养成一种率性豁达态度，言行举止不由自主让人感到是个不拘一格的小才子。

　　吴霖起父子在赣榆的住处，是县衙给安顿的一处民宅，位置比较偏僻，周围三五户人家。荒芜的园子长满齐人高杂草，吴敬梓甚至得跷脚方能看向远方。在这个僻静的住所，大多时间只有厨娘香儿和吴敬梓为伴。

厨娘香儿快要四十岁了，比吴敬梓的嗣父小三四岁。在全椒探花府时，曾服侍过吴霖起患病的妻子金氏好几年，吴家一直很看重她。金氏辞世后，吴霖起打算让她接着侍候突然得病的父亲吴旦。香儿不从，说，我服侍太太那么多年，不该再服侍老太爷了，吴府又不只我一个下人，按理我该接着伺候老爷您的，您到赣榆上任，身边半个照应的人没有，倒有个拖累你的敏儿。你们父子心性，我都晓得。没有我这伺候太太多年的熟人去当厨娘，你爷俩日子没法过！

吴霖起心下本意也是如此，只是碍于别人闲话而没好说出口，香儿自己心甘情愿一说，又是当大家面说的，真就如愿以偿了。到了赣榆不多日子，吴敬梓已离不了厨娘的关照。每当厨娘疼他时，他都不由想到给过他许多疼爱但都再也不得一见的奶娘、洗衣娘和嗣娘。他觉得，厨娘待他和嗣父，胜似死去的嗣娘。

滨海小县城因新教谕吴霖起的到来，产生了不小轰动。首先是赣榆的各界绅士，纷纷拜会来自全椒探花府的名门之后，有的设宴相聚，有的赋诗书联相赠，还有的干脆把自家孩子领上让教谕指点。

新知县见吴霖起人气日增且逐渐忙碌起来，心中升起丝丝缕缕妒意，便找出呈他许久的履职请示重新看过，并当面指教说，赣榆自地震以来，学舍毁坏严重，此为兴教复学之最大难处。我个新任知县，刮地三尺也筹不出缮银来。因之你眼下最要紧之事，则在想方设法与淮安知府和学正周旋打点，催请兴学银两下拨。

吴霖起心中，知县的话就是鞭子。好马不用扬鞭自奋蹄，何况已有鞭子扬起了。新官上任都需三把火，吴霖起哪能不卖命奔腾。

面对破败的学宫，新教谕如面对了不远处的海，心潮涌动。断壁残瓦在远远刮来的萧瑟海风中发愁，四周门窗已不能遮风挡雨。因学宫多年不能使用，本地教书先生大多到外地谋生，只剩老弱病残还在苦熬维持，也终难正常复学。县城如此，乡下更不堪言。教谕听不到读书声，那算什么教谕？但他着实发愁，县太爷都没办法，一个候补多年才补成的新任教谕如何有法。

回到家里，吴霖起愁眉难展，爱子读书情况一时又无心查问。厨娘香儿和儿子反倒来关心他。厨娘说，敏儿书读得好好的，也不添乱，莫不是我饭菜伺候得不好，惹老爷不高兴？

吴敬梓则说，厨娘说的是实话，父亲只管出题考我，这些天的功课我都读得滚瓜如流！

吴霖起叹道，知县大人催我向知府要钱修学宫，他知县都要不来，我个教谕哪里要得来？我是被县太爷考得哑口无言，哪里是对你们有气！

他嘴上如此说，心里还想，自己身为教谕，竟然连爱子也没学堂可入，锁在家里让厨娘看着。一件事，竟苦了全家人，我岂不是废物？

自幼拿钱不当回事儿的吴敬梓一拍脑袋安慰父亲说，这有何难！我爷已不能主事，吴家银钱不比一个小小穷县少。父亲说个数目，叫管家立马送来他敢不送？用不着磕头作揖跪求什么知县知府的！

吴霖起固然没把站着说话不知腰疼的儿子的话当真，但儿子的话却让他心里舒服许多，也亮堂了不少。那些请酒赠诗望爱子成龙的诸多乡绅们，不都有钱吗？向他们晓之以理，动之以情，求他们捐些款，再打点知府学政下拨些，如不够，便如敏儿所说，再从自家拿些，不就成了吗？这时他想起，敏儿的说法，祖上也这样办过的。族祖吴国缙就曾自家出资修缮江宁府学。如今轮到我这当教谕的了，难道就不行吗？

于是吴霖起叫厨娘香儿做了一餐酒饭，也没再考儿子背书，反倒敬香儿和敏儿酒说，谢你们帮了我大忙！

一个残缺的家，在天涯海角，竟男女老少三人共同干了一次杯，虽有违常伦，却意味非凡。

第二天吴霖起又找曾同他套过近乎的县衙吴师爷讨教。师爷说，教谕初来乍到有所不知，去淮安府的事虽是知县口授与你，也不是你可随便去得的。你到了淮安府就会知道，知府和学政只能和知县说话，断不会与你我这等下官对话。你去了即便是极为重要的公事，人家也未必会待见你，要想稳妥最好还是手里持着知县的书帖，此外还不可手中无礼，无礼便如车轴无油，转不动！

吴霖起听罢不解道，这样说来我要准备银钱奉上，事情方得议？可这银钱从何而来？

师爷笑答，银钱当然由你想办法。办法有许多，拣有力的办就是了，但切不可忽视这礼数。前任教谕便不晓得这道理，最后一事无成。先生万不可学他！

吴霖起听罢眉头紧皱，心下嘀咕，这世道皆因有许多师爷这等人暗中作祟，才搞得朝廷大小事情走了样子。吾既不谙此道，便不按此道行事。莫不如就按儿子所说去办，宁可损失钱财，省得弯腰求人。

吴霖起一面从知县那里讨了送给知府和学政的信札，一面写信给探花府管家，然后才只身前往淮安府送上请银公函和知县信札。等了些时日没丝毫音信，便返回赣榆家里。又等了多日，还是没有知府那边音信，倒是全椒家里的一千两现银到了。吴霖起本已做好家那边不听他招呼的准备，一见现银不由感慨，如果不是补了个教谕官职，即便在家，自己的话也不会有人照办的，可见官职之重要，自己定要倍加珍惜来之不易才候补到的卑职，干出点儿名堂，也好积累升职的成绩。于是不等知府那里有动静，吴霖起这边就起早贪黑用自家的钱和自己出面弄到的捐款动工了。

匆匆地过了一年半有余，在父亲日夜的忙碌中，小小的赣榆县城已让吴敬梓在读书之余跑熟了。深秋一天，他与当地几个刚结识的伙伴到海边的海头镇去玩。海头镇紧挨着龙王河入海处的朱篷口。这里海天连成一片，水草茂盛，雁起鸿落，景象乃异常壮美。海滩的高岗有座徐福庙，吴敬梓听说庙里留有不少文人墨客题诗，便特意到庙上看看。徐福庙实际上是一处道观，规模不大，但院内松柏却古老苍劲，可见年头不短。进了正殿，吴敬梓见正中塑有一尊头戴高山冠、身着禅衣的徐福塑像。吴敬梓进了香，又去瞅两边屋柱上的联对。有一副是"徐市载秦女，楼船几时回"，下面落款为唐·李白。又一副"徐福药就仙骨成，云海茫茫但延伫"，落款为宋·李芬。大殿两头还塑有蓬莱仙境一类漂洋过海人物图景。

先人遗墨气势非凡，令吴敬梓叫绝。看了这些，他们又跑到朱篷口。当年徐福带了童男童女东渡日本，就是从这朱篷口出海。这儿有个码头，泊了几只高头海船，另泊有几只方头平底渔船。赤脚渔民船上船下忙着，一股股鱼虾的腥鲜气扑鼻而来。码头上摆着不少鱼摊儿，大筐小箩装的都是海鲜。敬梓第一次见这么多奇怪形状的鱼虾蛤蟹，看得不时驻足，乐而忘返，直到天黑才跋涉返家。

又一年多过去，赣榆的学宫经吴霖起督修基本恢复。这是全县地震十余年后修复的最大公共设施。吴霖起重新操持，把移居外地的塾师请回十多人，学宫便正式复学了。赣榆的学子和家长们无不奔走相告，如今边疆小县又有学宫可以复学了。

吴敬梓终于迎来了进学堂读书的日子。

学宫竣工那天，淮安府学政来到赣榆，在知县陪同下，把新修复的学宫视察一遍，然后当然是一番称赞。但所有赞美之词都是对知县而言，什么尽心竭力，什么勤政兴学等等。学政离开赣榆后，知县大人方才找来吴霖起，盘问学宫修缮详情。吴霖起把前后经过和所有花费细细禀明。总的情况是，他用自家银两垫付三分之一，联络各界人士捐献三分之一，余下尚欠三分之一无着落。知县听后问他遗留问题做何打算。吴霖起说，但求上边能将所欠三分之一和所垫三分之一拨付即可。知县说，上面能把所欠部分如数拨给已属大幸，其他难啦！

其实上面此前已将缮款拨到赣榆，数量相当于实用款的三分之二，是可以抵还吴霖起自家垫款的。可这个书呆子教谕不知这底细，也不懂打点顶头上司，白白搭了上千两银子反倒惹上司不悦。

得以入学的吴敬梓却快活无比。塾师得知他是教谕吴霖起的爱子，对其关爱有加。吴敬梓在学社里的功底是数一数二的，几乎每天都得到先生称赞，所以心情和学业都胜似在老家时候，吴霖起也因此格外高兴，对儿子更加喜爱。

这天休课，吴敬梓的同窗伙伴约他一同去海晏楼观海。他们不知县衙也要在那里宴请为学宫修缮捐款的各方绅士名流，连学社的先生们也请了去。

县衙的宴请是在下午，吴敬梓他们是早上去的。海晏楼临海的一排窗扉敞开着，直面壮阔海景。

吴敬梓与几个同学登上海晏楼，向大海极目远望。一碧万顷的大海远接天际，远天白帆点点，却看不出是远行的船还是远行归来的船。远处的海岛却清晰如画中之画。

再看楼里，墙壁上留有许多题诗，每一首都书法各异。吴敬梓在一首最显气势的题诗前伫立半晌，悄吟了两句，"万派鳞鳞涌，千帆叶叶浮"，连连说妙。海潮在他称妙声中推起雄浑的波澜，排排涌浪翻起滚滚白沫向海滩卷来。吴敬梓胸中忽然蹦跳出一群诗的精灵，驱使他不由自主抓起桌上的笔墨，在身边空白墙上挥手题了一首五言律诗：

浩荡天无极，潮声动地来。

鹏溟流陇域，蜃市作楼台。

齐鲁金泥没，乾坤玉阙开。

少年多意气，高阁坐衔杯。

吴敬梓敢在墙上题诗，几个同学并不见怪，在没见过大世面的边疆小县少年们眼中，教谕爷的儿子是有资格在墙上题诗的。不知底细的茶客们纷纷围上来，吟的吟，评的评，七嘴八舌多是叫好声。

叫好声此起彼落，惊动楼主跑来大声呵斥，你是谁家穷娃子，买不起纸墨跑我这儿来练字！随从便找来抹布要擦。围观的人七嘴八舌说，如此好诗，为啥要擦？即便不是好诗，也越擦越黑不是？

楼主无奈，问吴敬梓是谁家淘气小子。吴敬梓同伴抢话替他答，这是县府教谕吴大人的少爷！他家祖上出过四个进士，我们老师说没准儿他会成为状元呢，他题诗是给海晏楼添彩！

楼主一听也有道理，忙对吴敬梓说，请教谕家少爷在诗下落上大名，到时我也好向知县大人禀明，如大人责怪，就只好请教谕大人说话了！

原来这空白墙壁及笔墨，是给下午县衙宴会备下的。吴敬梓想，教谕父亲是知县最该谢的，题了诗他也不会怎样。于是挥笔落下"全椒吴敬梓"五字。

晚上吴霖起回到家里，进屋就叫醒已熟睡的儿子，不住夸赞他有出息。厨娘香儿一时懵懂，问是咋啦。

吴霖起告诉厨娘香儿，敏儿在海晏楼题诗，被知县大人和一群绅士名流大加夸奖，好给吴家长脸！

　　吴敬梓在海晏楼题诗，学宫里的师生都知道了，那诗已被先生抄来讲给学生背诵，一时在赣榆传为佳话。吴敬梓小小年纪因之小有诗名，这并不奇怪。中国古代文人能够远行到海边的着实不多，全国流传的写海名篇也少有，多被人知的不过唐太宗李世民的《春日望海》："拂晓云布色，穿浪日舒光。照岸花分彩，迷云雁断行。"曹操的《观沧海》及木华的《海赋》等等。而十五岁少年吴敬梓，第一次面对大海便写出颇具气势的《观海》（见《文木山房集》卷二），该诗是传主生平第一首诗，排在诗集的第一篇。以后他每心血来潮都喜欢用诗作来抒发，还得意诳称过是六朝诗人沈约作品（即其族兄吴檠诗句"赋诗诈人称沈约"所言），竟博得孤陋寡闻的人大加赞美。可见后来成为伟大小说家的吴敬梓，其文学天赋是非常全面的，他成年后还著有《诗说》专著，不过最终是以一部小说传世扬名罢了。

　　吴敬梓十五岁那年，还有一件弈棋的事，使他在赣榆的名气更加响亮。

　　赣榆县一些爱弈者，常常争强好胜，把棋局摆在大街上赌高下。有个街头棋王听说教谕之子吴敬梓棋艺不凡，有天便在他散学路上拦住要下一局。

　　吴敬梓笑问，你们这儿围棋放街头下？

　　有人告诉他，要和他下棋这人姓王，老赢不输，人称草头棋王。他与人赌棋，别人是输一赔一，他是输一赔三。

　　吴敬梓问道，他赔过三吗？

　　那人说，他没输过！

　　吴敬梓不信便反问，没输过？！

　　草头棋王见吴敬梓少年模样，应声道，敢赌一局？

　　吴敬梓只是好奇，并不想赌，因祖父和父亲都严禁他用棋艺参赌，便客气说，不敢，家父有训，不许赌！

有人撺掇说，你俩不是赌，算切磋棋艺。若吴少爷赢了，你叫他声师傅。若你赢了，吴少爷叫你一声老师怎样？

草头棋王豁达，说，俺输了，我叫他三声老师！

围观的人兴致勃勃推吴敬梓上，边推边说这不是赌，是切磋。

吴敬梓只好放下书褡摸起棋子。最后结局竟真是草头棋王输了，围观的人一阵欢呼起哄，让草头棋王向少年吴敬梓鞠躬叫老师。草头棋王阿Q似的，心里不肯，嘴上又不好食言，便老师面对学生那样坐下，对站着的吴敬梓说，你爸是教谕，是你老师，是我太师！

大家又起哄，赖皮！和教谕家的少爷耍赖皮！

草头棋王辩解，教谕是他老师，是我太师，不就等于我是他学生，他是我老师吗？

大家非让草头棋王直接称呼吴敬梓老师不可，尴尬之间，吴敬梓却意外给草头棋王深鞠一躬说，这位先生既兑现了诺言，又兑现得十分智慧，让我受益匪浅，他是我老师！说罢飞跑而去，引起身后一片叫好，使得赣榆小县许多人知其美名。

后来父亲对儿子这种名气不敢再加赞美了，反而多次批评。比如对赣榆县城那个人称仑超人的开头巾店老头子，父子俩看法就极相左。那是个有学问的怪人，常与县衙的师爷、典吏等人辩论一些事物，谁也辩不过他。吴敬梓很敬佩并非常愿意和他接近，父亲却十分反对，教训儿子不可受这种人影响，认为他那都是些奇谈怪论，想事举业的人万不能听他那一套。他嗜读了些诗书就自命不凡，虽确有点儿奇才，可都不会有大出息，成不了大气候。吴敬梓极力与父亲争辩，认为这种人的学问也不可轻慢。吴霖起怒道，即便他把世上所有的学问全记下，考不取功名那算什么？！

因此，吴霖起特意把儿子关在家里数日，彻底进行了一番国家科举考试制度教育，让他早点儿懂得，科举考试有数不尽的关口，许多佼佼者使出浑身解数都难圆其梦，不全心全意根本无望。

7. 严酷科举制

吴敬梓尽管年少气盛，才高自负，听过父亲三番五次对他进行科考制度的详细教育，还是大为吃惊，原来这般繁琐！这多关卡！吴家祖上出过的四位进士，其中还有显赫的探花和榜眼，他们付出的心血，怕是要千车载，万船装的吧?!

史书记载，随着士族门阀的衰落和庶族地主的兴起，魏晋以来，选官注重门第的九品中正制，已无法继续下去。隋文帝即位以后，废除九品中正制，开始采用分科考试的方式选拔官员。大业二年，隋炀帝始建进士科，典定科举制度，这是中国历史上极为重要、影响也极其深远的大事。科举制开设进士科，以考政论文章为主，同时还增加了科举录取人数。至六〇七年，考试科目已经有了十科，为初唐培养了大批有真才实学的人才。科举制度创建之初，重才学品质，而不重门第，削弱了门阀大族世袭的特权。这种"任人唯贤"的改革，为下层优秀知识分子提供了极好的为公效力机会，无疑是高明的创举，对后世中国及世界都有深远影响。应该说，科举制的创立是封建选官制度的一大进步：打破了世家贵族垄断仕途的一统局面，起到抑制门阀的积极作用；扩大了官吏人才的来源，为大批门第不高的庶族地主知识分子参政提供了机会；把读书、考试和做官，紧密联系起来，提高了官员队伍的文化素质；把选拔人才和任命官吏的权力，从地方豪门士族手里集中到中央政府手里，加强了人才的全局调配使用。因此才得以历朝沿用。唐宋的许多大官、名士、文豪如苏东坡等，都是科举出仕的。但是，到了科举最盛的明清，尤其封建社会之末的晚清，西方世界的科技、教育、文学艺术等等已空前繁荣发展，并用于强国兴邦了，中国还不把科技，尤其小说等艺术著作当回事，不让读书人读，也不让官宦们读，只视为不官不宦的无聊书生写给平民百姓消愁解闷的下流读物。百姓越是欢迎的，反被朝廷当杂耍或邪说禁止。到了吴敬梓的壮年时期，科举虽仍兴盛但已没落，逐渐使得"文人有厄"了，其有厄的状况，读读《儒林外史》便可窥一斑。那时，小说这一极具生命力的新生文体已渐呈繁荣局面，朝廷却还光靠僵死害人的八股文章为准绳考官，其他新学问尤其小说等仍不屑挂齿。当官的，上至皇上，下至案头小吏，都可为诗为词为赋为文，小说仍如上不了户口的私生子，低人数等地私下活着。待小说在发达国家上了大雅之堂，当学问，立奖项，竞赛着提倡了，我们中国仍把小说连同火车、电灯等等划时代的发明没当回事儿。直到"五四"新文化运动以后，推翻了帝制，中国人知道了科学、民主和现代化的说法，小说这个私生子才算有了户口，而且可以在学校当学问当课程讲了。

据史料介绍，清代的科举制源于宋代。宋代曾置提举学事司，掌一路州县之学政，并巡察所部儒师之优劣、士子之勤惰。明代除在各省设置布政使司和按察使司之外，还分设各种道员，其中有一种以按察司金事提督学校的道员，称提学道，一般由京朝官兼任。这种制度在清代继续沿用，雍正后统称"钦命提督某省学政"，一般称"学政"。学政多由朝廷在翰林院、詹事府官员中选任，由其他京官选任者也带翰林院编修或检讨衔。由于学政还兼有在派往省份考试武生的职责，因而又加提督衔。清代的学政三年一任，逢子、卯、午、酉乡试之年的八月简放，其基本任务有三个：第一是主持"院试"，录取各府、州、县学的生员；第二是主持各地检验生员学业的"岁考";第三是主持作为乡试预备考试的"科考"。学政系朝廷使节,不受督抚节制,地位很高。

科举制度中生员、举人和进士三个系列的考试程序如下:

生员(秀才)系列的考试。

童生考取生员须经本县、本府(或本直隶州、厅)和学政的三级考试:

1. 县试。县试由州县官主持,日期多在二月。其程序,童生向本县衙署的礼房报名,填写父母、祖父母、曾祖父母三代存、殁、已仕、未仕之履历;或出具同考五人互相保结,或出具本县廪生的保结,保其身家清白,不属于优倡隶皂之子孙,以及没有冒籍、匿丧、顶替、假捏姓名等情,然后方准应考。县试一般共考五场,每日一场,黎明前点名入场,即日交卷。第一场为正场,试四书文两篇,五言六韵试帖诗一首;题目、诗、文的写法皆有一定格式和字数限制。第一场录取者准应府试,其余各场是否参考听考生自便。县试第一者称县案首,院试时惯例录取入学。

2. 府试。府试由知府、直隶州知州、直隶厅同知主持,日期多在四月。因故未参加县试者,可于府试前补试一场,亦可参加府试。其他报名、具保、场次、考试内容等与县试相同。第一场录取者即准应院试,其余各场是否参考听考生自便。府试第一名称府案首,院试时惯例录取入学。

3. 院试由学政主持。各省学政在三年任期内两次巡回各地,称按临,主持生员的岁考和科考;与此同时,进行童生的院试。因故未参加府试以及县试、府试均未参加者,均可经补考后参加院试。院试报名、结保、考试内容等与县、府试同,唯正场之前加试经古一场,考试解经、史论、诗赋等。院试场规较严。入场由学政亲自点名,认保、派保的廪生排立学政座旁，如有冒考、顶替者，查出究办；此外互保的五名童生还须互相觉察，如有容隐包庇，五人连坐。考生入场携带考篮，内装笔墨食物。为防止夹带，要进行严格的搜检，甚至要解发、袒衣，连鞋袜、文具也要检查，不许携带片纸只字进入考场。点名入场后，考场即封门，禁止出入。为防止考官徇情，试卷弥封糊名。院试录取的新生须填写亲供，书年龄、籍贯、三代以及身高相貌特点，由各州县学官出具印结，汇报学政。学政于大堂召集新生行簪花礼，然后分拨县、州、府学学习。留县者称县学生员，拨府者称府学生员。各府、州、县奉到学政发下的新生名单后，即通知新生定期穿戴雀顶蓝袍，齐集官署大堂设宴簪花；然后在府、州、县官的带领下，前往孔庙谒圣，再至学宫拜谒本学学官。此后即开始入学学习。

学政按临各地，除主持童生入学考试外，还负有整顿学风、检察生员品行和考察生员学业等责任。为此，他还须主持以下活动：

1.观风、谒庙和放告。学政按临一地后，往往首先拟出经解、策、论、诗、赋等题目，令生员和童生选作，有时也就近到书院考试生童。这些活动旨在考察各地文化风俗，称观风。院试进行之前一日，学政着朝服谒文庙，在大成殿阶下行三跪九叩礼；礼毕升明伦堂，由学官宣读朝廷颁布的旨在规范士子品行的《卧碑文》和《圣谕广训》，诸生肃立环听；此后，由生员掣签讲书，各讲四书一章。讲书结束后，根据察访结果对品行学业优劣生员当众予以奖罚；然后查看文庙围墙，倘有破损，即令修理。谒文庙后学政回府州县官署放告，即准人民申诉冤屈，控告不法文武生员、贡生、监生。控状无关学校者不予受理，交当地知府处理。贡生、监生和文武生员犯法，其情节轻者惩戒，重者斥革。

2.岁考。学政到任后第一年按临各地，在主持院试之前对生员进行考试，旨在检查其学习情况，府、州、县学的附生、增生、廪生均须参加，称岁考。岁考实行"六等黜陟法"，即将考试成绩评定为六等，根据成绩对生员的身份进行黜陟，如增生、附生补为廪生，廪生降为增生、附生等。此外，对成绩考列五、六等者，还有青衣和发社两种惩黜。着蓝衫本为生员身份的象征，"青衣"处分即使被惩生员改着青衫，曰"青衣"；"发社"即由县学降入乡社学；最严重的处分是革黜为民。

3. 科考。科考是乡试的预选考试，学政到任后第二年进行。成绩分三等，其一二等及三等大省前十名、中小省前五名准应乡试。除科考外，旨在选送参加乡试人员的考试还有生员、贡生、监生的"录科"和"录遗"。所谓录科，即科考成绩三等未获得参加乡试资格者、因故未参加科考者以及在籍监生、荫生、官生、贡生因名不列于本地学宫而不参加科试者，皆须于乡试之年七月由学政考试录科，方能送考；录科各省有定额。所谓录遗，即经录科考试仍未能取得参加乡试资格者以及未参加录科考试者，可以再参加一次考试，录取者也准其乡试。有些人员，可以不经科考、录科、录遗而直接取得参加乡试的资格。在这些人中，现任学官准由学政直接送考；在国子监肄业的贡生和监生，由本监官直接送考；正印官胞兄、弟、子、侄中随官员在任读书的贡生、监生，准许本官申送参考；学官、州县佐贰由本任地方官申送参考。

关于乡试的有关规定：

1. 乡试的时间和考试内容。清代乡试三年一科，逢子、午、卯、酉举行，称正科；遇皇帝万寿、登基等庆典，增加一次，称恩科。如过庆典之年适逢正科之年，则改是年正科为恩科，原正科改在此前或此后一年举行。《周礼》有三年大比之制，故乡试之年亦称大比之年。乡试于八月举行，亦曰秋闱。乡试分三场进行。以初九、十二、十五日为正场，考生于每场正场前一日入场，后一日出场。考试内容，顺治初年（1644）规定第一场考四书、五经，用八股文，谓之制义，亦称制艺、时艺、时文；第二场考论一篇，判五道，诏、诰、表择作一道；第三场考经、史、时、务、策五道。乾隆五十二年（1787）后，改第一场考四书文三篇，五言八韵诗一首；第二场考经文五篇；第三场考策问五道，题中内容为经史、时务、政治。顺天乡试的四书题和试帖诗题由皇帝钦命，其余考试内容由主考、同考官员命题；各省乡试均由主考命题。

2. 乡试的参考人员。清代乡试考场设于顺天府和各省。顺天乡试亦称北闱，参考者有两部分人：一为直隶、奉天、热河等省区以及满蒙汉军的生员和贡生、监生；二为各省的贡生、监生。各省乡试地点在省城，参考者为本省的生员。

3. 乡试的考场。清代乡试考场称贡院。对于贡院的建筑结构，清末甲辰（1904）科进士出身的商衍鎏先生在《清代科举考试述录》中有过记述：顺天贡院建在京师崇文门内东南角，大门前有一座"天开文运"的牌坊，其他与各省贡院基本相同。各省贡院均建于省城东南，贡院大门上正中悬"贡院"墨字匾额，大门东、西建立两坊，分别书"明经取士"和"为国求贤"。贡院大门外为东、西两座辕门，大门分中、左、右三门。进大门后为龙门，门内又平开四门，取《尚书·虞书》"辟四门"以招贤俊之义。龙门直进为至公堂，是监临和外帘官的办公处所。在龙门和至公堂中间，有一楼高耸，名曰明远楼，居高临下，全闱内外形势一览无余。监临等官员可登楼眺望，稽查士子有无私相往来、执役人员有无代为传递之弊。至公堂再往后有一座飞虹桥，过桥即为内帘门。内帘的后部是正副主考和房官办公阅卷的场所。龙门、明远楼两侧是士子考试的号舍，号舍自南而北若干排，每排数十间乃至近百间，顺天和某些大省贡院的号舍总数可达万余间，中小省也有数千间。贡院四面围墙遍插荆棘，四角各有一楼，以为望。考试期间，贡院四周派军队分段驻守巡逻。

4. 乡试的场规。清代乡试场规极严，对试前、试后、场内、场外，皆严立禁令。对士子夹带防范尤严，进场时进行严格搜检。为防止夹带，规定士子必须穿拆缝衣服，单层鞋袜，皮衣不得有面，毡毯不得有里；禁止携带木柜木盒、双层板凳、装棉被褥；砚台不许过厚，笔管须镂空，蜡台须空心通底，糕饼饽饽都要切开。严禁考官交通嘱托，贿卖关节，严禁士子与员役协同作弊，违禁者严处。一八五八年，顺天乡试发生舞弊案，主考官、协办大学士被问斩，数十名官员、士子受到包括死刑在内的严重处罚。

5. 乡试的考官和阅卷、录取。清代乡试的考官为正副主考，每省各一人（道光后顺天乡试的副主考为三人），负责命题、阅卷、录取。正副主考均由皇帝钦命简放，专用翰林进士出身的官员。其中顺天乡试用一、二品大员，其他省用侍郎、内阁学士、翰林院、詹事府和都察院的官员。除正副主考外，各省乡试还任用同考官帮助阅卷，同考官也称"房官"，各省八至十八人不等。顺天乡试的同考官由礼部会同吏部选用科甲出身的官员担任，各省乡试的同考官由担任乡试"监临"的督抚考选，专用邻省接界三百里以外的在籍进士、举人。"监临"负责监察、总摄考场事务。顺天乡试以顺天府尹为汉监临，任用二三品满官为满监临；各省乡试以巡抚、总督为监临。此外，乡试还设监试、提调、帘官等人员负责管理考场。士子用墨笔作答的原卷称墨卷，出场交卷后由弥封人员将卷上姓名籍贯弥封。为防考官辨认考生笔迹之弊，将弥封后的墨卷编号交誊录人员用朱砂誊录，称朱卷。朱卷誊毕后，经对读人员与墨卷校对无误，分别套封，墨卷存于外帘，将朱卷交内帘阅卷。正副主考批阅各房荐卷，以头场为主，阅后结合第二、三场的情况，互阅商酌，取定中额。放榜之日，按中式朱卷红号调取墨卷，当众开封，填写榜名，放榜公布。乡试放榜后各省试卷调礼部复查，称磨勘。房官未荐之卷和主考未取之卷，皆曰落卷，也须略加批语，试后发给考生。乾隆间，有时令督抚、学政对中试举人进行复试，嘉庆后成为定制，道光后定赴京复试。

6. 乡试的中额。清代乡试中额各省多寡不一，依文风之高下、人口之多寡、丁赋之轻重而定。如乾隆年间共取一千二百余名。乡试正榜取中者称举人，此外每正榜五名取副榜一名，亦称副贡。放榜之期在九月，第一名称解元，顺天乡试的解元例为直隶人。

7. 乡试的放榜。清代乡试于九月放榜，多选寅、辰日支，以辰属龙，寅属虎，取龙虎榜之意；又因时值秋季，桂花盛开，所以也称桂花榜。放榜时，正副主考、监临、房官、提调、监试等齐集公堂，拆墨卷弥封核实中试者姓名、籍贯；核实后交书吏唱名，唱毕填写正榜。榜由第六名写起，末名写完后再提写前五名，由第五名倒写至第一名，谓之"五经魁"。填榜至此，时已入夜，公堂上下燃起巨红花烛，经魁出于哪一房官即将红烛一对置于该房官案前，以表荣誉。经魁唱名声音特高，曰闹五魁。五经魁填写完毕后填写副榜。全榜填写完毕，将榜文加盖顺天府尹或本省督抚关防，载以黄绸彩厅，在鼓乐仪仗兵丁的护卫下，送到顺天府尹署或各省布政使司署、巡抚署前张挂。发榜第二天，在各省巡抚衙门举行"鹿鸣宴"，由主考、监临、学政内外帘官和新科举人参加。新科举人谒见主考、监临、学政、房官，然后依次入座开宴，演奏《诗经》中的《鹿鸣》之章，做魁星舞。新科举人第一名称解元，第二名称亚元，第三、四、五名称经魁，第六名称亚魁，其余称文魁，均由国家颁给二十两牌坊银和顶戴衣帽匾额。匾额悬挂住宅大门之上，门前可以竖立牌坊。新科举人第二年即可赴京参加礼部会试；会试一科或三科不中，也可以经过吏部的"拣选"或"大挑"就任低级官员。

清朝的殿试。

殿试在四月份举行，名义上由皇帝亲自主持。此外还要任命阅卷大臣、读卷大臣，协助皇帝评阅试卷。明清两朝的殿试都只考策问一场。

殿试出榜分为三甲：一甲为赐进士及第，只有前三名，为状元、榜眼、探花，合称三鼎甲；二甲为赐进士出身，有若干名，第一名称为传胪；三甲为赐同进士出身，也有若干人。在一、二、三甲的都泛称进士，中了进士，功名就到了尽头。殿试考中称为"甲榜"。凡是通过乙榜中举人，再通过甲榜中进士而做官的人，叫做"两榜出身"。一身兼有解元、会元、状元的，叫做"连中三元"。明清两朝都有数人是连中三元。

殿试考中称为"甲榜"。按照清朝制度规定，殿试以后还要进行一次考试，叫"朝考"。朝考的第一名叫做朝元。最后根据贡士的复试、殿试、朝考三次成绩得出录取等级，再根据录取等级确定授予的官职。殿试的状元、榜眼、探花在考中后按惯例可以立刻被授予翰林院修撰和编修，不再参加朝考。凡殿试二甲第一名的传胪和朝考第一名的朝元，也照例要到翰林院任职。

8. 十七父子双完婚

康熙五十五年（1716），一部亘古最全的汉语《康熙字典》编撰完成。边远小县赣榆还没见到这部煌煌巨典，教谕吴霖起却看到了巡抚学政下达的公文，通知各县于当年主持县试，一律接受生员报名。但那时朝廷有规定，生员报名须在原籍的出生地。鉴于吴敬梓已随父在赣榆入学，吴霖起还是在赣榆给儿子报了县试生员的考名。刚报过名，全椒家里那边告知，老爷吴旦再次病危，要吴霖起立即返回。

可赣榆这边，吴霖起正忙碌得不可开交，此时离开真放心不下，本不愿请假的他又不得不向知县告假。知县沉吟半晌说，界首、二郎口那边的社学形同虚设，大墅、三合集等地也没落实。忠孝自古难两全，你身为朝廷命官，该如何办，你仔细想想自便吧！

吴霖起是典型正统书生气十足的小官，知县说了忠孝不能两全让他自便，他只能往尽忠国家而牺牲自己上想，不然他就不会从自家拿钱修缮公家的学宫了。事后，县衙的师爷提示他，按说，你吴教谕的差使一直干得不错，也没有正经休过假，虽回过两次老家那是为修学宫筹款，这本是公事，可知县却当你是回去办私事了。当官不把上司心理揣摩沟通得面面俱到，那就是白干！

吴霖起没心思揣摩上司心理，却不能不想想怎样忠孝两全。想来想去，想到了朝廷那个生员报考必须在原籍的规定，决定让厨娘香儿陪吴敬梓回去替他尽孝，顺带在老家那边把试考了，并代为处理一些琐事。

得知父亲这一决定时，吴敬梓正在学堂跟同学们辩论，是因范仲淹的《岳阳楼记》引起的。有一同学很不赞成"先天下之忧而忧，后天下之乐而乐"的说法，认为没人做得到。吴敬梓却反对说，我父亲就能做到！他拿家里钱，修县里学宫，家人都指责他，他这不是先天下之忧而忧吗？

就是这时，父亲来叫他回全椒老家探望祖父的。吴敬梓不禁喜出望外，便丢下与同学的争辩跑回家。

吴霖起知道，全椒那边，碰到哪样事情，办起来都不简单，所以再三跟厨娘香儿和吴敬梓交代，遇了拿不准的事，一定两人商量，然后再由儿子出面说才是。厨娘毕竟是大人，而且在吴家有着尽人皆知的特殊身份，即实际的吴敬梓的半个娘，吴霖起的半个妻。厨娘香儿听得很认真，一一记下后，很认真问道，老爷说的事我都能办到，可一旦族人问起我，你个小小厨娘，不就是教谕家的下人嘛，我可否说个啥名分？

吴霖起急了，托你办这一桩小事，咋还提什么名分？你只管说是我让你陪少爷回去行事就是了！

厨娘香儿一脸委屈，我跟你在这天涯海角几年了？饭菜烧得，缠绵也似家常饭一样有得，到头来还是没名没分的，这叫啥事吗？

吴霖起问，你要啥名分？

爽快的香儿说，我担的什么责，就该有什么名分，老爷让我回去担的都是主事夫人的责！

吴霖起连忙认真制止，切不可这般胡说，我还有母孝在身，此时怎好提这名分？

香儿不再争辩了，只说，看把教谕大人吓的，若人问起，我就说，你和我，是小葱伴豆腐，一清二白是了！

厨娘香儿就是这样带着少年吴敬梓踏上归乡路的。不过这可是要一个不谙世事的少年，去处理一件繁琐的家事。至于事情如此安排是否妥当，吴霖起已没有其他办法了。

厨娘香儿带领意气风发的敏轩少爷，风尘仆仆回到全椒，这让吴府上下好生失望。这俩人回来，能当什么事儿。但香儿的出现，却勾起吴府往日一个话题。

这不是香儿吗？那年她钻进老爷睡房定是真的啦！

香儿看出了大家的疑惑，稳稳当当并不去理会。她自小入探花府当下人，吴家的事没她不清楚的。在她眼里，吴家最重要的人脉关系，是吴家与金家的几辈子姻亲，因此关于香儿的话题也与金家有关。那是康熙五十二年（1713），一个雨夜，吴霖起顶雨急匆匆去茅房解手，与也急匆匆去茅房的香儿撞了个满怀，从此两人关系逐渐发展到不可告人。但必须说明，吴霖起与香儿这种关系发生在他的夫人金氏去世之后。香儿曾多年服侍久病的金氏，金氏一直喜欢这个勤快善良的丫头。吴霖起和香儿都相信，金氏在天之灵一定也会赞成香儿接替自己的位置。

吴霖起和香儿的私情，吴府差不多都知道。只是吴霖起事后不久就去赣榆赴任又带上了儿子，父子俩日常生活都需有个厨娘照料，与其在异乡雇个生人，倒不如带上千般愿意的香儿最为合适了。香儿随之而行的消息尚不确切，所以香儿离开探花府后，就不再有人议论此事。

全椒书办吴雯延听说过继给堂兄的亲生儿子回来了，便打发儿子吴檠把吴敬梓叫到家里。打听过赣榆的情况后，不免长叹一声，他本指望长房长子回来顺便了断吴家的纠葛，看来还是不会出头。

吴敬梓倒没这许多杂想，他只是念着金两铭和叶惠儿等那些童年朋友。所以诸事稍毕他便伙同吴檠去红土山拜望叶先生。

叶郎中家柴门依旧，最先迎出来的还是那条黑狗，吴敬梓不免奇怪，狗都有些苍老了，怎么还记得他。惠儿一出来，又让吴敬梓大吃一惊。惠儿长高了，熟桃子似的，令他一望便眼睛发烫，活活一个待嫁的新娘。惠儿望着眼前的吴敬梓，也是一愣，然后才回过神而朝院里喊，来客人了！

郎中叶草窗见来的是好久不见的吴敬梓和吴檠，高兴得忘了形态。县衙教谕的公子远道还家，却能带了县衙书办的公子登门来看他，这是多大的荣光啊。叶郎中曾对惠儿说，像吴敬梓这样天资聪颖、博览群书并见解过人的世家子弟，真如凤毛麟角。此时又见，不但长大了，脱了身上稚气，还增了书卷气和男儿气，便朗声道，看来男儿非要出去闯荡闯荡才好，才三年多工夫，出息得让老夫不敢小瞧啦。

叶郎中又把二人让至书房，只几句寒暄，也无须叶先生多问什么，吴敬梓便主动滔滔不绝说起赣榆的种种见闻来。叶先生饶有兴味地不时插上几句，竟使吴檠心里泛上一丝妒意，怪吴敬梓把自己冷落一边。他哪里知道叶郎中内心对吴敬梓那份喜爱之情，这忘年之交的一老一少，神交默契，不是别人能够理解的。

悄悄凑在一旁的惠儿，瞧着敏轩哥哥侃侃而谈的样子，心里也不由生出丝丝妒意，她明白，探花府的吴家不会向草医叶家提亲的，这让叶惠儿心里有些酸苦，但却无法改变她对吴敬梓的牵挂之心。吴敬梓却没理会到叶惠儿心里的微妙。

叶先生见惠儿总是暗中凝看吴敬梓，那眼神平时是没见过的，他忽然感觉自己的女儿对吴敬梓的好感超出了常人，只可惜自己身世卑微，否则该到吴府给惠儿提亲的。

吴敬梓丝毫没理会到叶郎中父女内心的微妙，只顾继续谈着自己的高兴话，直到吃饭才打住话头。饭后借着酒劲儿，吴敬梓也无所顾忌了，拉过惠儿，在院子里讲起了汤显祖的《还魂记》以及《西厢记》。吴敬梓一言一行都深深打动着叶惠儿，她恨不得也跟吴敬梓走一走，竟控制不住靠近了吴敬梓。一股女孩特有的气味扑入吴敬梓鼻息，使他忽然口渴得很。叶惠儿急忙进屋取茶，递给吴敬梓时，也不躲避双手相触，竟不由自主多享受了一瞬那微妙的感觉。天色已晚，吴敬梓依依不舍与叶惠儿相看了几眼才离去。他们相互成了各自心中的一个美梦。

吴敬梓绝没想到，他这次全椒之行，给自己的人生扭转了一个方向，这的确不是他父子刻意而为的，就像山间之溪，大雨来了，自然溪满水湍。可是这件事最终酿成的后果，却使一个天资聪颖好学的多才少爷，从此掉进了生活的泥淖，开始了无休止的挣扎。因为这年，吴府当家人为吴敬梓与全椒名门陶李钦员外的女儿陶媛儿，订下了姻缘。

就像厨娘香儿对吴府的认识那样，吴家的家业虽然庞大，人丁兴旺复杂，可这一家上下跳不出姻亲的圈子。吴家的姻亲大多是套了一层又一层的金家。除此之外就是跟金家联姻的陶家。吴敬梓与陶家女儿的婚姻，早先吴霖起夫人金氏在世时就提过。那是吴敬梓十二岁时，夫人金氏在香儿的陪同下，到五柳园那边的陶李钦员外家串门时提的。陶员外便是吴敬梓舅爷金榘的大舅哥。

关于吴敬梓与陶媛儿的婚姻，全椒县民间多有流传，史志也有提及。不过属于那种青梅竹马一块长大，两家长辈为联姻而包办，先订亲后恋爱那类为遂老人心愿的婚姻。因都没见过世面，也没接触过他人加以比较，所以还算和美。这方面无资料可说，也无须多说。

康熙五十七年（1718）秋，襄河北岸，吴家探花府大张旗鼓为长房长孙吴敬梓操办了婚姻大事，把陶氏家族的媛儿娶进门。吴氏大家庭并不是看重郎才女貌，更看重的是亲上加亲，把原来与金氏家族二百年不断的血缘关系又延续了下去。探花府吴家，五柳园金家，大陶庄陶家，一条婚姻纽带继续将三大家联系在一起，各家都很满意。教谕吴霖起更是如此，对于他来讲，无论是作为人父，无论是作为老爷吴旦的长房长子，他终于把传宗接代这件头等大事交给了自己的嗣子。往后的责任，就是管束嗣子在举业上下功夫，把科举世家的传承延续下去。

吴敬梓的婚事，就是十六岁那年代替父亲回全椒最终定下来的。这一次全椒之行，吴府上下的其他大事依旧撂在一边，不能梳理打点，全靠一件件喜事掩盖着。这些事的前后当中，厨娘香儿已成了吴霖起实际的内人，里里外外也都认可了。

在吴敬梓成婚之时，赣榆县的县试如期举行。吴霖起把当时的考卷誊写一份，让吴敬梓婚后在家答了，事后再找束事们给评判。这份试卷真的十分出色，评判的人都说，这是全县最好的生员卷。这一年，赣榆县一共产生七名参加乡试的生员。因为吴敬梓没有正式参加这次县试，所以不在生员之列。吴霖起万万没想到的是，恰恰因为吴敬梓这桩婚事，使他的举业功名最终全部落空。

9. 十八秀才十九爹

吴霖起不停地教导他的爱子，要以举业为重不事二心。可完婚后的吴敬梓，却过早地接过吴府的家族琐事乱摊子。这给他的处世态度和性格带来了极大变化，这变化是在那些看似简单实为复杂的大事小情中被潜移默化的。

婚后，吴敬梓和陶媛儿经常往返于全椒和赣榆之间，他读书还是以在赣榆为主，每有探亲和应对家事时，便回到全椒。从全椒到赣榆，一路奔波已轻车熟路。婚后第二年，全椒那边的先长吴旦辞世。探花府便日见其乱。吴敬梓一面体会着父亲为官的艰辛，一面陷入族人觊觎家产的纷争，使本来甜蜜的婚后生活却添了许多无奈与无聊。

清圣祖康熙五十七年（1718）七月，安徽南部大面积暴发山洪，水猛如野兽，毁路坏桥，决堤破屋，淹死人畜数万。吴敬梓又一次秉父命回全椒处理相关家事。这一次，吴敬梓和陶媛儿不待在书房落定脚跟，族叔吴霄瑞就闻声上门，一见吴敬梓便亮开嗓门道，敏少爷衣锦还乡啊，吴府跟着沾光啦！怎不见堂兄教谕大人回来呢，不会是差我几个碎银钱，就再也不见我吧？

吴敬梓和陶媛儿一时愣住。这次回老家，父亲没有交代过这样的事情。见吴敬梓满脸迟疑，堂叔吴霄瑞便鸡啄米似的说起一件事。

三年前，长房兄台吴霖起打赣榆回来，说是赣榆县忙修学宫，急用银两。那次他是专门回来筹措银两的。教谕老爷事业正红火，地位也显尊，就相当于咱吴府的掌门一样，他说话了哪个敢不遵从？教谕长兄把我叫到他屋叮嘱了好几遍，要我给凑齐一百八十两纹银。我按兄台的意思给他办了。这一百八十两银子是我多年攒下的家底，害病都不曾用过，教谕兄台说话这般急，哪有不应允之理，况且兄台还许我每月三分利钱。你知道在本家面前我是不计较钱财的，想用钱手头有了便自管拿用去，还提什么月钱不月钱。教谕兄台这么一说我便觉得有些外道，就不怎么愿意为他筹措这些银两，倒是兄台央我不下十次，我便同意把钱拿给他用，还不待钱拿到手，教谕兄台早早就把字据已立好了。这事过去已近三年，今日敏少爷替父回来了断家事，就手把这事也了结吧。

吴敬梓和媛儿只听得堂叔唾沫星四溅，把事情说得翻来覆去的。倘有这事，家父欠的钱自然要偿还。吴敬梓向来不把钱看重，自己兜里有钱时，哪个朋友想用，他都是人家一张口便妥的，还不还也不计较。对府上的钱当然也不很看重。三年前父亲筹建学宫为钱发愁，就是他出的主意，回家来拿的，于是慨然向堂叔致歉说，两年多一百八十两纹银的月钱，差不多有百十两，加上本银共计两百七八十两，给叔父添了负担，我爹事忙没得闲处理，我明天就同管家商量把此事办了，请叔父放心！

吴霄瑞没想到，自己费了很大心思预谋的事，一张口吴敬梓就答应了，便嘴上抹蜜脸上搽了笑膏似的表扬道，我侄随父在外只转了这几年，就如此断事果决，将来定能替父掌门，有大出息，说不定超过祖上中了状元呢，不像我等不上进的读书人，朽在家里没出息！然后欢喜着离去了。媛儿却责问吴敬梓说，这不是你个人兜里的小钱，说给谁就给了！近三百两的纹银，当下不景气的探花府也算是一笔大支出了，不然父亲怎会向亲戚们个人借钱？何况堂叔说得颠三倒四，还不知其中有无差头，你就擅自同管家说给他，这般断事连我妇道人家都觉不妥，你该请告父亲才是！

吴敬梓说，大丈夫一言既出，驷马难追，我个晚辈怎好再去和堂叔说不办的话？

媛儿说，大丈夫办事要有据服众才是，你只听他说你几句好听的，就轻言大事，断然不妥！

吴敬梓虽觉妇道人家心细啰唆，但也觉自己有些轻率，所以第二次吴霄瑞又来追此事时，他还是照媛儿的话说道，对不起叔父，此等大事，需待小侄回赣榆禀告父亲不迟。

吴霄瑞急了，三年了还不急？你家有钱大把地花当然不急，我哪有几文闲钱在手？买把柴米都得攥攥拳头！

陶媛儿替丈夫解围说，敏轩他年少当不了这大的家事，堂叔您最好直接与我公爹说，长辈的事情我们晚辈不敢插手！

吴霄瑞从袖间掏出一张字据，在小两口面前抖了几遍说，这点儿小事还用得着颠颠反反地回赣榆请示，眼下便能一了百了，也能看出敏少爷将来的威望。

陶媛儿笑颜好语，端茶敬烟地陪着，就是不让丈夫松这个口。看天色已晚，又说，堂叔您先请回，我们琢磨办法，了您心愿就是！

吴府上下知道这件事的人并不多，堂叔走后，吴敬梓按媛儿主意分别向下人和管家询问了几次，终于打探出了事情的原委。

管家告诉吴敬梓，康熙五十三年（1714）老爷确实从赣榆回来筹过一次银两，不过大都是向全椒的富商和老爷的同科拔贡相互拆借，很少有月钱，没听说过他能从铁公鸡一般的堂弟吴霄瑞那里借来钱。

吴敬梓便向姑姑询问这件事情。姑姑长叹一声说，你这堂叔从来没有什么好心肠，是啥事都能赚到便宜的主。前些年他有个邻居叫李先，四月里你堂叔家的一口小猪跑到了李家。李家慌忙把小猪又送回来，这件事里里外外都是很光彩的，不想你堂叔满嘴胡编，硬说猪崽离家再回来对主人大不利，追着命逼李家出十钱银子买走小猪。李家不跟他一般见识，出了钱买也买了，养起来就是。转眼李家把猪养到了百十多斤，不想有一天这猪又跑回你堂叔家，你堂叔却不像李家那样好心肠，把猪关了起来。李家眼见猪去了你堂叔家，前去讨要，你堂叔却说猪是他家的，非要人家照市价拿银子赎回。李家是穷人，哪有多余银子赎猪啊。争论一后响，最终你堂叔叫人一拥而上，把李家人打折了腿。事情闹到县衙，不是你伯叔吴雯延在县衙当书办，衙门说不定就治他罪了。这件事还不算，有年他去江宁医病，在渡船上，他还想法子占了人家船夫一个便宜。当时你堂叔租了一只大船，讲定船资十两银子。船离江宁三四十里路了，你堂叔忽然头晕劲儿上来，捂着胸口坐在船头大口喘气，船家见了急忙将他心口处，取来开水，喂他吃了几片自家带去的云片糕，他心疼减轻了。你堂叔闭眼休息时，嘴馋的船家把剩下的几片云片糕偷吃了。船到了江宁码头，你堂叔起身满船里寻找什么，船家问他，他说找刚才吃剩下的药。那船家顿时间蒙了头脑，说刚才见你堂叔吃剩下的几片云片糕被他贪嘴吃净，没见什么药啊。听船家这般说，你堂叔火冒三丈吼船家，说那云片糕就是他的药，还说是江宁的名医给配的方引，里面有不少名贵药材，每一味药材都十数两银子，离了那药他的心疼病犯了，如何是好。那船家一听吓坏了，你堂叔竟然恐吓人家要经官，吓得船家不敢再提船资，让你堂叔白讹了人家十两船资。你这堂叔，为了省十两银子，不惜糟蹋吴府的名声。

关于那张借据，姑姑说，你父亲去赣榆的第二年是回家来撺掇过银两。那时全家也都是为了让你爹能在外边把官当好，上上下下都是帮衬的。也就你这堂叔，手里有闲钱，却偏偏不肯借，后来想借了，月钱要的也很大，不用两三年就得翻成本钱，就不敢用了。先你爹确是给他写了借契，可银子却不曾拿到，因后来咱家卖了襄河边五亩好田，银两便凑够了。你爹走得匆忙，不曾索回那张借契罢了。

　　吴敬梓一向对求到他的人是心慈面软的，有求必应，不想自己族里的堂叔竟这般无赖，不由得动了真气，不再理会堂叔。可他堂叔真是无赖得可以，叫媛儿给他备酒上菜不走了。吴敬梓一气之下撕破脸皮对堂叔斥道，看在本家长辈面上，我现在仍叫你堂叔，如果明天你还这样无理取闹，我便不再叫叔，还要当众把你骗人勾当说破。我爹当年并没从你手拿走过银两，借契你该毁掉才是。所以背着别人跟你说这话，是顾及你长辈面皮！

　　吴霄瑞急了，声音拔高了几节，活像戏里的恶丑嚷道，就甭提面皮不面皮了。教谕兄台借过我的钱是千真万确，银两我是准备下了，他虽没拿去，我那一百八十两纹银可是两年都没有放出去，难道月钱就不是钱？你吴敏轩也是知书达礼的人，我朝你们要的就是月钱，这个理儿就是到皇上那儿我也敢较真儿。有银两你便给我银两，没有银两可用房产顶！吴敬梓说，你可是有一把岁数的人，不会不懂，房产都是吴家的祖产，怎么能随便动给你？再恋钱也别动这样心眼儿！

　　堂叔依旧甩着辫子动粗，我也曾是读书人，如今书我已不读了，算是粗人一个，你说我恋钱便恋钱，恋钱人眼里只有钱，不给钱，你我便都消停不了！

　　吴敬梓对贪钱不要人格的事最为鄙视，此时的堂叔在他眼里已形同一条厌恶至极的癫皮狗，便断然弃之而去。陶媛儿对吴霄瑞说，叔公你看，这件事只有您当我公爹面亲口去说了，免得我们小辈传错了话，影响你们之间情分。

　　吴霄瑞虽仍气哄哄的，但心里已怯了，他只是听人说，吴敬梓拿钱的手松，好说话，没想生了气也这般刚性。何况自己只是想乘机钻小辈个空子赖笔钱，哪敢当教谕兄台面去说，便没了底气，但仍赖皮着说，我哪里有那么多的工夫等到教谕大人回来，再过个三年五载，他升了道台任了巡抚，我还敢提这些事吗？媛儿说，若是有理，当多大官儿怕他怎的？！我个妇道人家说话也不作数，你要还想拿钱就同我公爹去说！吴霄瑞听这话绵里藏针，比男人还刺人，只好溜走。

这件事给吴敬梓震动极大，对吴霄瑞等自私族人从此产生了深深的厌恶。以致多年后写《儒林外史》时，也没忘把堂叔的事儿也写了一段。但堂叔这等胡搅蛮缠的主，一说当官的就气瘪的样子，使吴敬梓信服了父亲和祖父的话，男儿科考为官才是大出息。所以再遇族中这些令人讨厌至极的乱事，他能躲就躲，大多是躲在哪个静屋里埋头读举业功课。

转年秋色渐深时候，几天的秋雨总算歇下来。这天，又回到赣榆的吴敬梓准备参加乡试在即，他整天足不出户，在书房用功。这晚媛儿带上食盒给他送饭，才走到庭院，骤然间一阵风起，吹得近处几棵石榴树枝叶乱摇起来，头上高大的榆树叶沙沙一阵作响。凉气袭得媛儿打了一个喷嚏。她又急急回屋取了吴敬梓的夹衫带上。当她推开丈夫的书房门，一股冷风随之扑进屋，把桌灯吹得火苗直摇。

媛儿打开食盒，取出长衫给丈夫披上。

吴敬梓感激说，方才倒不觉得，你一来倒觉出冷了。

你自己也要想着点儿，别老叫别人一遍遍提醒。

媛儿催丈夫趁热快吃，一边又说，全椒那边，堂兄吴檠也在备考，别让人落下呢！

吴敬梓于是想到全椒的堂兄吴檠，不禁越加精神了，催媛儿收拾食盒早些回去。媛儿临出门又关照说，不要熬夜太深了。

出得门外媛儿忽一声惊叫。吴敬梓吓了一跳，慌忙出门去看，原来是媛儿在台阶滑倒，崴了脚。吴敬梓搀扶起来说，叫你不要来，偏来，这下可好！

媛儿道，还不快快背我回去！

吴敬梓小心翼翼把媛儿背回上房，替她脱下鞋袜，抱起脚仔细捏看，未听她发一丝唏嘘声，也未发现有红肿处，遂放了心，认真揉搓了一会儿，问还疼不疼。媛儿却反问他，今儿个我要不是崴了脚，只怕你要等到天亮才回来不是？

吴敬梓见媛儿一脸娇羞红润，方才明白是上了当，一颗苦读的心被暖得灵感无穷。吴敬梓与这第一房妻子陶媛儿一直是恩爱的，这对他的举业功课无疑有很大帮助。

正值吴敬梓在严父的监管和爱妻的伺候下日夜备考时，客居南京道院中的生父吴雯延忽然病重，特意召唤他前往见面。吴敬梓虽然已出嗣，但客居他乡的生父病重，即便岁考在即，也不能不当面尽孝。于是他日夜兼程，赶到多年苦读不懈仍只是个秀才的生父客居的南京道院时，父子俩都百感交集，各觉亲生骨肉却没能相互照护，不禁四目如泉，一时涌流不止。尤其想到亲生子年已十八，还未能进学成为秀才，而自己已年老病衰却仍是一事无成的秀才，吴雯延便紧攥住儿子的手，泪珠滚得更急了，说，你出嗣给别家为子，为父没能亲手抚育你，今天你能临考而远道来看望我，即便死到阴间，也忘不了儿的一片孝心了。只是儿正值岁考年，若耽误了考试，为父死难瞑目啊。你万不能像我，终其一生只是个秀才，何况现在你连秀才还没考取，已身为两家之子，便要为四个老人争光。趁我还有一口气，今年把秀才考取了，不然我若一死，按朝廷礼制，三年内你都不能应试，岂不误事？我已打听到，学道大人即将按临滁州主持岁考。你虽与嗣父在江苏赣榆好几年，但科考是不能冒籍的，你只能回老家全椒去考。我叫你远道赶来见一面，不仅是因病想念，更要紧的是嘱你一定要在今年进学秀才，免误前程。其他伺候我的话，一句也不要说了，说了我也不会听半句！说毕，泪也收住了。

　　吴敬梓虽已无话可说，泪却越加止不住，只说了句儿子一定考取秀才让父亲快些好了病体，便昼夜兼程赶回赣榆，再奔赴滁州，及时应了考。完卷后也不等张榜，又急急赶回南京，守候生父数日，最后遵嘱将生父护送回老家全椒。不久，生父便在对吴敬梓望眼欲穿的期待中咽气了。

　　生父安葬之后，才传来吴敬梓考中秀才的消息。但身披如雪麻衣的吴敬梓，对即将着身的一领青衫也提不起兴致了。因他已是别家嗣子，而生父在吴府不是长子，加上怕其他兄弟有疑他也想分享生父遗产之嫌，尤其自己的妻子在赣榆那边即将临产，所以吴敬梓便没按亲子要为生父守丧三年之俗，而回赣榆，尽自己马上该尽的父亲之责了。

　　因吴敬梓是以赣榆生员的身份参考的，而这年赣榆只有三人考取秀才，吴敬梓又是其中年龄最小的一个，这给偏远的赣榆小县又带来一次震动，使得知县也有些激动，当众人面大夸吴霖起教人有方，不愧是个好教谕，还从税银中拆挪一些，归还了吴霖起为本县兴学垫付的部分银两。吴霖起把县里还给的银两交给香儿时，香儿喜不自胜说，咱家的好事还不止这个，兴许媛儿要生的是儿子呢！

　　这时的吴霖起已显苍老，连香儿也觉得老爷的身体大不如前了，所以一再说少爷争光出彩的时候到了。

　　康熙五十八年（1719），也就是吴敬梓十九岁这年，他的儿子吴烺诞生。从此，他由两家的儿子变成了一人的父亲。这一重大变化，不能不使他的人生态度随之有变，即觉得自己的功名更加不是自己一人的事了。因而他的举业之心又蓬勃了一次。

　　康熙六十年（1721），吴敬梓与陶媛儿携爱子吴烺回到了全椒五柳园的岳父陶钦李员外家小住，烺儿忽然害起病来，病势很猛，虽然请了几个大夫，总是不见大效。吴敬梓心急如焚，日夜守护着，看烺儿很快消瘦下去的模样，把一张嫩脸病得憔悴不堪。望着爱子日夜高烧不退的痛苦状，吴敬梓天天要脱去几次衣衫，在春寒料峭的屋外长夜中，把全身冻凉了，然后回屋偎抱着浑身发烫的烺儿，一番又一番地用体凉为儿子退烧。总算把病压住。吴敬梓日夜悬着的心刚放下不久，烺儿的病情却又忽然急转直下，比先前更重了。城里的大夫都先后请了来，药方子也换个不歇，可病情总难有起色。吴敬梓急如热锅蚂蚁，陶夫人也是早早就赶了过来，守着烺儿一刻都不敢离。

吴敬梓先后请了几位有名的老先生，也没把孩子的病治好转，绝望中忽然想起了忘年棋友叶郎中，随即叫下人到叶郎中家去请。吴敬梓在天井旁踱来踱去，忐忑不安地等候到太阳要落山时，叶郎中到了。吴敬梓拱手施礼刚要客套，叶郎中摆手道，看病要紧，什么话稍后说。叶郎中诊断结果是，烺儿受惊吓导致神元不固，恐怖感凝结于心，造成身体内外汗腺失调，致使内热外困，郁结于心。说罢，叫人取来纸墨写了几服药方。

吴敬梓夫妇对着叶郎中深深施礼道，感谢先生大恩。叶郎中急忙摆手道，我和敏轩忘年交好，这般施礼折煞老夫了。

吴敬梓急忙吩咐家人取来诊金，叶郎中对吴敬梓怒道，你我如此情谊，却要这般客套，早知这样我便不来了。吴敬梓这才作罢。

烺儿吃过几服叶郎中开出的药，身体愈见恢复，十数日后竟然痊愈，喜得吴敬梓心中愁苦一扫而光。

一个初为人父的富家秀才，吴敬梓在妻子媛儿眼中是个有情有义的好丈夫。已考取秀才，又有爱妻照顾，并有了爱子的吴敬梓，这段初为丈夫初为人父的时光算是温暖的。其间多次往返赣榆与全椒两地帮父亲处理零碎家事，全新的人生体验，使他初知了人生的艰难。尤其他在赣榆和全椒两地频繁往返中，有机会结交了沿途如扬州、江宁、苏州等地一群文士，除获得了这群文士的认可和尊重外，这些文友们各自的学养和品德，也让吴敬梓受益匪浅。可以说，是在外任职的嗣父，和这些文友们，把吴敬梓从全椒那个小旮旯里拉到更广阔的天地中来。他随父从宦这一阶段，往来全椒、赣榆、扬州、滁州、南京之间，漂泊起伏悲喜交加，但从父亲方面获得的，却是为官清廉正派，鞠躬尽瘁的良好影响。比如父亲到任之初，见到学舍凋零倒塌之状，先捐出自己一年俸银的四十两，而后在修建过程中先后又用自家不少私银，终于把赣榆县的社学先后兴办起来。这还不算，在以后的教谕生涯里，为了赣榆的社学及礼教的各等事宜，先后又变卖不少祖产肥田，及祖传当铺、布庄、银楼等，筹银一大笔，用于赣榆的兴教事业。在他的主张和亲自督办下，重新修建了因一六六八年在大地震中毁坏殆尽的文庙、尊经阁，并且在赣榆的显眼处新建了"敬一亭"。这些，《全椒志》和《赣榆志》都曾有过记载，教谕吴霖起在赣榆县任职十来年，修学宫，办社学，教授《五经》《四书》、性理、习字等科，深受当地各界敬重，给吴敬梓留下激励后半生的重大影响。

10. 二十三岁丧父族难起

轻易考取秀才以后的吴敬梓，逐渐变得有些狂放，这在身为教谕的嗣父吴霖起看来，有点儿可怕。嗣父已深有感悟，举业道路是艰难的，科考也好，考中以后做官也好，狂放都是有害的。所以，吴霖起尽量严格要求嗣子，要像父亲在县里做小小文官那样，按常规行事，该做的，都老老实实去做。他不让已经当了父亲的吴敬梓总在赣榆这边受当小官吏的父亲庇护，过多享受儿子的待遇，而不时让他带上妻儿回老家全椒那边，独立尽些当父亲的责任，同时也对亲生父母尽些孝道。他考秀才那年，正在南京苦读举业的生父吴雯延忽然病重，是嗣父不顾他已临近院试的紧迫关头，命他赶往南京探护的。考取秀才后，生父病故，又是嗣父命他带上妻子、儿子在全椒独立生活，苦做举业功课的。

正当吴敬梓在全椒那边伴着爱妻、爱子尽量集中心思做着举业功课时，赣榆的嗣父忽然有了变故。吴霖起伴着厨娘香儿，已足足过了九年清贫小官吏的疲惫日子。履职之初，他就在废墟上用自己微薄的力量干起了兴学大业。整个赣榆县没人帮衬他，每每涉及银钱的难题时，多半都是从家里筹措，惹得吴府上下怨声载道。吴霖起努力教诲士子，捐资筹款修建学宫等事，本是一件功德无量、令全县四方称赞的大好事，却难换来上司的嘉许。赣榆知县在这九年里替换了一任又一任，吴霖起却没被提拔半步，反而累得一身病。当他催走儿子别在身边使举业受累，而回到老家那边不久，赣榆县衙的师爷上门通知他，淮安府已经派来了新教谕，让他即刻卸职回家。

吴霖起一时茫然，讷讷地问师爷，我还没见过知县大人呢？

师爷说，我就是替知县大人通知你的，你的俸银一钱不短，还有啥话对知县大人说？

吴霖起顿时无话可说。

回到家中，吴霖起立刻显出一副龙钟老态，面对陪伴他九年的厨娘香儿也说不出话来。香儿为他斟茶捶背，安慰说，无官一身轻，那就回全椒吧，我还陪伴你，一直到老！

吴霖起被罢官那年是大清朝的雍正元年（1723），那个年代，皇位更迭是天大的事件。大凡新皇即位都要大赦天下，施舍百姓，以示皇恩浩荡的。赣榆一些小吏们，对曾一同供职的老实人还是充满了同情。同事安慰他，吴教谕年岁大了，确该告老还乡了，这是皇恩浩荡。

吴霖起不解，被罢职回家如何算是蒙受皇恩？

同事道，一朝天子一朝臣。古今哪朝哪代不如此？想开点儿，丢了官职强过丢了脑袋。

吴霖起道，这个官做与不做说来倒也无大碍，只是觉得，我这个教谕倒是做得还称职！

同事道，称不称职看谁来说。按说吴教谕家也不缺银子，能拿出那么多银两来修缮学宫，却偏偏没钱孝敬上司。上司不向上边给你说好，上边怎么知道你干得称不称职？

吴霖起还是想不明白，自己被罢官究竟跟朝廷新皇即位有啥关联。京城那边很快传出消息，雍正帝登基伊始就连续颁发了十一道训谕，对文武百官提出新要求："告诫总督，身为封疆大吏，乃澄清吏治之本，应竭忠尽职，不负皇恩；告诫巡抚，绥辑兆民，乃抚臣之责，应同心协力，以尽职守，不得贻害地方；告诫督学，身为学官，须廉洁持身，精勤集事，更要启迪士子人品端正；告诫提督，要倡率将弁，简任卒伍，整理器械，操练技勇；告诫总兵官，要以宁谧地方为念，且应文武辑睦，军民调剂，各得其平；告诫布政司，职居方伯，责任重大，自当益矢公忠；告诫按察司，既要严刑立法，又要执法公正；告诫道员，职居协理，各有专责，凡事应亲身经历，以杜营私舞弊之陋规；告诫副将、参将、游击等官，虽身居偏裨，亦应预定练兵之法，亲校骑射，严试技勇，洁己律公；告诫知府，既为督抚监司之耳目，又为州牧县令之表率，承流于上，宜化于下，必须廉洁自持，屏绝贿赂，奉公尽职；告诫知州、知县，身为亲民之官，乃吏治之始基也，品秩虽卑，职任甚重，务以爱民为先务，周察所属，安辑乡里。"

这十一道训谕，是新皇帝对全国知县以上官员提出的严厉要求，固然十分重要，而且符合要求的也不多，真要较真儿罢起官来，确该罢掉一大批的。可吴霖起是知县辖下的小小教谕，且不说干得怎样了，但就所指而言，他与皇上的训谕刚好没搭上边啊！但是，不懂以权谋私，倒常能反躬自省的吴教谕，还是往自身原因联系了一番，认为皇帝的训谕对大小官员都是生效的，训谕末句不是专门"告诫知州、知县……周察所属，安辑乡里"吗？也许是知县"周察"的结果？但自己是替知县分了许多忧的啊！因此，他被罢职的事，如一根鱼刺，扎着他的喉头，使他有话难说。

雍正元年（1723），还有一件事在全国流传很广，让各地不少文官沾了干系，这也使吴霖起往自己身上联想了一番。雍正帝登基后不久，便发现各地官吏中还有一种不正之风，即修建生祠书院。此种事以前就有，都是为在当地为官清明、造福一方，而且百姓呼声很高者而修建，又是在为官者离任之后，以感念清廉为民之风。到了康熙末年，风气腐败，各级要员都趁此风于在任时就找借口开建。虽情况不尽相同，但多为下属出以私心献媚，或当地绅士巴结逢迎，以至各地攀比有加，不惜劳民伤财，建成之后，实为官宦们奢靡所用，或被据为私产。所以雍正帝下谕，对已建生祠书院，除极少数确属百姓追思名宦去任后所建，经准保留者外，其他均做别用。再有违禁修造者，一经查出严加处置。

吴霖起迷茫的是，他在赣榆兴建的学宫落成后，也曾刻碑鸣谢过州省府道一些官员，会不会就是因为这些事情坏了自己的名声？

这个只知老老实实照章办事，又很在乎名声的小小卑职文官，只好郁郁闷闷地悄悄回到离开九年的老家探花府。他不是衣锦还乡，难以打起精神来，见到府中人及县里各色人等，不待自己说什么，大家的脸色和言语已让他明白，他被罢官的事，早已传回全椒。满县城里，凡是不太闭塞的人家，都知道探花府吴家在外做官的长子丢了官。关于丢官的原因，怎么说的都有。只要你没再做新官，背后怎么瞎说怎么是，墙倒众人跟着推就是了。

吴霖起很快就一病不起。弥留之际，他最丢不下的事情就是嗣子的举业是否有成。他艰难地向守在眼前的吴敬梓说，敏儿你只是个秀才，又是个照顾不了家的人，到底要靠举业上有出息才是！

吴敬梓眼睁睁看着嗣父以死难瞑目的眼神咽了气。此前嗣父已把一生科考的艰辛和候补为官后的体会，同他深谈过了，加上咽气前这几句字字切中要害的遗嘱，让吴敬梓心里五味翻滚。一方面，他心头又加了一块举业的大砖头，同时，也多了块厌官的大石头。而举业就是为了当官，让厌恶官途的儿子去为举业奋斗，会有多痛苦，死去的父亲是不会知道了。但作为儿子，吴敬梓是不能不遵从父命的，那是不孝！

嗣父的过世，使吴敬梓忽然发生重大变化。族叔吴雷焕把老太爷的一把当家钥匙交给了吴敬梓，又将嗣父遗嘱中那句"你又是个照顾不了家的人"重复了一遍，说道，老爷他晓得这个家不好当，好在你叔太爷还在，有事禀过叔太爷再办，不可擅自做主。府中账房刘老爹是个谨慎人，有何疑难可以问他。柜上的账，也找刘老爹一一盘点过目，不可马虎。各房的开销都有祖制，马虎不得。

已是四岁儿子父亲的吴敬梓，对掌柜当家并不感兴趣，但仍有信心地应诺着接了钥匙。他毕竟年轻气盛，没当过家便不知柴米贵，以为有能干的妻子媛儿极力支持，加上探花府的吴家还没到吃穿犯愁的时候，所以他按父亲临终遗嘱，一边乐观地当着长孙掌柜，一边用功举业。不想去年年景差，今年麦熟之前，乡下的穷困人家大多没米下锅了，其中一些就是吴家的佃户。还留在吴府的厨娘香儿，两个乡下哥哥来府上求助，他们早已把县城的吴府当成可以借光的姑老爷家了。父亲去世后，吴敬梓更加把厨娘当亲娘待了，初掌家政的吴敬梓，怎能不热情备了酒饭陪厨娘的乡下哥哥，临走还让账房刘老爹支了几两银子和几斗米给他们带上。

这件不起眼的事情，被府上叔子和婶子们晓得了，他们相跟着到长辈叔老爷那里告状，说吴敬梓拿着一大家的钱财大手大脚，擅自就把钱米散给外人，这样下去，吴家要不了多久就得败光。

吴家的长辈叔老爷吴雷焕，虽然也对吴敬梓当家放心不下，但听着几个人夸大其词越说越上劲，便生气道，我晓得你们的心思，无非是想把这个家拆分了完事！

吴霖起老爷一去世，身为长房长孙的吴敬梓虽是顺理成了探花府嫡传掌柜的，那些叔婶兄弟们在心里是不拥戴他的，而他却一无所知。要不是府里这位不想让吴家树倒猢狲散的叔老太爷吴雷焕在，情况会更出乎吴敬梓想象。

有天吴敬梓和媛儿去了一趟五柳园舅家，回来时见自家门外聚了一群人。两个家仆正往外推搡着一个泪流满面的女子和她的小女娃。女子被推得掉了一只鞋，吴敬梓看见那是一只戴孝布的鞋，心不由一颤，忙上前止住家仆，问原委。家仆说不知从哪里来的乞丐，大老爷吩咐将她赶开，这妇人竟不走，非要在府里寻差事干。

那妇人跪到吴敬梓脚下，磕着头说，少爷，我家娃儿爹病死了，家中再无其他活路，吴家家大业大，容我母女在府上做下人吧，不要工钱，好赖糊个口就行，实在没得活路了！女人哭求时娃儿忽然又饿得昏倒在眼前。

吴敬梓最受不得穷人和弱者的眼泪，尤其是不幸妇女儿童的，更分外受不了。他急忙吩咐家仆取来饭食，看着让这母女吃饱了，又叫账房刘老爹从柜上取了二十两银子，好歹打发母女俩走了。

回到房中，刘老爹提醒吴敬梓说，少爷，这事你会惹出麻烦的，大老爷叫小的撵走她们，你却平白送她们这多银两，大老爷定会生你气的。

吴敬梓道，叔老爷是读圣贤书的人，这种小事不至于让我为难。

一旁的媛儿忍不住说，今儿这事你恐是做错了，别看大老爷平时和和气气的，这样性情的人才是最得罪不起的。

这天晚上，二爷三爷都聚在大老爷那里发牢骚道，他敏儿凭什么不听大哥你的话，来的要饭花子也要给二十两银子，吴家的银子是风刮来的？是祖上和大家血汗积下的！他爹和他都一个毛病，当个破教谕，不往家里添银子就够一说了，倒把家里银子往外捣腾，干让上司讨厌的事，官也捣腾丢了。他儿子也这样目无尊长，充善人一把一把往外撒大家的钱，这家被他撒败了，恶名可要大哥背的！

大老爷说，你们不要性急，这事暂且搁在心里，不要让老太爷以为我们挑着家门不和！

几个人听了，又背后商量如何到老太爷面前说吴敬梓的不是。

吴敬梓能让大家抓到的不是真也不少，比如乡间那些吴家的佃户，有的歉收交不起租了，也来找他免，得了大病重灾也来向他求借。但凡年迈病衰开了口的，或哭天抹泪下跪磕了头的，他都硬不下心来拒绝。后来吴府的家境不济，矛盾百出，以至将个近百年的大家闹分散了，确也与吴敬梓仗义疏财并料家无方有关。他嗣父说得不错，他是个照顾不了家的人。但当时就是这么个规矩，就得由长房长孙当掌柜的。所以众长辈心里不服也不是没有道理。心里有了诸多不服，就处处出差。有天三婶拽着自己的男娃，气急败坏撞进吴敬梓家兴师问罪说，你是长房长孙可以当掌柜，难不成你家烺儿也可以对孩子们耍豪横？

吴敬梓一下惊得变了脸色，好声问，三婶，我家烺儿如何耍豪横了？

三婶吼说，大少爷你也别假惺惺装了，屈尊自己问问我家孩子就是了！

结果三婶家的娃儿说烺儿没欺负他，只是一块儿玩时，不小心踩坏了他的玩具。吴敬梓听了赔不是道，三婶放心，我一定要烺儿赔礼道歉，给买个新玩具，请三婶千万别介意！

三婶子反倒指桑骂槐道，我家娃也不长眼，下次晓得躲着点儿人家，学会看人家脸色行事！

本家的长辈，说出这等难听话，让吴敬梓感到探花府笼罩的寒意一天甚于一天了。

有回叔老太爷叫吴敬梓把府上一年的账查算一下。在账房刘老爹帮衬下，吴敬梓总算把一年的开销查弄清了。不过吴敬梓发现，府上入账的钱竟比支出的钱多不出几个了。刘老爹告诉他，府里男女老少几十口人，加工匠杂役，哪个都得银子喂着。每年自家和别家的红白喜宴，节庆打点，礼尚往来，开销总是千八百两的，年景好时，倒能有余，差时老底还要往里贴。

这年冬月，叔太爷吴勖也因病辞世。送葬后的宴席散去不多时，家里就闹翻天了。

三婶子首先向吴敬梓发难，老爷的喜钱，凭什么入账？

二婶说道，这次办事你也看到了，家里破费了不少银两，只怕收的份子还不够呢。

姑姑们明白她们是想分份子钱，一齐嚷嚷，老太爷刚走，就要开折腾？婶子们和姑子们各不相让，惹得外人看笑话，吴敬梓十分生气，拉过媛儿回到自己房里，不理睬她们。媛儿预言，等着吧，好戏在后头呢！

不多时，账房刘老爹便来叫他，说大老爷在议事厅有事候着他。吴敬梓想，吴家一向是有了大事才去那里的，莫不是媛儿预言的好戏现在就要开演？他到了议事厅前，见三婶正站在门外，勉强挤出的笑脸让他觉着很不对劲儿。进了议事厅，只见三个叔叔一个不缺，都正襟危坐在大老爷身边。

吴敬梓一一请过安后，大老爷开口道，敏儿，叫你来，有件大事和你商量。

吴敬梓笑答，家里的事，凭叔叔们做主。

大老爷道，此事非得先跟你商量不可。我们这个家其实早就该分了，只是你叔太爷在世时顾及你长房长孙的面子，我们也不好气他老人家。而今老太爷已走，我和你几个叔叔的意思，反正这件事早晚得办，莫不如早早定了下来，省得大家总不安生。

吴敬梓笑不出来了，问，非分家不可吗？

大老爷道，再大的家也富不过三代，古今如此！我们这个大家，原先有老太爷做主，还勉强维持，如今整天吵闹不休，日子天天走下坡路，如你能做得了主便不分！

吴敬梓道，叔太爷在世时，可从只字未提过分家的事。

三老爷立刻抢白道，你还好意思提叔太爷在世时，那时你爹从家里拿了多少银两补他的官台，若是补好了大家也跟着借光，可他反倒丢了官，大家跟着背黑锅。你哪，也拿着柜上的银子充善人，戏子、泥腿子、乞丐受过你的益，我们眼睁睁看你父子挥霍，吭不得一声。如今老太爷仙去，难不成我们还得眼瞅着这个家一败到底？说着拿出一本账来，数叨起数目。

吴敬梓万没想到，自己和父亲早已成了大家的眼中钉，便再也无话可说了。

陶媛儿曾劝说过吴敬梓，就你个书呆子，有能力保住这么一个大家吗？那些叔婶们哪个不因你是吴家长孙，都以为你不分家是要一个人独吞家产。现在分了，大家便个个有份了！

吴敬梓忍不住气道，我哪有那龌龊想法？

媛儿说，也就五叔老爷不这样看你，但他一人怎挡得住众人推墙倒？

吴敬梓想不出反驳媛儿的话，又去请教过媛儿的父亲以及舅爷家。结果岳父家、金舅爷家也都觉着分家的事无可挽回，他们只担心吴敬梓要吃亏。吴敬梓也无可奈何了，但他对吃不吃亏倒很大度，说自己是晚辈，不跟他们计较那么多，只要没大差错就行。

家到底分了。对于家产划分，二老爷主持拟定的契约上把家产一项一项分得清清楚楚。对于田产和县内外开的各种铺子，还有现金财宝等都按了各房名头来分。关于房产一项，吴敬梓则表示了异常坚决的态度，必须将探花府主体尤其赐书楼完整保留，不得划分。大家给了他长房长孙的面子，但也坚持了自己的意见，把包括赐书楼在内的主体建筑做高价分给了吴敬梓，说由长房长孙继承主楼最名正言顺，实则认为那都是公共设施，看着气派，没一点儿住用价值，更没法卖钱或出租生利的。各家多是争抢要那些能盈利生钱的生意店铺和肥田宝地等等。

吴敬梓赌气认了。三爷知道，吴敬梓特别看重的东西，别人是都不会要的，所以又提出，赐书楼里尽是祖上留下的文物，越往后越值钱，价额还应再高做一倍。吴敬梓知道是在拿他的大头，但他非治这口气不可，仍赌气签了契约。他实际到手的银钱和实物，只相当别家的三分之一。

拿了契约的吴敬梓心里万分难过，并不是因为少分了银钱，而是为书香门第的家风被贪婪的长辈们败坏殆尽而伤心。回到小家，吴敬梓便反锁了房门一通摔砸，也难泄尽心中苦痛。

这次分家后，反而是最占便宜的大老爷家，窝里斗得最严重，惹得闹分家最起劲的二老爷和三老爷都找他理论，真如陶媛儿所预言，从此探花府里三天两头就有一出小戏看。

吴敬梓也不必费心管这些了，以为各家的戏由各家演去，自己两耳不闻窗外事，只管埋头自己的举业是了。但有天他出门去会了一次文友，叔伯和兄弟们一伙人就乱哄哄闯进赐书楼里，把许多东西胡乱抢走了，说祖上的传家宝该每位子孙都有份。只和吴敬梓要好的刘老爹与吴檠出来阻止了一番，但最后也只剩顺治皇帝赐给曾祖吴国对的一些书籍和一块牌匾了。晚上吴敬梓回来，跪在祖传的皇上赐匾前，泪流不止，他痛感祖传的探花门第家风从此败尽了。

不间断的痛苦、失望和挣扎，使他患下了糖尿病和肺病。但生性豁达的吴敬梓倒比先前少了许多精神负担，他再也听不到族人直接指责的话，一时耳根清静多了。

可是，他妻子陶媛儿却未能像他这样看得开，眼见夫家遭此大难，不久自己娘家也惨遭了变故，卖田卖房，父母先后病亡，家贫如洗。媛儿虽是要强的人，她也无力回天，气愤与郁闷的不停折磨，终也一病不起。这使得从来不懂持家、不看重金钱的吴敬梓复又陷入新痛之苦，他既要照顾病人，又要操持家务，还不敢忘记父亲遗嘱扔了举业。他和妻子的感情极深挚，宁肯一时耽搁举业功课，也丝毫不敢疏忽对媛儿的照料。但是，媛儿还是病入膏肓，被阎王爷召了去。媛儿病故时，吴敬梓失态大哭，痛不欲生，如猛虎狂吼不已，很长一段时间，他都陷于丧偶之痛中。

吴敬梓丧父固然不幸，父丧后的分家及自己所得家产被抢，也是不幸。但却使涉世不深的书生在接连的不幸中，看清了自己跻身的大户人家，在对待钱财方面暴露出的贪婪与丑恶。还有的族人举业无成时，甚至以儿女婚嫁来攀高结贵，使他逐渐清醒，自己所属的封建大家族的分崩离析，并非坏事。从长远看，这对于他后来能走上小说创作道路，并能客观描写自己所属阶层成员的真切面貌，无疑是极为珍贵的人生经验。看看《儒林外史》中他描写严贡生与严监生兄弟之间，围绕着谋夺财产而展开的立嗣之争描写，那般真实深刻，正该得益于他这段不幸的生活经历。但这是后话，当时说来，还是过于残酷了。

妻子去世后，他病情加重，心情也更加恶劣，要么闭门不出，性情更加孤僻癫狂；要么为了排解悲伤和愤懑，做出许多为世俗不容的反常行为。有时肆意对一些自以为是的科场人物加以嘲讽，有时与全椒仅有的族兄知己吴檠、舅兄好友金榘、金两铭饮酒玩乐，酒醉了就狂呼乱叫，甚至把歌伎舞女邀到家里，通宵达旦恣意欢饮，而处处遭冷眼指责，使他险些在伤悲与愤泄中垮掉。

第
三
章

11. 为歌女写唱词

　　吴敬梓二十五岁那年，该是大清王朝雍正三年（1725）。那时吴敬梓的父亲已过世三年多，妻子陶媛儿也辞世有两年。孤苦无依的吴敬梓在全椒、扬州、淮安以及南京一线游浪，像沧海一叶漂泊孤舟，不期而遇一位叫苕苕的多才多艺歌女。

　　那时吴敬梓刚到淮安不久。一个寂寞孤独而且丧妻三年的年轻才子，他不免要出入于烟花柳巷。一次在淮安金湖客栈的夜聚上，与一位言语不俗、相貌动人的苏州歌女不期而遇。那歌女未经邀请主动站到吴敬梓身边，彬彬有礼地自弹琵琶唱了一支苏州曲，惹得满座人一片赞叹，齐招呼她入座同饮，她顺势就坐在吴敬梓身边。吴敬梓正不解，一圈十多人，这歌女为何单坐在了他身边。挨他另侧而坐的一位相识歌女说，这是迎宾楼的头牌苕苕，她早仰慕吴公子大名，得知我被看好的唱词是公子写的，所以苕苕姐非商了我来求公子，也为她写上一曲。

不待吴敬梓说句谦词，见苕苕脸已泛红，正羞愧地望着他。他另侧那歌女忙煽风加火说，苕苕姐好大架子，自己就在身边坐着，还非得支使我丫环似的为你传话！

苕苕这才端杯起身道，吴公子的歌词实在高雅，小的无缘得唱，才不好意思求人传话的。不管行与不行，能得敬公子薄酒一杯，也数三生有幸。我愿自饮三杯，以表虔敬！

吴敬梓听这话时忽然发觉，这苕苕与老家忘年棋友叶郎中的女儿叶惠儿有几分相像。而那叶惠儿曾是他少年时最有好感的女孩儿，所以便欣然与苕苕同饮了三杯酒，满口应允了她的请求。苕苕因此当场特为吴敬梓跳了好一会儿她最为拿手的舞。那晚，才子佳人加美酒轻歌，欢声笑语不断。直至深夜回到住处，吴敬梓仍灵感飞扬，不能入睡，遂连夜写了二首无题诗：

柳烟花雨记春初，梦断江南半载余。
直到东篱黄菊放，故人才寄数行书。

香散荃芜梦觉迟，灯花影缀玉虫移。
分明携手秦淮岸，共唱方回肠断词。

诗末的"方回肠断词"，是指北宋词人方回词作《青玉案》，该词有"碧云冉冉蘅皋暮，彩笔新题断肠句"。而大诗人黄庭坚《寄贺方回》诗中又有句"解作江南断肠句，至今只有贺方回"，表述的都是深深的衷肠雅意。吴敬梓本是刚刚接到一位至交密友章裕宗来信，而酝酿于心打算成稿后寄给朋友做回信的，没待落笔便遇了苕苕的请求，写时便分外多出别一层情感，因而显得更加缠绵，便觉正好可以拿给苕苕去唱（该诗以《寄怀章裕宗二首》收入吴敬梓《文木山房集》）。第二天吴敬梓便带上无题诗去迎宾楼见苕苕，去时还带了些银两并一只玉镯做见面礼。

吴敬梓找见苕苕时，苕苕正和一个男子在下围棋，见了吴敬梓慌忙起身说，听人传，公子不仅诗词写得极妙，还是围棋高手，何不同我师父下一盘？我和师父学了两年，还不曾得着他一两招诀窍！

吴敬梓说，初次见面，一无所知，怎好就请教？

苕苕说，围棋最是高雅之物，何需那许多俗套。说完把棋枰上棋子重新分放好，请他两人坐下对弈，自己则站立一旁看。

吴敬梓连胜两局，苕苕师父拱手甘拜下风，并吩咐下人摆上酒菜。苕苕斟了酒，头一杯郑重敬了吴敬梓，第二杯敬了师父。苕苕自己也认真喝下满满一杯说，吴公子是探花府里吃过好酒好肴的，到我们这迎宾楼来，哪里吃得惯！

吴敬梓谦让说，我家酒菜哪里有你这儿好吃！

只吃了几杯酒的苕苕师父便有了醉意说，吴公子府上那些女子，怎及苕苕才艺双全，苕苕唱歌比酒醉人，公子若肯为苕苕写唱词，肯定更拔头筹异彩。

苕苕说，人生在世，只求心性好，哪在乎贵贱！我看重有才情好心性的人。遇着那些有大钱不懂尊重人的主，我还不稀罕！

吴敬梓和苕苕吃了几大杯，苕苕师父便叫下人收了残羹，让吴敬梓和苕苕慢慢说话，自己先行离去。苕苕也便带吴敬梓下楼进了自己房间。一般这等去处，多是大红大粉色彩，即所谓桃色肉色。而苕苕不大的一间屋子，充满了清香和雅气，花是兰草，画是梅竹；壁桌上供着一尊小小玉观音；中间床上挂的帐子，也只透着极淡的粉色，仍不伤整体的雅韵。床前的铜火盆中，炭火正旺。苕苕用炭火烧水泡了杯绿茶递给吴敬梓，又拿汗巾一边给吴敬梓擦脸，一边问道，不知苕苕盼赐的唱词几时才得上口？

吴敬梓说，苕苕所嘱雅事，怎能忘了。今日头回上门拜访，还没送上见面礼呢！说罢放下茶杯，取出银两和玉镯递给苕苕。苕苕连忙认真推辞说，苕苕哪敢毫功未有就受公子如此重禄？我只是念着吴公子那胜似千金万银的唱词呢！好歌女最盼好唱词的！

从来不看重金银的吴敬梓一下愧觉低了苕苕一截说，请苕苕恕谅，我这只是一点点见面礼物，本没当第一要事看待的，只为初次见面不好轻待小姐！

苕苕还是坚辞不收说，我最看重公子的才情，在我眼中，公子的唱词比什么都贵重！

吴敬梓只好把银两和玉镯放下，又从衣袋掏出诗稿说，倒是写了二首，只是匆促粗糙了些，请指正以后再写好的！

苕苕惊喜万分，忙用刚给吴敬梓擦过脸的汗巾擦了自己的手，方接过诗稿，轻声念起来。

念到最后，苕苕语调已变得重了，深舒一口气望住吴敬梓说，以无题命题绝好，只是苕苕浅薄，其中典故尚悟不出深意，还望赐教！

吴敬梓将几则典故细心做了些解释。苕苕说，这诗我真的好喜欢，但似觉并不是为我而写。若是专为我而写，我便依了你。

吴敬梓面对苕苕的真诚，不忍说半句谎言，如实道，原本是为一知己男友回信而酝酿的，不及动笔便遇了你，味道就大变了。你只管拿去唱好了！

苕苕说，公子如此诚实，也算为我而写了。

吴敬梓深为感动，望着苕苕没答一言，只把有点儿颤颤的双手慢慢伸出来，停在那里。苔苔放下诗稿，也把双手慢慢停放在吴敬梓手边。吴敬梓这才拉住苔苔，两人不由自主相互依偎在一起。

苔苔仰脸看着吴敬梓说，我不贪图你银两玉镯，只盼你能留心于我！

于是两人犹如鱼水，灵与肉融为一体。

一些时日的接触，吴敬梓眼中的苔苔已不是卖唱的歌女。这个沦落风尘的血肉之躯，渐渐帮助他从灵与肉的双层痛苦中挣脱出来，渐渐有点儿割舍不下了。苔苔是苏州人，她在淮安和吴敬梓一样也是无亲无故，便更加惺惺相惜。以前苔苔所唱的多是平白无奇的词曲，不很着雅客喜欢。有了吴敬梓写的唱词，再经他指点，苔苔的演唱变得既生动又有文采，可以雅俗共赏了，一时唱响淮安，很是吸引贵客。

淮安府是苏北地区的米市，米商云集，还有许多来往自洪泽湖、大运河的船夫及航运漕官等等，使得小城并不比苏扬二州甚至南京冷落。因而，淮安城歌楼酒楼比肩携手，歌女们可以日日不闲为过往客商卖艺。所以吴敬梓分外为苔苔的成功而喜悦，苔苔也对真诚善良风流倜傥的吴敬梓愈加爱慕。苔苔打扮素雅，自弹自唱，才貌双全又不过分重视钱财，听了她的歌给钱便收，不给也不深要，给多给少也不计较，这与仗义疏财的吴敬梓很是相投。淮安府一些吴敬梓的好友，知道苔苔演唱的新歌和新唱法得自吴敬梓，便在众人中口口相传，使得一些歌儿在周遭成了名曲，不仅歌女，民间也有流传。

苔苔的歌在哪里响起，哪里便响起一片喝彩。有了喝彩声，苔苔吐出的唱词便更加字字珠玑。听众觉得苔苔动听的歌声是唱给大家的，而吴敬梓却从苔苔的眼神里看出她专注的目光，都是流露给他的。

苔苔的演唱让座上一个醉汉放荡得有些疯狂了，他得知为苔苔写唱词的就是在座的吴敬梓，便端了一大碗酒耍酒疯说，你能为一个歌女献殷勤，就不能陪我男子汉大丈夫喝碗酒？是男人就别太监样儿！

原本极爱酒的吴敬梓，看着满大碗酒不禁苦起脸来，一时答不出话。这一满大碗如何咽得下，从一年前开始，他就总有莫名的又饥又渴的感觉，却喝不下酒，一旦喝了，消渴症就愈强烈难忍。醉汉正要进一步动粗，台上的苕苕走下来，款款地来到醉汉面前，劈手夺过吴敬梓眼前酒碗，一笑说，这酒让我来沾沾吴公子才气好了，权当我谢他，兄台要不怪罪，我愿和你同饮！

醉汉一下被苕苕的大气震住，既手足无措，又有点儿受宠若惊，只好和苕苕对饮而尽。大堂里人们齐声为苕苕喝彩，那醉汉不敢再造次一下，老老实实坐下听歌。吴敬梓感激地看着台上的苕苕，苕苕一脸灿烂的笑容将满目秋波送给吴敬梓。他们的交往，便从此扭结着，扯不断了。吴敬梓曾对苕苕说，我陪你离开淮安，换个新天地去唱吧！

可是苕苕在淮安已是缺离不得的角色，因他俩的关系，连吴敬梓也让歌堂舞馆老板厚意挽留。有的馆主同吴敬梓谈，请他为苕苕多编些唱词，让她红透淮安府，可以分更多些银两给他。

吴敬梓对银两并不在意，却跟苕苕私下说，你唱得很好，就是在扬州和江宁也不多见，如你喜欢我再多给你写些唱词便是，一旦唱红大江南北，你便不会再过凄苦日子。

苕苕深情以对吴敬梓，也不明确可否，只诚恳地谢他肯为她多写唱词。

据有关研究资料判断，吴敬梓为苕苕共写下三十首歌词，但目前尚未查找得到。由此可见他们的感情绝非一般歌伎与狎客逢场做戏所能有。吴敬梓曾带苕苕游历了不少地方，不但江宁、扬州、淮安一线，他们也曾到过苏州、杭州、绍兴、嘉兴甚至南京等地，沿长江又去过铜陵、芜湖和安庆。苕苕伴随着他，妇唱夫随似的，真的使苕苕的名声红遍了长江南北。

昔年游冶，淮水钟山朝复夜。

金尽床头，壮士逢人面带羞。

王家昙首，伎识歌声春载酒。

白板桥西，赢得才名曲部知。

闺中人逝，取冷中庭伤往事。

买得厨娘，消尽衣边荀令香。

愁来览镜，憔悴二毛生两鬓。

欲觅良缘，谁唤江郎一觉眠？

奴逃仆散，孤影尚存渴睡汉。

明日明年，踪迹浮萍剧可怜。

秦淮十里，欲买数椽常寄此。

风雪喧阗，何日笙歌画舫开？

　　这是吴敬梓后来追想那段时光时写下的词。可以看出，苔苔依恋吴敬梓，不仅仅是他的才气，还有他的人品和家世状况。这时期的吴敬梓已丧父丧母丧妻，并患病在身且时常发作，发病时的痛苦情状也让苔苔无法割舍得下。同时，游历中苔苔追随敬慕的吴敬梓，也大开了自己的眼界。

　　南京的十里秦淮河，烟花柳巷很是兴旺，文人骚客公子哥儿都喜欢到这里寻找乐趣。每到白日，那些风骚的姑娘们就会香气袭人地站在门前花柳下邀伴戏耍。各种名目的节呀会啊，都可做由头，置备了酒席，比赛着寻欢作乐。窈窕歌女们的调笑声，不时从河面的船篷传出。彩色楼船中更有笙歌曼舞，唱的舞的皆有几分姿色，却不胡乱拉人拽客。专有一帮闲人，到这些去处，替焚香摆花擦桌抹椅，教琴棋书画。苔苔成了秦淮河上卖艺不卖身的雅歌女。她在这里更加悉心地体贴着吴敬梓，不仅以身相许给他以灵与肉的慰藉，还常在酒兴之余和吴敬梓对弈，陪他消磨了很多身心交瘁的时光。

吴敬梓与苔苔形影不离，前后长达几年。其间吴敬梓把爱子吴烺也带上与苔苔一同游走过。因此苔苔有意把自己托付给吴敬梓，想与他厮守一生。基于一些烟花柳巷方面的情况，曾极力赞颂"安徽真正的大文豪是吴敬梓"的胡适先生，却还说过"吴敬梓的家是被他嫖败的"。这话未免太过残酷，有伤众多文人对《儒林外史》伟大作者的敬仰之情，所以今人有必要用现代眼光说些公道话。吴敬梓与苔苔，哪里是歌妓与嫖客关系，其实他们的感情是很纯洁也很感人的，这方面以后还要说到。读读吴敬梓后来写的《儒林外史》，便会更加坚信，吴敬梓绝不会是个嫖败家财的浪荡嫖客。一个嫖客怎么可能将终生一部小说写得那般清雅干净，没有丝毫嫖情淫意，没有半点儿不严肃的人生态度，这些无须多说。

虽然和苔苔已如胶似漆，吴敬梓因诸多家事牵扯，还是不得不带着吴烺返回全椒。出于宗族及诸多亲友的压力，吴敬梓不能把苔苔也带回家中，他只好先把苔苔送到安庆，托付给家在安庆的一位好友照料。

而回到全椒的吴敬梓，书房在梅雨中显得格外凄凉寂寥，已无情地生分了他，许多亲友也都拿另种眼光看待他。尽管如此，全椒的情形却令他一住下来就无法脱离了。一是他若再带着烺儿与苔苔这般歌伎人物游走，会更被"乡里传为子弟戒"的，还有诸多找上门来的家业田产方面的事，把他手脚紧紧缠住。先是堂叔吴霄瑞找上门来张嘴便说，贤侄啊，你的西隔壁墙已经倒塌，按说咱吴家已各管各的，我操这心已是多余，可是你是我侄儿，我管得着啊！

吴敬梓十分冷淡地说，不就是隔壁墙吗，修也可，不修也可，反正都在一圈围墙之内。

吴霄瑞道，你可我却不可，我家的东西那么多，院子里都装不下，我不担心人，万一你家的鼠虫隔着墙越过来，还不是随便地咬坏我的东西，这怎么可以？

吴敬梓懒得回答，要修你便自己修，反正怕这怕那的不是我。

吴霄瑞沉了脸说，敏少爷你翅膀硬了吧，在外面莫不是有了靠山，连自家长辈也不放在眼里啦！

堂叔吴霄瑞前脚走，五叔吴雷焕便后脚进来，张嘴便嚷，敏轩呀，这道儿你是咋走的，听说你在外面把个歌伎纳了私妾，说不定是哪个青楼的风尘女子，这话儿早就传过来了。你走上这条道儿，心思就全不在家业上，随手挥霍，人财两空不说，贤孙不也拐带坏了，书香门第还咋个延续？这些我都管不了啦，我只问你一件事，你家这房子，房檐水是从我家院子流出去的。原先都是一家宅产，那檐水咋个流淌法都一样，如今还能一样吗？你若争气我也没话可说，如今你不走正道，我就顾不得叔侄之情了，你痛快想法把房檐水收回自家院里，别的都无需说了！

小儿吴烺惊恐地听着大人的争辩，眼里满是无奈。吴敬梓摸着爱子的头，回答堂叔道，这个法子我想不来，能想你自己想去。

吴雷焕立刻奚落道，看看，原来的长房长孙何等模样，现在却破罐子破摔了，邻里不拿你诫子弟就怪了！

回到全椒的书房，吴敬梓的心思又被举业搅了一番，甚至想念苔苔的心情也被搅碎了。吴敬梓这种烦躁苦痛的心情，在陶媛儿过世之后，一直就有。待到去媛儿老家看望过岳父岳母大人之后，吴敬梓的心情就更加破碎，任酸甜苦辣都无法将破碎的心情整合到一处。

这烦躁和苦痛令他度日如年。他想离开全椒，再去南京等地。但全椒的千丝万缕却纠缠住他，尤其是可怜的娘儿，小小年纪就跟他在外边乱走，的确会带坏他的。这就使他左右为难，去不成他最想去的地方，留给苔苔那句还会回到她身边的话也不能实现了。

好在有长他五岁从小一直与他做伴读书的堂兄吴檠，还能和他谈心解闷。吴檠过生日，还特请他和另几位好友单独聚会庆贺一番，使他心情能好些，可以少有地集中了心思作《贺新凉》词祝贺："捉鼻低头知不免，且把棋枰共赌。莫问他故人何处。小弟今年唯悴甚，但衔杯不放银蟾去。池草尽，昔时句。"诗中引用"捉鼻低头"的典故，说明吴敬梓受用功上进的堂兄吴檠关怀与影响，有了心情好转又生出重归举业之路的想法。所以，为了转换情绪，他会独自一人步行到离县城很远的西墅草堂去，那是他的高祖吴沛修建的。那里山水相连，绿树相映，四处田园，是先祖发奋读书的居所。草堂门上的楹联是：

函盖要撑持，须向澹宁求魄力；
生平憎诡故，聊将粗懒适形神。

草堂书斋也刻有一副楹联：

君子蒙养作圣功，须向此中求建白；
秀才天下为己任，还须不朽著勋名。

吴敬梓置身先祖隐身苦读处，怀念先人的同时，不能不身受"须向澹宁求魄力""秀才天下为己任，还须不朽著勋名"的诱导与刺激。吴沛与他五个儿子在西墅草堂共研读的情景，与吴敬梓当年的"辛苦青箱业，传家只赐书"、"无聊爱坟籍，讵敢说书淫"的苦读情形不能不产生共鸣。当吴敬梓瞻仰他的先人遗迹时，自然也会想到他的祖先为人行事来。当宛陵太守关骥召请吴沛前往时，吴沛曾奋然说道："大丈夫不能取进贤，自树功业。有负知己。何面目复尔曳裾哉！"这种不折腰求人的精神，对吴敬梓也有所激励。吴敬梓在从他的先人事迹中寻求积极精神支持的同时，也颇以他的先人曾得到帝王赞扬的历史而感自豪。他在《西墅草堂歌》中写道："只今摇落又西风，一带枫叶绕屋红。明月空传天子诏，岁时瞻仰付村翁。"便是指明朝崇祯皇帝朱由检表彰他的高祖吴沛隐居课子的行为而言。但是，孤寂的苦读生涯，长期压抑的心境，家庭夺产之争的缠绕，毫无把握的功名追求，终于使吴敬梓从小失去母亲调护而病弱的身体更趋虚弱，病情和坏心情都日渐加重，而一时走向浪荡的。吴敬梓重又唤起成就举业的想法，同时也产生必须离开全椒这个伤心地的决心，但又不能再身背"乡里引为子弟戒"的骂名去找苕苕了。

而安庆府那边，歌女苕苕一直痴心等待着心上的吴公子。没有吴敬梓在的日子里，苕苕忧心如焚，就连熟记在心的唱词也常常唱不完整，歌声和容颜都少了许多动人的魅力。她在安庆糊口谋生是没问题的，但她心里记得十分清楚，吴敬梓答应过的，不久就会回来和她在一起的。可是一年多了，苕苕没能等到吴敬梓归来。

我们也可从吴敬梓与忘年棋友、乡野郎中叶草窗的关系及与他女儿叶惠儿的婚姻，进一步理解他何以断了与苕苕的关系，但这是后话。

吴敬梓与全椒士绅和吴氏族人的关系，已经发展到彼此僵持、相互横眉的恶劣地步，就他那种性格，无论怎样努力调整，心态也难以改善了。他不禁发出"似以冰而致蝇，若以狸而致鼠"的无可奈何之叹，认为自己的努力，如同用冰块来招引苍蝇、用猫来诱捕老鼠一样，是徒劳无益的，因而再次产生了远离全椒族人之念。他就在决心彻底离开全椒那一年，正式迎娶了与苕苕长相有几分相像的叶惠儿。得知吴敬梓的这一消息，苕苕伤心得就此罢歌，悄悄暗自化装寻见吴敬梓。后来，淮安那边传来音信，说苕苕奔嫁了，据说嫁给一个盐商。总之，歌女苕苕最终成了吴敬梓终生难以消解的疼痛。

12. 文章大好名落孙山

圣人和俗人都说三十而立，而吴敬梓已二十九岁了。

有谁三十岁之前像他这样受阳界冷落，而在阴间却有亲戚当大官似的，生父、嗣父、生母、嗣母以及待他如亲生父母的岳父岳母，相继成了阎王爷的座上宾。

顺带而来的种种世态炎凉，不能不一次次激发并不喜欢科考的吴敬梓要科考成功的决心。快三十岁的人了，不赶紧考取个举人，而后再努力进士，怎能让阴阳两隔的生父、嗣父、岳父、生母、嗣母、岳母瞑目啊！

爱子吴烺不觉间已长高了，像探花府院里的石榴树，转眼就又蹿起一截，这也无形间增添了吴敬梓的压力。与陶媛儿成婚那年，吴敬梓自己想象着，用不上五年，他一定会成为探花府最耀眼的后人。他本以为，实现愿望，不是在这次科试，就是在下次科试，时候不会太遥远。可是，岁月已蹉跎过去了十年，自己依然是个秀才。尽管秀才也不算耻辱的事，却无法给亡妻和烺儿，以及生父与嗣父一个如愿的回音。

但是，雍正帝登基以来，采取的政治改革与康熙帝时期改变甚大，其中一项重大改革是"摊丁入亩"新政。雍正元年（1723），清政府开始实行摊丁入地政策。摊丁入地，又称"地丁合一"、"丁随地起"，是雍正朝开始向全国推行的一项赋役制度改革，旨在改革丁税的征收方法，即将丁银摊入地亩一起征收。清初的赋役制度因袭明代的一条鞭法，地有地税银，丁有丁税银。丁税银有的按地征收，有的按丁征收，而以按丁征收为主，但按丁征收丁银所引起的社会问题很大。由于土地兼并和土地集中，贫富不均的现象极为严重，无地或地少的农民无力负担丁税，因而出现"或逃或欠"情况。这就使政府征收丁税发生困难，以致失去保证。同时由于农民畏惧丁税的逼迫，或逃亡迁徙、或隐匿户口，又造成人口不实的严重问题，使政府难以掌握人口实数。面对此种情况，清政府下决心改革丁税的征收办法。康熙五十一年（1712）规定的"盛世滋生人丁永不加赋"，旨在把全国征收丁税的总额定下来，不再随着人口的增加而增加。这对无地和少地的农民虽有一定的好处，但并没有解决丁役负担不均的问题，因而一些地区，如四川、广东、浙江等省在短期内采取了将丁税摊入地亩去征收的措施，并且收到了"民困以苏"的效果。但是，由于地主以及他们在朝廷中的代表反对，以致这一措施没能向全国推广。雍正元年（1723），雍正帝下决心在全国实行摊丁入亩政策，立即遭到地主阶级强烈反对。但由于雍正帝决心坚定，这项改革得以全国推行，并率先在江淮大地兴起，最早受到波及的就是吴敬梓所生活的滁州、庐州和淮安一代。这就使得包括科考在内的所有事宜为其让路，因而这一时期的科举制度也随之受到影响，发生了变化。

雍正元年（1723），新皇帝因考虑到"国家建官分职，于翰林之选，尤为慎重，必人品端方，学问醇粹，始为无忝厥职"，于是下令："将来拣选庶吉士，朕将亲加考试。"这就是著名的"举孝廉方正"，是清代制科的一种，是继博学鸿儒科之后又新增的一个科目。雍正帝在即位恩诏中，要求各府、州、县、卫官员荐举孝廉方正，暂给六品顶戴荣身，以备召用。雍正元年（1723）四月十五日他再次下诏，要求各省督抚速遵前旨，确访所属，果有行谊笃实、素为乡党所推者，即列名具奏。其目的是要以此敦励风俗。

按以往常规，乡试通常每三年在各省省城举行一次，又称为大比。由于是在秋季举行，所以又称为秋闱。参加乡试的是秀才，但秀才在参加乡试之前先要通过本省学政巡回举行的科考，成绩优良的才能选送参加乡试。乡试考中后称为举人（第一名称为解元，第二名至第十名称亚元），考中举人后就有资格候补做官了。可是乾、雍两帝改革相衔接这一次大比之考，距上次间隔了四年半，而倒霉的吴敬梓恰恰赶上了这一次。

清代的科举考试制度分两个阶段，一个是科举的初步考试，一个是科举的正式考试。科举的初步考试有这么三种：一种叫童试，一种叫岁试，一种叫科试。童试，一般又叫"小考"。凡童子开始应初试的时候称作"童生"，童生经过一定的考试选拔，在县里面选拔了以后到督学进行考试，督学考试合格就可以称作"秀才"了。秀才每一年考一次，这也是一个选优的过程，这叫"岁试"。每三年一次的大比之考，叫"科试"，主要是为推举举人考试资格，通过这个考试的提名，便有资格参加举人的考试。这是科举的初步考试。接下来是科举的正式考试，即乡试、会试、殿试三种。科举考试的内容主要是八股文。八股文主要测试的内容是经义，《诗》《书》《礼》《易》《春秋》，五经里选择一定的题目来进行写作。题目和写作的方式都是有一定格式的。八股文中有四个段落，每个段落都要有排比句，有排比的段落，叫四比，后来又叫八股。八股文在当时是非常重要的，只有八股文章才能敲开科考进士的大门。

倒霉的吴敬梓，因改革的影响苦等了四年半，才得以随同吴檠、金榘、金两铭等乘船奔安庆府去参加正式的乡试。前往途中，吴敬梓仍心有余悸地想着此前在滁州那次巡回预考。那次预考，他是名列榜首的，但却遭到主考大人一顿严厉训斥。

那是六个月前的事。吴敬梓与一群参考的秀才结伴到了滁州后，各自找下妥当的住处，然后便是考前的会亲访友。没有亲友的便趁机结交几个不相识的学子。吴敬梓先到嫁在滁州的大姐家，拜望也将参考的姐夫金绍曾。州里的姐夫也是有点儿名气的秀才，自然要带上吴敬梓会会滁州参考的其他秀才。于是金绍曾在参考秀才住得较集中的一家酒楼，邀请了一些慕吴敬梓之名的佼佼者聚了次会。这种情况，就是在省试京试之前也如此。吴敬梓是全州乃至省里都知名的科举世家子弟，他的诗名和文名，以及仗义疏财放荡不羁的才情等等，自然成为滁州士子们举慕的人物，酒会上他便成了中心。姐夫带头，各个自命不凡的秀才们都屈尊向他敬酒，让他大谈科考文章的作法。他由衷喜爱的是诗词和史赋文章，并不怎么看得起科考的八股文，所以就乘酒兴口无遮拦放言起来。当时朝廷早有明令，与朝廷有悖的言论，官民等其他人可以上书言说，但科考的生员一概不得说。而酒后的秀才吴敬梓却有些忘乎所以了，竟当着一群赴考秀才妄论朝廷的科考。他说，我家祖上虽曾考出四个进士，但著述上并无建树，不过封了高官而已，哪个的诗文传世了？可见科考不在文采，而在是否符合官规。我吴族曾有先祖吴沛开吴家以儒为业先河，他曾数十次科考，但并未中官，最后只以秀才候补了个贡生，当了半辈子教书先生，但他的八股文要诀《提神六密说》之二——"翻"，和《作法六密》之五——"高"却是极有见地的。他据此写的绝好文章，却没能中举，可见中举也不全在文章考得好坏！

这番言论里已有忤逆朝廷的话了，但一群秀才没一个提醒的，反而一呼声让他讲讲密说的"翻"和"高"是怎么回事。记忆力极好，几有过目成诵之才的吴敬梓干脆原文背诵道：

翻者，洗众案之说也。圣贤立言之意，有可在此不妨亦在彼者。依样说去，便觉嘈哕。我却就中另辟出一意，极新色，极异味，任前说后说，不能雷同此一说，如堂宇重开，莫不希讶。阅者虽出庸中，亦能一见称异。

听罢"翻"论，有人在七嘴八舌叫好声中站起来接连敬酒，然后请求讲"高"。吴敬梓也不推辞，又脱口背诵道：

高者，过乎人之谓也。凡人作文，千家一律，便如矮人观场，不能出人头地。无他，一于平而已。文家有品第，一人言之，百人逊之，则高乎百人矣；一人言之，千万人逊之，则高乎千万人矣。其法不一；可以我识见高，可以我格见高。大抵如立千仞之上，视人所能言者，皆贱；视人所能知者，皆鄙。选而后出，不惊不休。前辈作者，有创一艺，便前无古人，后无来者，是也。置之俦中，为大文、为绝调，阅者自将胆破。

众秀才听罢皆举杯说妙。金绍曾也饮尽一杯酒补充说，我金家与吴家有亲，金家前辈也曾受吴家影响，体悟出《塾训》传给我辈，这里也献丑与各位切磋。他也背诵道：

作文要体贴书理，要揣摩圣贤语气。前后要有步骤、有针线，思想要生发得开。凡一题到手，睁开眼孔，放开手笔。将题之前后、左右、虚处、实处，周详审度，实实在在，出自心裁，作一番新样文字出来方好。而头一篇更要紧，头一篇之破题、承、起讲，尤其要紧，不可草草混过。起讲头须要有意思，有体格，有气焰，不可纤小取憎。至于小学论，则随意生发，无所不可。愈出愈奇，愈奇愈正，手舞足蹈，左宜右有，自入佳境。但不可冗沓驳杂以起厌耳！书法要笔笔端楷，亦开卷引人欢喜之一端也。勉之，勉之；切记切记！

不觉已经向晚，没等众位兴致落去，酒家带上一歌女献唱。众人都不敢应声，吴敬梓却一时想到一直惦记着的歌女苕苕，便当场掏出一些碎银，亲手交给那歌女，让她拣动情的曲儿尽情唱上几首。等歌女唱到动情处，已半醉的吴敬梓竟于座中站起与之合唱一曲。大家自然一哄声鼓掌叫好，很晚方才散去，临走都一迭声向吴敬梓和金绍曾道谢不止。

一连数日，吴敬梓心情极佳，几个考题均按"翻""高"之训精心写来，几场考试都发挥得十分顺利。正当他一边交友一边等待判卷发榜时，忽然从姐夫金绍曾那里听说，主考官给他考卷判语是"文章大好人大怪"。

吴敬梓一时理会不清此语要意，姐夫说，文章大好是不需说了，凭你的才能，定是一等文章。人大怪，就一定不是好话啦。你想酒楼聚会你那些言语，其中哪个别有用心的人往外一传，再通过本地官员到外地主考官那里进几句谗言，不就有了这等评语怎的？你想想，明洪武十五年（1382）就曾颁"卧碑文"刊于天下学宫，其中明确规定："天下利病，诸人皆许直言，唯生员不许！"当朝顺治九年（1652）颁行的卧碑文也有规定："军民一切利弊，不许生员上书陈言，如有一言建白，以为赳制论，黜革治罪。"你是参考的秀才，聚一群考生说了那些与朝廷有悖的话，还与歌女饮酒取乐，谁再把这些添油加醋禀告到主考官那里，判你个人大怪已是轻的啦！

吴敬梓大为震惊说，姐夫你怎么也这样看啊？

金绍曾说，不是我也这么看，据说有人已这样把你告官了。你被告下去，别人就可能出你头地！你赶快向主考官大人求情认错吧，以免参加不了会试！

吴敬梓先还责怪姐夫怎能出此下策，竟让他向考官低头弯腰，后经金绍曾骂说，你阴间的两个父亲三个母亲都眼睁睁盼你三十而立，二十九岁你再榜上无名，难道就能说明你是孝子？如果考官想让你榜上有名，何苦批上"人大怪"三字？大丈夫能屈能伸才是，何况你是为死不瞑目的父母而屈的，不然就是不孝！

吴敬梓这才惊出冷汗来，想到自十八岁考取秀才以来，十年间多次乡试都未中举，几年来家族内的争财夺产，说他是败家子，别家大人告诫自己孩子别跟他学坏，学宫里的人传说他不守礼法，若是自己考中了举人，他们还能这样说吗？可这次有望，又出了这等意外。他矛盾再三，为妻儿父母计，终于请姐夫陪他一同去向安徽来的学使李凤翥求情。

二人一见学使，金绍曾为给倔强的吴敬梓搭个台阶，便带头跪下说明来意，吴敬梓这才随后跪下。大吴敬梓两旬的学使李大人本是个忠厚长者，他内心十分欣赏吴敬梓文章显露的横溢才华，所以首先在前批了"文章大好"四字。至于"人大怪"三字，他是不得已而为之。如据左右考官所言，已够治个不大不小罪名了，他却仅以品性"大怪"二字做结论，已有爱才宽容之意了。但李大人还是当着左右的面，和颜悦色问了吴敬梓家祖宗三代的情况，显然是有偏袒之意，让左右知道，吴家祖上是科举世家。吴敬梓毕恭毕敬一一作答。谁知随后主考大人话锋一转却厉声训斥道，听闻你平日里行为有失检点，今日酒后口无遮拦说有违士习的话，可有此事？

吴敬梓急忙辩解道，大人明察，分明是有些与学生有怨的人讲了偏见之言，求您鉴谅啊。李大人顿时更加严厉怒斥道，是不是偏见我自有分寸，你如真个胡为，如何对得起祖上传下家风？你须得回去好好反省之后再来进考！吴敬梓不顾屈辱给大人磕头请求宽恕。见吴敬梓诚心悔过，主考大人念及吴敬梓文章做得确实出类拔萃，嘱他以后好自为之。这次滁州试考使吴敬梓自尊心受到从来没有过的伤害，他感觉自己失去了尊严，人世间的冷酷无情如此猛烈，让他始料不及。想着媛儿对自己的期望，吴敬梓心生无限惭愧，不及张榜，便羞于同他人告别而悄悄返回家中。媛儿已从心怀叵测的族人那里知道了此情，本就病重之体一股急火攻心，竟断魂离去。当吴敬梓在媛儿的坟头借酒浇痛时，却传来他名列榜首的喜讯。这喜讯对他又是一次折磨，若早点儿传来，也许媛儿就不会命落黄泉了。即将面临的乡试，自己一定格外谨慎，切不可再出闪失。

八月的花香伴随着吴敬梓、吴檠、金榘、金两铭等乘船直奔安庆府去参加乡试。信心十足的吴敬梓哪里知道，上次主考学使李大人已调任，换了新学政王大人。原来，安徽学使李凤翥主持完这次科考之后，三年任期已满，回京复命去了，新接任他的是侍讲学士王兰生，直隶交河人，康熙六十年（1721）辛丑科进士，出任安徽学使时不过进士八年。而李凤翥出任安徽学使时已进士三十年，王兰生当然不会像李学政那样宽容。王学政上任之初就接手了吴敬梓参加的这场乡试，他不会不知道"文章大好人大怪"而又名列榜首的吴敬梓之事，这就为吴敬梓埋下了不幸。吴敬梓不知这些，面对"生而知之，上也"、"微则悠远"两个题目的试卷精心构思，尽兴发挥，自觉文章写得文理兼善，比预试还好。同考的秀才们也都认为，预试第一名哪有乡试不中举之理。

可当本县孙家得到中举的喜报后，吴敬梓心里有些慌了。很快，街上人们闹哄哄地传开了，说连那些文不对路的人都能中举，而吴敬梓家却没有任何风吹草动，怕是落榜了。连着一县城的人都在传，堂堂的上回第一，这次居然没上榜，一下子他便成了人们茶余饭后的笑柄。有些人幸灾乐祸，什么恶毒话都说了出来，他们巴不得吴家出的乱子越大越好，吴敬梓栽了跟头于他们来说就似捡了个便宜。有些族人也拿这教育自家子弟，要以吴敬梓为戒，不得胡乱读书。

最后传来的准信儿果然是吴敬梓名落孙山。

这使吴敬梓既痛苦至极，又百思不得其解。怎么就没考中呢？除了自己，像品学兼优的表兄金榘，诗文俱佳的徐紫芝、吴檠等，或年过四十，或年过三十，多次考试也没有考中，而一些文理欠通、知识贫乏文采甚差的人竟然考取了。这是什么道理?！他真正感到了"科举无凭"，"一代文人有厄"。其实他和父亲吴霖起一样是重视自己真才实学的，而偏偏不懂科考也是需要变通打点的。尤其是官场变幻莫测，一些人通过疏通打点钱财，往往也会取得功名。而吴敬梓却和父亲一样，不懂官场潜规则，只相信人间处处有公道，不想落得的下场比父亲还惨，起码父亲做了教谕而他这辈子官场的影儿都没有见到。

这次名落孙山，对于十年三考而仍未中举的吴敬梓来说，简直无异于从高山之巅重重摔落深渊，虽没粉身碎骨，却筋伤骨裂，甚至严重地震荡了大脑，伤及到心灵。郁闷彷徨的吴敬梓便不停地喝酒浇愁，把患下的糖尿病喝得更加重了。本来就体弱的吴敬梓因此又大病一场，恍恍惚惚在阴阳之界游荡了好些时日。

仔细想想，科举制发展到吴敬梓参加会试那时候，已趋没落，弊病越来越多。统治者对科场舞弊的处分虽然特别严厉，但由于科举制本身的致命症结，弊病已越改越重。仅就吴敬梓的学识、修养及性格而言，都是与这样的科考制度截然相违的。所以他的文章大好却名落孙山，也就不难理解了。

13. 三十南京秦淮客

曾为六朝古都的南京，在刚刚步入而立之年的落举秀才吴敬梓眼里，早已不陌生了。他曾从嗣父任职的赣榆几次到南京探望生父，嗣父也特意带他来这里拜会过亲友。他也曾借全椒赣榆两地往复奔走之机，独自来南京会聚自己结识的文友。不管探病还是办事，也不管会友还是游玩，喜怒哀乐酸甜苦辣的心情，都无法破坏吴敬梓对南京的好感。尤其那桨声不绝，诗意无穷，吴侬软歌日夜飘荡的秦淮河，最是吸引才子佳人们的去处。为了排遣挥之不去的落榜、丧妻、族人纠讨的混合伤痛，吴敬梓又一次只身来到南京。秦淮河的桨声灯影和歌女与酒，最能麻醉缓和他心头累累之痛。

光是秦淮河那条太过柔媚，飘着香脂气的温吞水，麻醉吴敬梓伤痛的药力是不够的。秦淮河是流淌在六朝古都文化厚土上的诗河与史河。帝王将相、才子佳人和五行八作的佼佼者，都常在秦淮河上出没。吴敬梓后来据考不宦，写《儒林外史》所依托的明朝，京城就是南京。大明开国皇帝朱元璋曾调集了二十多万工匠，用二十多年的工期，修建了这座当时已居有四五十万人口，世界闻名的都城。对经商丝毫不感兴趣的吴敬梓也知道，锦绣坊、颜料坊、弓箭坊、油坊、染坊、木匠营，以及牛、马、猪、羊、驴、鸡、鸭、鹅行，金、银、铜、锡、刀、笔、瓷、发、刻、印、书、画、绫、罗、绸、缎店，酒馆、茶楼、艺苑等等，成千上万，难以数计。吴敬梓在后来著就的《儒林外史》里曾炫耀地描写南京"大小酒楼有六七百座，茶社有一千余处"，每日运进城来的"何止一千个牛，一万个猪，粮食更无计其数"。他尤为迷恋的是，南京文学艺术事业的繁荣。那些有名家坐堂的书院如丛正书院和三山街一带著名的世德堂、富春堂、继志斋等书铺，都是他多次流连忘返的去处。南京还有一些吴敬梓见过面的著名文人学者，如程廷祚等人。当时北方的思想家李塨曾到南京长住讲学，而和吴敬梓有交往的程廷祚与李塨也有交往。尤其吴敬梓曾祖吴国对出任顺天学政时曾慧眼识珠，将年仅十九岁的李塨录取为县学生员第一名。而直接受过李塨影响又与吴敬梓有交的程廷祚，也是吸引吴敬梓的一股魅力。恰巧程廷祚就是和吴敬梓同年名落孙山的。这叫吴敬梓对祖辈父辈对他寄予厚望的举业，虽还不甘，但已三心二意，信心不坚了。他独自在秦淮河的夜色里把酒听歌女的靡靡之音，听到动情处，不禁想到亡妻，眼泪便借着酒劲儿融入河水。可是这些为金钱而弹唱出的靡靡之声里，没有他的知音。他的知音苔苔现在哪里呢？他时常想起为她写的那二首《无题》诗，每一听到类似的曲调儿，他都会觉得是苔苔在唱，甚至会醉眼迷离地依河边一棵柳树遐想谛听一阵，但都不是苔苔唱的，也不是《无题》诗。有天，他又一次听到似是而非的歌吟后，愈加伤感得不行，索性转而向西，出城来到冶山。

冶山谷那一带建筑叫冶城，在石头城东南，原是吴王夫差所设铸剑之城，因而文绉绉地被命名冶城。吴王铸剑与越王勾践卧薪尝胆的典故最能激励有志而落魄之士。但是，年届三十而一无所立的落榜秀才，哪有心思和吴王比志啊！吴王铸剑想用武力征服敌国，而自己一介书生，考不取并不由衷拼考的举业，倒该和山中修炼的僧道比心性才是。于是他又恍恍惚惚爬上建于东晋太元十五年（390）的冶城寺。这冶城寺随六朝古都至明洪武年间（1368—1398）改修为朝天宫。

半醉半醒的吴敬梓所以向冶山的朝天宫而来，是因他生父吴雯延曾长住冶山丛霄道院苦修举业。生父病重期间，吴敬梓曾来丛霄道院探望并陪伴过几日。从霄道院离冶城寺不远，吴敬梓陪伴病重生父时结识了冶城寺的一位周道士，当时两人谈诗论道，处得十分相投。吴敬梓还清晰记得以前写过的《过丛霄道院》一诗：

> 铃铎风微静不闻，客来芳径正斜曛。
> 烟昏树杪雅千点，水长陂塘鹭一群。
> 幽草绿遥寻古刹，疏窗碧暗哭遗文。
> 白头道士重相访，极目满山飞乱云。

其实人活着，对哪个地方有感情，有怀念之意，全是因为人。吴敬梓向已罩进昏暗的寺庙攀去，就是因为想念这个周道士。到得庙门时，举目一望，青山依旧，夕阳却不见了，冷冷清清一座古寺，无一丝人声。吴敬梓抬手推了推寺门，推不动。又扬手敲了几下，厚厚的古木敲不出声响。诗人贾岛那首"鸟宿池边树，僧敲月下门"诗句不由在他心头闪过，他实在不可能有心思想推和敲到底哪个有效了，一丝不祥之感涌上心头，情不自禁呼叫起周道士来。喊了数声，才出来一位风烛残年的老道士开门。问明吴敬梓来意，老道士一声叹息说，周道士已羽化升天啦！吴敬梓心中不禁轰然一响，心里也叹道，生父为功名所累病于斯，不图名利也不食人间烟火的周道士也死于斯！我个书生活着为何啊？悲痛将麻醉他的酒力击退，险些连他一同击倒在山门。老道士蹀躞着将他引进寺里歇息。

得知周道士就葬在冶山园亭附近，吴敬梓向老道士借了盏灯笼提了，不容相劝直奔而去。一盏孤灯陪他在周道士墓前默坐良久，直到烛泪将尽，方又提上灯笼返回山门。肃杀风声和乌鸦的凄鸣，使他合不得眼，复又点灯写下一首诗：

晴光冉冉过楼台，仄径扪萝破藓苔。

仙客已归蓬岛去，名园仍向冶城开。

独怜残雪埋芳草，又见春风绽野梅。

十载知交存此地，只今寥落不胜哀。

写罢此诗意犹未尽，躺下后复又爬起，再写一首：

岂是黄金不铸颜，刚风浩劫又吹还。

月明笙鹤缑山顶，归向蓬莱第几班。

这两首诗后来被吴敬梓分别命名为《早春过冶山园亭追悼周羽士》《伤周羽士》收在《文木山房集》中。

次日清晨，伤感使他无力再在寺中多待一时，不待吃点儿东西便告辞老道下山，路经周道士墓时又默坐了一会儿才凄然离去。

从一个远离俗尘不谙风情的道士之墓离去，吴敬梓还有哪里可去？他游来荡去不觉又走到秦淮河边。此时日已中天，辘辘饥肠用力把他推进河边一家小酒馆。不待饭菜入口，几杯白酒已在肚中作祟，一时把隐隐的伤痛麻醉住了，同时也把壮年男人的欲望挑唆起来。一篷游船载着琵琶弹奏的丝竹调儿和歌女勾魂摄魄的软曲儿轻轻从窗前荡过。吴敬梓不敢朝船上看，却闭了眼，随那曲声在心底抒发怀想苕苕的情绪。苕苕曾随吴敬梓一同来到秦淮河，曾在白板桥附近住过一段时间，他触景生情，哼着哼着便哼成了诗："……吴儿生小字苕苕，家住西邻白板桥。覆额青丝藏白皙，瞳仁剪水含春潮。……共爱苕苕榻枝舞，缠头十万等闲看。盛年一去如朝露，丹砂难遣朱颜驻。……春风小院飞花柳，秋雨横塘坠粉莲。雪肤花貌都何益，老大徒伤人弃掷。只有清溪江令祠，墙边流水年年碧。"据传，此诗成稿时有二百余行，被他命名《苔苔曲》，写于乾隆元年（1736）。那时，苔苔在这里只卖唱不卖身，清高洁雅。吴敬梓时值妻子病故未续期间，得以尽情与她饮酒、赋诗、歌唱，常常通宵达旦而全然不觉倦怠。吴敬梓不仅心甘情愿把身上的银两掏给苔苔，还用心写唱词帮苔苔赚更多银两。

此时的吴敬梓虽已身无多银，遏止不住的诗情令他还是忍不住又去白板桥一带转悠，他已不指望能碰见苔苔，因他们并不是在南京分手的，不过是不由自主的怀念驱使。

也许是冥冥中的相互召唤，有天霏霏细雨中，吴敬梓真的在白板桥附近一家苔苔唱过歌的茶楼听见了苔苔唱过的《无题》。他有点儿不相信自己的耳朵，但仔细听过，认定不仅是他写的《无题》，而且是苔苔在唱。

他不顾一切奔进茶楼，真的是苔苔抱了琵琶在弹唱，而且独自一人。

苔苔真个是柔肠侠骨的少有歌女，见记忆中对她最为真诚的知音落魄的样子，立时眼有泪花闪烁，也不起身多问什么，只将眼睛充满了深情望着吴敬梓，加重了琴音和歌声，继续弹唱。

对人从不计较身份，也从不思谋贫富，而只重感情的吴敬梓，魂儿立时又被苔苔的歌声勾出窍来，他也闭了眼，将灵魂全部投入曲中。渐渐，闭着的双眼有两条溪流涌出。吴敬梓的青衫湿了好大一片。苦命的苔苔也唱湿了脸上一大片粉黛。琵琶忽然断了弦似的，苔苔的弹唱变成了呜咽。她扔下怀中的琵琶，全无一丝造作，情不自禁投入吴敬梓怀中。两个身世不同却都苦命无依的秦淮浪者，相互拥住了彼此出窍的灵魂。分别时，吴敬梓将身上仅剩的几两银子，又全塞给苔苔。苔苔默默将银子又全塞回吴敬梓说，你身上无银，身边又无亲无故，拿什么糊口？若还先前那般宽裕也罢，那时男男女女围着你转，图的是你手里有钱。现在，你身上没钱，身边也没人了！我虽烟花柳巷歌女，总还每日进得几个钱，我不能帮你已够难过，怎还能搜刮你的糊口钱?！只请记住一句话，好男人不能泡在秦淮河！

吴敬梓再说不出硬话来，只好不再推脱，说，你虽歌女，却胜似许多冠冕堂皇的达官贵人。那些人总是说唯女子与小人难养也，他们只知溜须皇上叩拜大官，图的是自己的荣华富贵，哪有一个看得起你这样善良女人的？仿佛自己不是女人养的一般！我已三十，落魄到如此地步，也帮不上你什么，也不敢太有妄念了，却会牢记你的嘱咐，从此不做秦淮浪荡客！

不久，石榴花又如火般热烈烧起时，吴敬梓三十岁生日也随之而来。他本想单独见一回苢苢同过这个生日，但一怕苢苢看不起自己，二是手中没有闲钱请酒了，三也真的想念全椒几个一同读书长大的挚友，所以特意提前写信把感情最深的堂兄吴檠、表兄兼连襟金榘、金榘之弟金两铭请到南京，专门为生日聚会一次。他想，自己已步入而立之年，还一事无成，妻子也没了，等于家也没了，也就没脸面也无丝毫心情在家乡过生日了，所以吴檠三人接信就赶来南京。吴敬梓告诉堂兄和表兄，他想把歌女苢苢也请来。对此堂兄和表兄都不赞成，尤其一直和他同读共考多年的堂兄吴檠劝他说，全椒老家已把你传为子弟戒了，再叫人传说连大你五岁的堂兄也纵你花天酒地，往后咱探花府吴家还怎么做人?！

吴敬梓说，歌女也是人啊，她卖艺不卖身，用歌赋叹唱人生，也是用才艺糊口，何况我已死了妻子，落魄到只有一个歌女苢苢还算待见我。倒是她嘱我说，好男人不能做秦淮河泡客。为此，我也要请上她，和你们三位一同鞭策我三十而立。何况堂兄也知道，古时不少官名与文名都颇大者，如李白、苏东坡等等，不也与歌女们有交情吗？这个苕苕，诗才、人品、相貌都与众不同，不是等闲俗辈，比起一些龌龊读书人，磊落得很呢！她大我几岁，待我如弟，绝不是龌龊之辈！比那些只知逼男人读书做官，丈夫做了官又甘心做官奴的女人更磊落！

三位听他如此说，只好依了。吴敬梓为别太违了堂兄吴檠心情，也为苕苕那句"好男人别做秦淮河泡客"，特将生日酒宴改到莫愁湖上。那天，吴檠等三位堂、表兄弟每人都在莫愁湖上，以"为敏轩三十初度而作"为题，真挚地为吴敬梓作了赠诗。

吴檠诗中说：

> 秃衿醉拥奴童卧，泥沙一掷金一担。
> ……
> 香词唱满吴儿口，旗亭法曲传江潭。
> 之兹重困弟不悔，闭门嗒咄长醺酣。
> ……
> 去年卖田今卖宅，长老苦口讥喃喃。
> 弟也叉手谢长老，两眉如戟声如虺。
> 男儿快意贫亦好，何人郑白兼彭聃。
> ……

金榘诗中说：

> 几载人事不得意，相逢往往判沉酣。
> 栗里已无锥可卓，吾子脱屣尤狂憨。
> 卜宅河干颇清适，独苦病夫多咶喃。

无何炊臼梦亦验，空闻鼓盆疑魃魃。

……

金两铭诗中说：

昨年夏五客滁水，酒后耳热语喃喃。
文章大好人大怪，匍匐乞收遭魃魃。
使者怜才破常格，同辈庆迁柱下聃。
居停主人亦解事，举酒相贺倾宿庵。
今兹冠军小得意，斯文秘妙可自参。

三人的诗均动情地叙说吴敬梓的不幸，同时也严厉批评了这不幸
与他过错的关系，尤其当着苔苔的面，这等犀利言辞，有点儿像批判会
了，让吴敬梓既难堪又感动，也煞是惭愧，只好连连干杯。

苔苔眼含热泪，自弹自唱的还是吴敬梓最初写给她的那二首《无题》：

柳烟花雨记春初，梦断江南半载余。
直到东篱黄菊放，故人才寄数行书。

香散荃芜梦觉迟，灯花影缀玉虫移。
分明携手秦淮岸，共唱方回肠断词。

唱得吴敬梓热泪长流，竟呜咽起来，酒都咽不下了。呜咽良久，他
才平静下来道，活了三十年，我竟活成颗丧门星了！祖父、生父、嗣
父，祖母、生母、嗣母，连岳父、岳母甚至妻子，都带着对我难以瞑目

的失望而辞世，今后，我不能再让儿子眼睁睁在失望中长大！让莫愁湖和檠、榘、两铭兄弟，尤其苕苕作证，我定要三十而立，重新做人！我发誓，生前没让父母瞑目，死后定给祖上争光！说罢连干数杯，还要继续干下去，但舌头已僵，眼也挣扎不开，一头醉倒莫愁湖船上，连苕苕也唤不醒他。

自从三十岁生日这一醉，吴敬梓胸中如经了一场疾风骤雨，忽然怀着深重的隐痛平静下来。他仍不肯与吴檠他们回全椒老家，在他心中，老家的探花府已彻底坍塌。他依然待在南京，避开熟人医治创伤。夜里，他疼痛无眠，闭目默诵自己以往写下的《遗园》诗，回味一年四季愁苦的日子：

春天里——
辛苦青箱业，传家只赐书。荒畦无客到，春日闭门居。
柳线如烟结，梅根带雨锄。旧时梁上燕，渺渺独愁予。

夏天里——
新绿渐成阴，催耕闻暮禽。治生儒者事，谋道古人心。
薄俗高门贱，穷途岁序深。无聊爱坟籍，讵敢说书淫。

秋天里——
秋声何日到，残暑去天涯。鸦影梭烟树，松阴绘月阶。
病魔皆故物，诗境落孤怀。独依危楼望，清光聚此斋。

冬天里——
风雨漂摇久，柴门挂薜萝。青云悲往事，白雪按新歌。

每念授书志，其如闲极何。可怜贫贱日，只是畏人多。

转眼，他三十岁这年的除夕到了。身在异乡的游子都赶回老家与亲人团聚，而独自流落在南京的吴敬梓，平日常聚游览取乐的新朋旧友都回家守岁了，苫苫也不知隐匿到哪里。孤苦无依的吴敬梓在客舍寂寞难熬，只得独自伴着已患多年的消渴病（糖尿病）饮酒浇愁。当夜半迎新岁的爆竹连绵响起时，他面对孤灯凄然万千，三十年的坎坷不幸与接连的科考失败，一齐浮现眼前。联想三十岁生日时的痛悔，一夜呵成词作八首，从中可见而立之年吴敬梓的心境。

减字木兰花　庚戌除夕客中

一

今年除夕，风雪漫天人作客。三十年来，哪得双眉时暂开？
不婚不宦，嗜欲人生应减半。鲍子知余，满酌屠苏醉拥炉。

二

（此首第三章 11 节已引用过，此处从略。）

三

田庐尽卖，乡里传为子弟戒。年少何人，肥马轻裘笑我贫。
买山而隐，魂梦不随溪谷稳。又到江南，客况穷愁两不堪。

四

学书学剑，懊恨古人吾不见。株守残编，落魄诸生十二年。

狂来自笑，摸索曹刘谁信道。唱尽春阳，勾引今宵雪满门。

五

哀哀吾父，九载乘箕天上去。弓冶箕裘，手捧遗经血泪流。

劬劳慈母，野屋荒棺抛露久。未卜牛眠，何日泷冈共一阡。

六

（此首第三章 11 节已引用过，此处从略。）

七

文澜学海，落笔千言徒洒洒。家世科名，康了惟闻觇觎声。

郎君乞相，新列入赀须少壮。西北长安，欲往从之行路难。

八

奴逃仆散，孤影尚存渴睡汉。明日明年，踪迹浮萍剧可怜。

秦淮十里，欲买数椽常寄此。风雪喧阗，何日笙歌画舫开。

    吴敬梓除夕之夜面对孤灯写下的这八首词作，对自己三十岁之前的经历进行了苦心反思与检讨，对眼下无妻而屡考不第的境况，尤其与歌女及玩乐酒友的混迹生活已感到极大追悔，对未来既无把握和信心，又充满了重开画舫的期望。他此时虽已萌生南京买屋移居的念头，但毕竟身无闲钱而难得实施。不久，又硬着头皮只身回到老家。故乡毕竟无钱也可度日，起码有自家住房和书房，粮米和菜蔬也不用买，只是没有知音和快乐罢了。那就只好忍气吞声将就了。

14. 粒民与草医岳父

回到老家全椒后，吴敬梓身心最遭族人冷落的孤寂时光中，却有那位原籍苏州辗转迁徙到全椒定居的儒医叶草窗另眼相看着他。叶郎中与吴敬梓少年时候就是忘年棋友，这在前面已有描述。这叶翁有"茅檐四五椽"，住屋前后都有一块园子，园中种满草药及各种花卉。书房案头上满是医书。除了行医，他绝不参与世俗社会的名利之争，所谓"绩学翁所勤，近名翁所忌"。医书之外，他所钻研的学问则是周易、老子、庄子，所谓"周易蝇头字，旁及老庄言"。可见叶草窗生性淡泊，不慕名利。他极其赞赏吴敬梓的才情，钦佩吴敬梓的为人，所以经常主动接近吴敬梓，甚至暗暗想过，若女儿愿意，可以嫁他为续弦。叶草窗这个不同常人的想法，一般人是想不到的，连吴敬梓本人也没敢想。

叶草窗从吴敬梓少年时成为他的忘年棋友起，心里一直惦记着这个他认为会有出息的人。行医多年，他看遍了周遭的读书人。他眼里的读书人大多自私冷漠，不愿搭理平民百姓。唯有这个吴敬梓，不愚不腐，乐于和众多穷也好富也罢的平头百姓相往来。叶郎中眼里，吴敬梓比从前变了，不过变得使叶草窗更加喜爱了。

还是在赣榆的那段时间，叶草窗就经常到五柳园的金家打听吴敬梓的消息。吴敬梓成婚，叶草窗为之高兴；吴敬梓进了秀才，叶草窗也高兴；吴敬梓的爱子患病，叶草窗出手相助；吴敬梓的父亲罢官，叶草窗跟着同情；其父病逝，也同样让叶草窗为之揪心。当吴敬梓的爱妻陶媛儿病逝的消息传到他家时，他便开始为这个命运多舛才华横溢的少爷而夙夜兴叹了。叶草窗觉得，吴家的书香门第该是由吴敬梓撑起来才算好。

叶惠儿在吴敬梓成婚之后，就酸溜溜地妒着他。每次见到吴敬梓，她总是用难听的话语刺激他。不管惠儿对吴敬梓是个啥样看法，叶草窗仍拿吴敬梓当忘年好友。吴敬梓一家回到全椒，叶草窗曾去襄河镇看望过。曾经一段时间，叶草窗认为吴敬梓没变，改变的只是岁月，但是吴敬梓的学识已经远远超过他们刚结识时的境界了。吴敬梓多次拜会过他这忘年朋友。他俩在相互的眼中一出现，最快乐的心情便也出现了。他们的快乐是不需要理由的，心性相通就是快乐。

有人说，探花府的少爷吴敏轩是个怪人，癫狂得不得了。叶草窗却不这样看。他认为吴敬梓是全椒出名的癫怪之人不假，尤其在他科考名落孙山之后，族人们没有同情和鼓励，却率先赏赐给他的是讥讽和挖苦，彼此间几乎成了陌路人，他的癫怪之事就更加多了。但叶草窗认为他癫怪得是有思想有境界的，一般世俗之人哪里做得出来，又怎能理会得了？看看那些传得有风有影的癫怪事吧。

全椒有个举人王万林曾是吴敬梓的文友，因王万林低三下四巴结县官，吴敬梓便与他疏远了。有天，王万林设宴庆寿，事先再三函请吴敬梓光临。吴敬梓犹豫再三，还是决定如约赴宴了。

那天，吴敬梓身穿土布黄衣，不紧不慢赶到了王家，他刚要进门，见前呼后拥来了四乘大轿，轿中出来四位官员：一个红衣大个儿，一个蓝衣小个儿，一个黑衣胖子，一个白衣瘦子。开路的随从们高喊着闪开。吴敬梓原本认识这四位官员，却不想随从竟一把将吴敬梓拨拉到旁边。穿白衣服的瘦子用眼角斜了一下吴敬梓，不无嘲意说，吴敏轩啊，书虫子也来凑热闹啦！

吴敬梓有些生气，冷冷一笑，回头走到街上，重新置办了一份礼物，又回到王府门前，把礼物交给门人后，扬长而去。

　　王万林虽然热情地招待前来的宾朋，却一直惦记吴敬梓能否到来。他一边招呼客人，一边等候吴敬梓。家人呈上吴敬梓的礼物，说吴先生走了。王万林不知何故，说声备马，起身去追吴敬梓。

　　红衣大个儿说，家雀子飞到牌坊上，鸟不大，架子倒不小。把他的礼物拿过来，让咱见识见识。

　　吴敬梓的礼物是四个包，红绸子包着根长谷草，蓝缎子包着根短谷草，黑绫里包着根粗谷草，白绢里包着根细谷草。人们都猜不透吴敬梓搞的是啥名堂。还是穿蓝衣的小个子心眼儿多，他想了想说，这穷秀才骂咱们四个是草包。四个官员气得干瞪眼竟无话可说。

　　王万林追上吴敬梓，好说歹说把他请了回来。四个官员想奚落他一番，出出气。黑衣胖子清清嗓，抢先说，久闻吴先生文才出众，怎么老不见先生金榜题名啊？

　　吴敬梓轻蔑一笑说，对功名我已心灰意冷，最近弃文经商了。

　　瘦子装出吃惊样子，经商可是挺赚钱哪，可吴先生为何衣衫不整？是不是赔了？

　　吴敬梓说：大人说得不错，我最近跑了趟庐州，碰上从南洋进来一批象牙，大都是用绫缎包裹，也有用粗布包裹的。我以为绫缎包的总会名贵些吧，就多要了些，只要了少许粗布包的。带回来一看，咳！绫缎包的是狗骨头，粗布包的倒是真正的象牙。

　　众人听了，都会意地捂嘴而笑，四位官员却面红耳赤，无言以对。

　　吴敬梓这个恶作剧，不免在众文士中引发热议。有的说，吴敬梓太狂放了，这几位是全椒的名流，哪该他一个落榜秀才奚落的？

　　还有人说，吴敏轩不与显贵攀好，莫非他将来不想走达官之路？

　　郎中叶草窗听来，却十分开心。他觉得，世上万事都有其道理，吴敬梓的这番表现，也是理所当然的，说几句难听话，正合事理：你不嘲笑我，我怎会讽刺你？他吴敏轩如此这般，说明这小子有种。

在襄河湾一带，贫民间的男女老幼都亲昵地称吴敬梓吴大先生，因他没一点儿官宦富家子弟架子，常到农家串串，聊聊。这样，那些财主和做官的就鄙视他，有的说他"黄鼠狼不走大路专爱钻水沟"，有的骂他有辱书香门第。这类话传到吴敬梓耳里，他反而说，农夫是一品百姓，我也就如一粒米，不过一个不会种田的粒民罢了，能和一品百姓熟络，有啥不光彩？后来吴敬梓真的用"粒民"二字作为自己的名号。

有年，襄河边一家姓尹排行老二的男子死了，丢下一个寡妇和四岁的男孩。尹家老大是蛮横粗暴的乡绅，老二一死，他就带着儿子和家丁，气汹汹来抢占人家财产。孀妇就是不让。尹老大说，告诉你，小老婆养的儿子不顶事，早在老二未死时，我的儿子就过继给他了。你现在快走，走迟了，打断腿可别怪我！

孀妇哭着和他说理，尹老大不听，竟叫家丁把孤儿拖到堆柴火的草棚里。那妇人哭天喊地，围着看的人一大群，可没一个敢上去搭茬的。

正好吴敬梓路过，他挤进人群，一打听是这码事，立时火了，上前对孀妇说，你哭有什么用，到县衙去告他嘛！

孀妇说不会写状子，吴敬梓说我来替你写。说罢，吴敬梓直接把那孀妇领到镇里，帮她写了一张状子。

那妇人拿了状子，直接去县城递给衙门。县太爷接到状子一看，状子上写了四句话：

孀庶多苦楚，

岂能无屋住？

报与父母官，

给她一生路！

下面署名"粒民"。

知县问明情况，晓得是吴敬梓干预了此事。本来他暗地里收了贿赂，想包庇尹乡绅的。但想到状子来自吴大先生笔下，如果这事张扬出去，他在全椒就不好混了，只得把房子判给孀妇。

孀妇住进了自己的房子，就带了一点儿梅干菜到襄河镇吴宅，看望吴大先生，不想大先生已去南京了。

尹乡绅听说吴大先生走了，又带着人把孤儿寡妇从房里撵出去。孀妇又到县衙去告。知县眼一瞪说，状子拿来！

孀妇说，上次给你了！

一提上次状子，知县火不打一处出，吼道，胡扯！

孀妇被赶出衙门，回去只得又住到棚里。没几个月，小孩儿生天花，没钱请人医治，死了。凶狠的尹乡绅连草棚子也不让她住，索性把她赶走。

吴敬梓在南京住了一段时间又回到全椒，顺便到襄河湾看看那孀妇，竟找不见了。邻居讲了情况说，也许已路死路埋了呢。

吴敬梓气得连连大骂太不像话。他一直忘不了这事，后来写进《儒林外史》里。

吴敬梓还有几件事令人称癫而让叶草窗大加赞赏。

比如，吴敬梓爱听"夯汉"们讲"山海经"。离他家头十个门面，便是"观德酒家"，这是听夯汉讲故事的最好去处。吴敬梓一坐就是半天，他不仅自己占着位子，还拉了那些种田的、泥瓦匠、剃头的也占了位子。酒家老板姓管，只要能赚到钱，什么事都做得出来。对吴敬梓这样做法，他是看在眼里，气在心头，又拿吴敬梓没办法，对于"夯汉"们，他却可以发话下逐客令。

这天，吴敬梓又去观德酒家，几个人围张桌子，听一个叫万九的菜农讲故事。讲的眉飞色舞，听的聚精会神，连占座位的两个小伙子，也听入迷了。管老板一看气不打一处出，先是把两个小伙子骂了一顿，而后走上柜台，板脸点点钱，今日竟赚了一锭多银子。店堂里，吴敬梓他们照说不误，依旧是笑声不断。万九刚说完，剃头的王师傅就说，九叔，精彩。今儿个我半天不做活，再打半斤酒，你再讲两个。说罢，就去柜台打酒。管老板无法，只得收钱付酒，可是心里却老大不高兴。万九叔又讲起故事。忽然，管老板惊乍乍地叫道，我的一锭银子哪里去了？！

众人不理他，照旧讲故事。管老板又叫道，王待诏，就是你拿的。

王师傅急白了脸说，管老板，你可不能诬赖好人，我待在这里动也没动。

管老板冷笑说，你打酒前银子还在，到现在没有第二个人来，银子不是你拿的，还能飞吗？

王师傅正要辩白，吴敬梓站起来，把他一拦，说，管老板，银子嘛，我倒晓得去处。你与王待诏具个结，没有他的事，我就还给你。

管老板于是写了个字据："管某失银，与王待诏无关。"

管老板画了押之后，交给吴敬梓，说，字据给你，把银子还我吧！

吴敬梓收了字据之后，笑笑说，吴某就是不说，你搬石头砸天吧！

管老板怒火冲天，嚷道，我去告你！

吴敬梓说，请便。

管老板气冲冲夺门出去，没多远就跑到县衙。县官一听告的是头难剃的吴敬梓，不为别的，却为钱。他知道吴敬梓视钱如粪土，便问，他还在你店里吗？

管老板说还在。

县官坐了轿子来到酒家，见吴敬梓还在，便笑着说，吴大先生，店主把你告了，你看如何办？

吴敬梓也笑笑说，县太爷明鉴，青天白日，众目睽睽之下，他家三双眼睛，店堂里头十双眼睛，除他还有第二个人证明是我拿了银子，我就认账。

县官一想也是，就说，管老板，是不是一时疏忽，掉在哪里了？

管老板只得吩咐小伙计找。那小伙子是看到银子落在哪里了，只是不敢说，就伸手从酒坛与酒坛的缝隙间找了出来。

有了银子，管老板没话了，接过银子说，是我疏忽。

县官便说，下次留点儿神！就准备抬腿走人。吴敬梓不高兴了，站起来说道，县官大人，管老板诬我拿银子，这是小事。只是大人跟着蹚街过市，这对衙门的名誉可不好听！

县官一听，急了，立刻虎着脸对管老板说，你自己不小心，还诬赖好人，该当何罪？

当下叫手下将管老板打了一顿。吴敬梓他们这才笑呵呵走了。

在全椒的襄河镇，吴敬梓还有一件事儿让官绅和富人说骂，而让叶草窗敬佩。

有一年，全椒与定远交界的邵十铺出了个烈女，轰动全县，知县亲到邵十铺拈香题匾。这事，吴敬梓也挺关心，邀上几个好友也去看。人家去烧纸祭奠，表示心意，吴敬梓是来解心里疙瘩的。他不明白，也不敢相信，一个十六岁花骨朵一般的姑娘，竟会自己吊死，跟随未在一起生活过的亡夫去了。

他到了邵十铺，便扎到盖牌坊的工地，与石匠师傅们聊天。人熟了，吴敬梓便照直问道：师傅，这事儿是真的吗？

工头四十多岁，是个善良人，笑笑说心诚则灵，不诚还灵啥？这事儿就与拜菩萨是一样的！

吴敬梓听这话说得新鲜，不住点头儿唠下去，越来越熟识。石工们晓得他是全椒县城的吴大先生，舍得身份跟他们一起聊，就跟他无话不说了。

一天刮风下雨，不能施工，吴敬梓请了几个石工到饭馆喝酒，三杯下肚，工头实话就上来了，大先生一来就打听"烈女牌坊"的事，单身一人憋的啊？

吴敬梓说，既是憋的，也是觉着蹊跷，才十六岁个女子，咋会不早不晚这时上吊殉夫？！

工头绕了个大弯子，给吴敬梓讲了个说是自己碰到的另一个蹊跷故事。

那也是给烈女盖牌坊，不过是给一个六十多岁的老寡妇盖牌坊。这寡妇年轻时出嫁，第三天丈夫就死了。几十年来，她积攒了一笔钱，她侄儿怕她死后钱让邻里给分了，就劝她死前修个牌坊。这女人当然愿意，就尽自己所有，把钱交给侄儿。侄儿鼓了腰包，就找到工头的师傅，苦苦述说他的婶婶如何寡守贞节，如何清苦，想修贞节牌坊。师傅心地善良，很干脆说，这个忙我愿帮，只要付个饭钱我们就来修。

造牌坊时，工匠师傅发现她侄儿心太狠毒，连小菜饭都不让他们吃饱，大伙就想撂挑子。师傅说，不干哪行？我们石匠说话，是铁凿凿石头，叮当响的。看我来治他！

牌坊竖起来了，就是匾额嵌不进去。一连半个月都是不行。师傅装着急得不行，那老寡妇更是急得晕三颠四的。一天，趁她侄儿不在，师傅悄悄说，老婶子，这事奇怪呀！牌坊这东西最灵验，年轻时稍有一念之差，就嵌不进去。你老人家想想，可有亏心的事？那老妇人一听，大惊失色，讷讷说，有这等灵验吗？师傅点点头。老妇人泪如雨下，师傅安慰她说，只要烧烧香，向神灵讲清楚，乞求原谅就妥。老妇人说，想起来了，在我死鬼走了的第四年，我妹妹出嫁，趁无人，我把嫁衣穿上，对着镜子，才发现自己很是年轻美貌，心里火烧火燎的，想着自己怎么没有妹妹的福分？这时有人来了，我赶紧脱去嫁衣。后来，再也不敢想了。师傅一听，拍手打掌说，不假吧！天公最无私，头发丝的事也瞒不过。老妇人连忙拿出二百两香火银子。有了银子，匾额也就嵌好了。

听了这故事，吴敬梓大笑过后说，这样听来，你们建这牌坊也有名堂？

工头小声说，咋没有？是勒死的！

原来，张乡绅的儿子病重垂危，硬叫佃户老汉用女儿抵租，订了这门亲事，给儿子冲喜。喜是冲了，他儿子也死了。张乡绅就送来了四个元宝，要佃户女儿殉葬。佃户老汉哪能愿意，张乡绅就叫人暗中勒死佃户女儿，然后传扬说是她自己上吊殉夫了。

吴敬梓听了，五脏六腑都被扯动，将酒杯摔个粉碎说，我到府里去告他们！

工头说，大先生，而今从朝廷到地方都作兴这码事，你不要打不到狐狸反惹自己一身臊，何况还得连累我们！

吴敬梓觉得工头说得有理，便苦心琢磨出一个办法，让石工比照"烈女牌坊"字的大小，写了个"勒"字。

数日后，一个雷雨天，牌坊落成了。雷雨后，人们看到牌坊上的字是"勒女牌坊"。

张乡绅闻讯告给知县前来问罪。工头说，我们这些凿石头的，也正觉得奇怪。一场雷暴雨过后，"烈"字竟变成"勒"字，恐怕是天意。

这时，人群中有人说，天是欺不倒的，这女娃子定是勒死的。

知县一听，再不敢深究，赶紧罢休。

全椒县的乡野中，这种牌坊有许多，其中的故事也多有神秘传说，所以吴敬梓暗中出此深具讽刺意味的主意，也不可能没有传说，但却没一人敢深究。此事与吴敬梓自己写了诗拿出去说是古人之作，专为捉弄那些冒充有学问的读书人是一样的性质，正可以看出吴敬梓青壮年时期就颇具讽刺才能，不然何以后来能写出中国第一部伟大讽刺小说呢。

叶草窗还十分熟悉吴敬梓的几个好友。吴檠是一直没离开全椒的读书人，也是吴敬梓的堂兄，更是五柳园金家的外甥。吴敬梓来五柳园，差不多就有吴檠陪伴。尽管吴檠的方方面面都与吴敬梓不同，在叶草窗眼里也是个老实人。叶草窗对吴檠的好感，也成了他喜爱吴敬梓的一个原因。

除了吴檠，还有金家的两兄弟金榘和金两铭，也是吴敬梓的好友，叶草窗对这两人也颇有好感。而金家这两位少爷也都比吴敬梓年长，成家也较早，因此都一直留在老家，这便也成了叶草窗了解吴敬梓的条件。

叶惠儿却不十分明白，爹爹为什么一次又一次向她提起吴敬梓，说一遍就有一个新的好评。

吴敬梓一次雨夜上门求助，改变了叶惠儿的酸妒之心，也消除了她长大以后与吴敬梓的隔阂。

那次吴敬梓冒雨来访，是向叶郎中讨药求救。

吴敬梓出现在叶家的柴门前，被暴雨淋透的狼狈相，一下映进手擎油灯的叶惠儿眼里。昏黄的灯光映照出吴敬梓恓惶的脸，冰冷的秋雨似条条鞭子抽打着面前这个对她无心的人。叶惠儿把他从雨中迎进屋里。吴敬梓身上散着浓烈的酒气，仿佛刚从酒馆出来。

叶惠儿没好气顶撞他道，秀才冒雨到我家，该不是又找我爹下棋吧？看你满身酒气，定是寻欢作乐过了！

　　吴敬梓没有跟惠儿辩解，急急地见过叶郎中，道，先生这就跟我去襄河吧，我的厨娘和我的奶娘都病了。我还在与朋友饮酒呢，知道这事便急来求救，也不怕先生怪罪我打扰了。厨娘和奶娘都是我的亲人！

　　叶惠儿听他这么一说，就收住没顶撞完的话。叶草窗二话没说，急急随吴敬梓奔往襄河镇。两人走时，雨还在下着，细密的雨幕把他们掩没得无影无踪。仅仅是转身的刹那，吴敬梓的影子就在叶惠儿眼中又挥之不去了。

　　叶惠儿惦记了一夜，辗转反侧无法入睡，折腾中碰响了床榻边的药碾，哥哥过来责怪她折腾个什么。

　　叶惠儿冲哥哥急了，嚷什么嚷，外面的雨那么大，像吃人的口，你咋不跟爹爹一同出去！

　　哥哥道，爹爹也没叫我去，再说他身边不是有吴敏轩嘛。

　　叶惠儿更急了，别提吴敏轩，要是他也让雨水给吃掉呢？

　　叶草窗在吴府熬过两个晚上，他用尽了所有本事，终于让吴敬梓的两位亲人转危为安。吴敬梓要答谢叶草窗，但是清贫的家里已拿不出像样儿的东西。叶草窗连忙摆手说，我是来帮你救病人，又不是来向你要东西，哪个用你答谢！

　　这一次叶草窗眼见了吴敬梓对家里下人的真挚情义，着实让他感动。

　　叶草窗主张，让惠儿跟吴敏轩成婚，并对儿子和惠儿说，别人谁看不起吴敏轩咱管不着，咱家不能看不起。他这样的读书人，可是有良心的！

　　一向固执顽皮的叶惠儿，对爹爹的这一主张竟一点儿都没反驳，极乖巧地顺从了。惠儿就这样成了吴敬梓的续弦新娘。

　　吴敬梓与叶惠儿成亲是在雍正九年（1731），这一年吴敬梓三十二岁，大叶惠儿六岁。吴家的情形大不如前了，对吴敬梓的再婚没人提过什么建议，表现出的都是令人难以理解的冷清。迎娶那天，五柳园的金家只是送来几块绸布料子。住到襄河镇上吴敬梓的几个好友，是婚礼上为数不多的宾客。但是吴敬梓和岳父叶草窗十分高兴，认为这样的婚姻不可能得到许多人的理解和祝贺，这样很好。

草窗老翁这种不同寻常的作为，在全椒社会中自然也引起各种反响，有因不理解而叹惜的，有因赞同而称赞的，吴敬梓则心怀感激缔结了这桩婚事，因此有人写下"爱女适狂生，时人叹高义"的诗句（《挽外舅叶草窗翁》）。

这桩婚事，使得生活在孤苦冷寂境遇中的吴敬梓得到莫大的温暖和慰藉。而在他与自己岳父草窗翁的交往中，思想上也不知不觉地受到岳丈的浸染，他后来经常产生退隐的念头和晚年"治经"的努力，与这段时期和叶草窗老人的接触不无关系。

第四章

15. 移家高处

人往高处走，水往低处流，这道理古今不错。不过，何为高低处，不同人有不同尺码。雍正十一年（1733）二月，已经三十三岁的吴敬梓，决然离开故乡全椒，将自己独立小家移到南京去，这在他，以至在今人眼里，怎么看都是往高处走了一大步。庸人则可能认为，这个败家子，扔下舒适的豪宅和仍可供他殷实生活一辈子的家产，到那无亲无故两眼一抹黑，没个立锥之地的大地方去租小房子住，有什么好？吴敬梓当然认为，不仅好，而且大好。他已进入而立之年三载了，具体怎么个立法他不一定很清楚，但南京曾为六朝古都，至今高人荟萃，乃江南文化高地。移居长江边的文化高地，天长日久，自己这只全椒襄河小船，定会水涨船高的。至于住房，租或买都不打紧，选舒心遂意的好人文环境择居处，最为要紧。南京的房子，尤其佳居之处的房价更是太贵，所以祖上一些在南京居住过的前辈，没一人买过房子。明朝崇祯年间，爆发过大规模农民起义，全椒也被波及。吴敬梓曾祖吴国鼎因此曾带母亲在南京的白下避居，没置房产。另一位曾祖吴国缙在中进士以后，到南京任职，七十四岁高龄辞世，但住的是朝廷官宅，不属于私产。他的生父吴雯延也曾住南京读书，是借寓在清凉山虎踞关附近的丛霄道院，并未置宅。吴敬梓的堂兄吴檠也到南京居住过，同样没有置宅。只吴敬梓一位曾任广西修仁县知县的金姓舅舅，在南京西南红土山附近自建了一座五柳园。但吴敬梓移家南京时金姓舅舅已故，房产已属他人，这就等于吴家及亲友在南京房无一间，地无一尺。只有特别不看重钱财的吴敬梓，在南京秦淮河畔选中了一处满意的水亭先租下，等以后手头宽裕时再买下。租妥后才让全椒那边发船，把续妻叶惠儿和家具及一应细软、书籍等直接送到南京。

吴敬梓为了使新婚续妻叶惠儿生活得快乐，也为自己能快些排解胸中积下的伤痛晦气，他颇费心思，选定的是一处租金较贵的水岸亭屋，即秦淮水亭。

秦淮水亭为陈朝尚书令江总宅第遗址，位于淮清桥附近，占尽风光之胜。唐人刘禹锡称："池台竹树三百亩，至今人道江总宅。"可见在唐代，秦淮水亭一带的环境就是优美的。对于秦淮水亭这处住屋，吴敬梓曾写有诗句"偶然买宅秦淮畔，殊觉胜于乡里"，可以看出当年秦淮水亭的环境极令他满意。

那年正好又是大比之考的乡试年，全省提前来南京租房应考的人很多，所以秦淮河一带房子租金比往年昂贵许多。吴敬梓看好的秦淮水亭租金尤贵，每月需八两银子。但他一向不拿银钱当回事，虽搬家时变卖了房屋以外很大一部分家产，带到南京的现银不过两千多两。经历了几年艰辛之后的吴敬梓，已比从前知道些节省了，但多年养成的习惯，只要手中有钱，总是花完再说，仍不懂精打细算使用。他看好秦淮水亭之初，就打算买下久住的，因现银不够，加当时房价正高，便暂且租住下来。他的一个好跟着混乐呵的文友，见他租的河房环境不错，便说为了陪他，也在附近租了一处水亭，但说手头无钱，吴敬梓便也替他交了一份租金，这就等于他的秦淮水亭月租金又高出许多。至于以后买下这河屋所需巨资怎么办，他便指望车到山前必有路了。待车到山前，非要买下这房不可时，他也不知能找到哪条路。其实只一条路可走，即卖掉全椒分在他名下那份家产。后来他到底买下了歌声灯影间的秦淮水亭，变为身无"广厦"只有一处水亭的移家寓客了。环境的变换，虽使他失去了广厦，却令他一时"殊觉胜于乡里"，比在有广厦数十间的全椒舒心多了。他打算从此像嵇康、阮籍那等魏晋文人在这儿隐居终生。因此他将虽不宽大的秦淮水亭也置出一间，命名"文木山房"书斋，以便常请文友谈文论诗，切磋学问。吴敬梓自己就曾写有两首《买陂塘》词，对此类活动加以记载。他在词前的序中说："癸丑二月，自全椒移家，寄居秦淮水亭。诸君子高晏，各赋《看新涨》二截见赠，余即依韵和之，复为诗之二阕以志感焉。"其中第二首下半阕如此抒发当时情怀：

> 人世间，只有繁华易委；关情固自难已。偶然买宅秦淮岸，殊觉胜于乡里。饥欲死，也不管干时似渐矛头米；身将隐矣，召阮籍，嵇康，披襟箕踞，把酒共沉醉。

吴敬梓在《洞仙歌》词序中又说："我亦有闲庭两三间，在笛步青溪板桥西畔。"他还在《青溪》一诗小序中说："过大中桥而北为青溪。其流九曲，达于秦淮。……入濠而绝，所谓青溪一曲也。秦淮水亭相连。"有研究者论证，秦淮水亭就在笛步、青溪一带，是六朝时陈朝尚书令江总的宅第遗址，东窗下是秦淮河，北窗又可看到夫子庙。对于吴敬梓这等文人，秦淮水亭和其中的文木山房，当然是绝佳居所，一时摆脱了他大半生的不幸阴影。可想而知，他会怎样陡增"殊觉胜于乡里"的大好心情。最能说明他心情"殊觉胜于乡里"的，莫过于他当众携续妻之手春日游山一事。

《儒林外史》中的杜少卿，就是吴敬梓以自己为模特写成的一个重要人物。读读第三十三回《杜少卿夫妇游山　迟衡山朋友议礼》，便可知吴敬梓当时的心情，尤其是他对女人的态度与常人大有不同：

> ……娘子因初到南京，要到外面去看看景致。杜少卿道："这个使得。"当下叫了几乘轿子，约姚奶奶做陪客。两三个家人、婆娘都坐了轿子跟着。厨子挑了酒席，借清凉山一个姚园。……上到山顶，便是一个八角亭子。席摆在亭子上。娘子和姚奶奶一班人上了亭子，观看景致。一边是清凉山，高高下下的竹树；一边是灵隐观，绿树丛中，露出红墙来，十分好看。坐了一会儿，杜少卿也坐轿子来了。轿里带了一只赤金杯子，摆在桌上，斟起酒来，拿在手内，趁着这春光融融，和气习习，凭在栏杆上，流连痛饮。这日杜少卿大醉了，竟携着娘子的手，出了园门，一手拿着金杯，大笑着，在清凉山冈子上走了一里多路。背后三四个妇女，嘻嘻笑笑跟着。两边看的人目眩神摇，不敢仰视。杜少卿夫妇两个上了轿子去了。姚奶奶和这几个妇女，采了许多桃花插在轿子上，也跟上去了。

这可是三百多年前，男人头上留着长长大辫子的大清封建王朝，一个读书人竟敢光天化日众目睽睽之下，拉着女人手游玩，那是大伤风化，有失体统的。中国封建社会，男尊女卑，男女极不平等被视为天经地义，吴敬梓却敢与那些有妻又纳妾甚至还嫖娼，却不肯与妻子在街上并肩而行的伪君子们，反其道而行，与妻子平等相待，当被看作反抗封建礼教英雄行为的。尤其他男女平等，甚至尊重苕苕那样的歌女、奶娘及洗衣娘那些女用人的思想感情，在当时是很进步，很超前的。同时也说明，吴敬梓与续妻惠儿的婚姻，是相爱而融洽的。惠儿从清贫儒医父亲那里受到的影响是识"高义"，与高门望族联姻的前妻陶媛儿有所不同，惠儿与丈夫在男女平等方面的思想是一致的，因而才有"爱女适狂生，时人叹高义"之说，可见他由衷感到他们的婚姻是平等相爱基础上的融洽结合。所以"惠儿"一提出"要到外面去看看景致"，"吴敬梓"便欣然答应"这个使得"。不仅使得，而且携手相游，这在当时人看来，定会以为是狎客携艺伎而游的。这也足可见惠儿也是不受封建礼教束缚的不凡女性。在紧接着的《儒林外史》下一回中，还有这样一段描写：

> 杜少卿道："……但凡士君子横了一个做官的念头在心里，便先要骄傲妻子。妻子想做夫人，想不到手，便事事不遂心，吵闹起来。你看这夫妇两个，绝无一点心想到功名富贵上去，弹琴饮酒，知命乐天。这便是三代以上修身齐家之君子……据小弟看来，《溱洧》之诗，也只是夫妇同游，并非淫乱。"季苇萧道："怪道前日老哥同老嫂在姚园大乐！这就是你弹琴饮酒，采兰赠芍的风流了！"众人一齐大笑。……
>
> 当下摆齐酒肴，八位坐下小饮。季苇萧多吃了几杯，醉了，说道："少卿兄，你真是绝世风流。据我说，镇日同一个三十多岁的老嫂子看花饮酒，也觉得扫兴。据你的才名，又住在这样的好地方，何不娶一个标致如君，又有才情的，才子佳人，及

时行乐?"杜少卿道:"苇兄,岂不闻晏子云:'今虽老而丑,我
固及见其姣且好也。'况且娶妾的事,小弟觉得最伤天理。天下
不过是这些人,一个人占了几个妇人,天下必有几个无妻之客。
小弟为朝廷立法:人生须四十无子,方许娶一妾;此妾如不生子,
便遣别嫁。是这等样,天下无妻子的人或者也少几个。也是培
补元气之一端。"……迟衡山叹息道:"宰相若肯如此用心,天
下可立致太平!"

以上这一大段借杜少卿之口抒发自己主张的话,大可看出吴敬梓尊
重女性,不论贫富皆同等妻权的人道思想。这对封建社会里,皇帝三宫
六院,高官巨富妻妾成群的罪恶现实,不啻是极为大胆与勇敢的批判。

可是,吴敬梓有钱便大手大脚花费的毛病并没有大的改变,尤其大
都市南京的穷文友,仍拿他当富家子弟看待,时常到秦淮水亭文木山房
来聚会,个个空手而来,饱醉而去,有的还要跟他说说难处,从他手里
拿些银两回去。这等理财状况,他那些卖房产的银两,几年便花得所剩
无几。后来又有名气很大却无钱者撺掇他捐钱修建先贤祠,他一下报了
数百两的大额,只好又卖了全椒老家的地产。他的菩萨心肠和乐善好施
习性,数千两银子不久便又没了踪影。虽因此结交了一大批知名文人、
学者、画家,甚至科学家、僧人、道士等等,大大开阔了自己的眼界,
提高了写作与思想水平,但代价实在不小。家财抛光,难以度日,竟致
面对大好春光又写出孤寂无奈的诗:

失计辞乡土,论文乐友朋。

为应蓬自直,聊比木从绳。

挥尘清风聚,开樽皎月澄。

回思年少日，流浪太无凭。

耳闻除夕爆竹声，又作词《除夕乳燕飞》说穷愁：

令节穷愁里，念先人、生儿不孝，他乡留滞。风霜打窗寒
彻骨，冰结秦淮之水。自昨岁移居住此。三十诸生成底用，赚
虚名，浪说攻经史。捧卮酒，泪痕淬。

从这些诗词可以看出，吴敬梓从全椒搬到南京几年后，因经济恶化
原因，思想也发生很大变化，已讲不得排场，撑不起门面，连糊口度日
也难了，甚而发出"失计辞乡土"的悔叹。维持数年后，不得已又卖掉
秦淮水亭，换到房舍简陋可以自己种菜的城边去住。从此，吴敬梓在南
京就开始了贫困中的挣扎。

一年冬天，一场雪后，有卖炭老翁挑着一担木炭，来到吴敬梓家门
口问道，先生买炭吗？

吴敬梓忙放了笔，伸手摸摸衣兜，答道，谢谢老翁，不——冷！说
这话时，嘴唇已不听使唤了。

卖炭老翁看他如此样儿，说了声怪人，就挑了担子走开。

吴敬梓用嘴呵呵手，呵呵笔尖，再提起笔来，可手就是不听使唤，
写出的字有些歪歪扭扭。他只好搁笔，起身踱步，活动活动脚上的血
脉。可是房屋太小，走几步，又要转头，他索性上上下下蹦跳起来。妻
子惠儿过来问他怎么了，他忽发奇想，打了一躬，笑说，娘子，陪我外
面走走吧！

叶氏听丈夫说要她陪着出去走走，居然十分高兴说，刚来南京时，
我们拉着手游山，一晃已有几年，也该携手踏踏雪了！说着便将手递与

丈夫。吴敬梓喜不自胜，一手拉上惠儿，一手推开屋门，欢欢快快走进雪地。月清风寒，雪冷脚冻，夫妇俩牵手在雪上跑了起来。跑着跑着，出了城门，再顺着城墙跑。跑了一会儿，渐渐气喘力尽，就停下来缓缓步行，直走到脚下生热，浑身上下热乎乎地冒出汗来。

回到家里，叶氏说，谢谢夫君携我绕城踏雪！

吴敬梓笑道，这叫诗人携妻赏雪"暖足"！

叶氏笑得激动起来，竟伸出双臂扑向丈夫怀中。

吴敬梓不禁幸福地搂住爱妻说，这叫用妻暖身！

然后吴敬梓趁热乎，又抓起笔写了起来。

第二天晚上，他又和妻子如此暖足暖身。

后来，吴敬梓不光是带着妻子，还邀上几位好友一道暖足。

一天中午，吴敬梓写得累了，独自一人出到院外暖足，却看见有个熟悉的身影在院外较远处徘徊，不禁暗自思忖，这是谁家女子也在暖足？

吴敬梓走到近前，不由大吃一惊，怎么是苕苕？！苕苕怎么又来到南京？又怎么找到这儿的？

苕苕在吴敬梓的茅屋前后，苦苦翘望已有好大时辰，才终于见到了吴敬梓。

苕苕已没了靓丽的面色，只有一如当初那种纯情。苕苕此来没有更多的期待，只是听说吴敬梓已经落魄，极为穷困了，迫切想见他一面。

与叶惠儿相比，苕苕身上稍有一丝风尘女子的韵致。这就不宜让她进家门，这于叶惠儿不尊重。吴敬梓面对苕苕惊讶半晌，只说出一句话，苕苕？你，怎么找到这儿来的？！

苕苕不苦不甜地笑了一下，你是我的大先生，我不该来看看你吗？

吴敬梓立时慌乱起来，我如何能把你请进家？我已续了弦的！

苕苕摇头道，我只是想看你一眼就行了，我是进不得你家门的！

早知你在秦淮水亭安了家，淮安的朋友能去看你，扬州的朋友也能去看你，全椒老家的朋友更能看你，独我这歌女不能登门看你！自听说你搬离秦淮水亭，我就暗自打听，直到冬天来了，终于见到你，也就释然了。说着已是满眼泪水。

吴敬梓说不出话来，他很想把她请到家里，详细叙叙别后情形，无奈几日来，家中几近断炊，尚有少许碎米熬稀粥喝。同时也更顾及续妻惠儿的尊严。吴敬梓对苕苕和惠儿都很在乎，就因为对女人尊严的在乎，使他一时手足无措，又是半晌才喃喃道，那就进屋吧，屋里外边一样的冷，也没得东西招待你，让妻子烧杯水暖暖身吧，让你见笑啊！

也正是因为看重吴敬梓对女人的如此在乎，不光是对自己在乎，更包括对他妻子的在乎，所以苕苕说，先生眼下境况我已知晓，闲来无事才上门转转的。

吴敬梓道，苕苕现在哪里？日子可好？

苕苕脸上露出笑容，道，并无定所，不过还好，吃穿不愁，总比先生好得多了！说着解开缠在里身的布袋，也不分说，塞在吴敬梓手上，又说了句，这还是先生为我写唱词时攒下的，留着也无用，还是先生收着有用！

吴敬梓正木讷地接着布袋，觉得沉甸甸时，苕苕已转了身，快步跑走了，竟没容吴敬梓回句话，就一个没了影儿，一个如木桩钉在那里。吴敬梓此时身上的冷热都浑然不觉了。

苕苕塞到吴敬梓手里的布袋，装有差不多百十两银子，里面还有一纸短信："先生拿这些碎银，买柴米也好，买纸墨也好，切不可去沽酒。你是我的大先生，我敬重你。再急用银钱时，自管拿去。你的家，我断然进不得。我会保重自己的，也望先生保重，阖家美满。"

苕苕留在吴敬梓手上的银两袋子，此刻显得无比沉重。妻子叶惠儿无疑是特别特别需要的，但他如何解释这钱的来历？编个谎话，说是哪个他帮助过的朋友还给的，或赠与的，简直不费吹灰之力，而且惠儿不会有丝毫怀疑，但吴敬梓说不出谎言来。踌躇了两天，又与妻子暖足到前日苕苕塞给他银子那地方，他到底停下脚来，将苕苕的信条交给惠儿，说出了原委，求得谅解。

惠儿新婚时就听丈夫说过苕苕了，这时看过纸条，不免大吃一惊说，果然是个不凡女子，我爹说得没错，吴家敏轩不会和没心肝的人交往！

吴敬梓这才如释重负，连连谢妻子说，贤妻不凡，谢谢岳父大人嫁我一个大写的女子！

惠儿说，你怎么把话往倒了说？我们应该谢的是雪中送炭的苕苕！哪日我陪了你去谢她！这等义气女人，我们连声谢谢都不肯去说，可就枉读许多诗书啦！

吴敬梓感激地又拉起惠儿的手，连连说，世上读书男人满地都是，可哪个如我贤妻明事理？

惠儿说，苕苕比我明事理！

吴敬梓便有了气说，读书人却都在说唯女子与小人难养，连大明开国朱皇帝也说，若不是母亲生了我，我会将天下女人杀光。一派胡言！

惠儿说，不要说这些没用的废话了，定个时日我们去谢谢苕苕是正事！

吴敬梓说，哪里谢得着，连她现在哪里都不晓得。何况咱家正穷得无米成炊！

惠儿深深叹佩着说，日后有了下落，断不可忘了去谢人家！

16. 三拒荐考

乾隆元年（1736），吴敬梓三十六岁。这年，刚登基的年轻皇帝下诏，要开"博学鸿词"科考。

所谓"博学鸿词"科考，是自两汉以来，历朝延续而来的，原是"制科"即"荐贤"形式的另一种科举。这种制科是由朝廷亲试，不同于由下而上经历几个阶段的一般科举考试。博学鸿词科试，实际上大清朝只开了康熙己未（十八年）和乾隆丙辰（元年）两科。吴敬梓三十六岁赶上这次乾隆元年博学鸿词科试，其实动议于雍正朝，而实行在乾隆朝。雍正十一年（1733）四月初八日胤禛在上谕中说："惟博学鸿词之科，所以待卓越淹通之士，俾之黼黻皇猷，润色鸿业，膺著作之盛，备顾问之选。"但全国反响并不热烈。胤禛大怒，在雍正十三年（1735）二月二十七日上谕中斥责说"降旨已及两年，而外省之荐者寥寥无几"，认为这是"督抚学臣等奉行不力之故"，进而严厉命令内外大臣认真从事，"再行遴选"。但这年八月，胤禛却病故了，博学鸿词科试终未能在他生前举行。弘历即位后，十一月间又下谕旨说："皇考乐育群材，特降谕旨，令直省督抚及在朝大臣各保举博学鸿词之士，以备制作之选。乃直省奉诏已及二年，而所举人数寥寥。朕思天下之大，人才之众，岂无足膺是举者？一则各怀慎重观望之心，一则衡鉴之明视乎在己之学问，或己实空疏难以物色流品，此所以迟回而不能决也。然际此盛典，安可久稽。朕用再为申谕，凡在内大臣及各直省督抚，务宜悉心延访，速行保荐，定于一年之内齐集京师，候朕廷试，傥直省中实无可举，亦即具本题复。"在新皇帝严旨斥责之下，朝内大臣及各地督抚不能不相应有所作为，丙辰科鸿博之试这才得以正式开场。

"鸿词科"原称"宏词科"，因"宏"字近乾隆庙讳，故改为"鸿"词。此科不论已仕未仕者，只要学行兼优并擅长文章，都可由京内外诸臣举荐，进京参加廷试。参试者皆有赐宴的荣宠。考取一、二等者经引见，俱授为翰林官，如翰林院侍讲、侍读、编修、检讨之类。三、四等者则统统作罢。乾隆元年（1736）这次"博学鸿词"科考之前，康熙年间举行的那次，其时满人入关改朝执政不久，明朝不少遗老尚在，便有不少被举荐者力辞不肯应试，或以有病、装病为由不肯就道。有的甚至已出发上路，但到了北京却不肯入城，还有的试后已被派了官，但绝不受职。其中就有大学者顾炎武、万斯同等十二人被录授职而未就。新皇帝乾隆这次下诏，命各省荐选学行兼优的读书人，去应"博学鸿词"科考试，颇有通过破格求才而进一步笼络汉人知识分子的意图。可想而知，这次特别京试，哪省举荐的人才多，定会给本省争光，所以各省非用心举荐真正有望之才不可。

这年，三十六岁的吴敬梓移家南京已有三年多。

吴敬梓移家南京之后，逐渐结交了不少文人和学者朋友，其中有科学家周榘，颜李学派传人程廷祚、刘著，诗人朱卉、李葂、徐紫芝、汤懋坤、姚莹、黄河，画家王宓草、王溯山等等。此时，他的堂兄吴檠以及故乡的友人章裕宗也一度到南京。吴敬梓和他们在一起切磋学问、吟诗、作文、观戏、纵游名胜。扬州那边，程晋芳、团昇等也趁来南京之机与他相聚，因而吴敬梓的文名在江淮一代越来越大。所以，原本历次乡试不被看好的吴敬梓，在这次博学鸿词科试中竟成了众学官争相举荐的宠儿。这个"文章大好人大怪"的秀才，当年所以在安徽省考落榜，是因为主考学政对他不满。这几年来，吴敬梓才名越来越大，他被宠荐便是自然的事。但不管怎么得宠，学行兼优是个前提。加之屡试不第的烦恼，已让吴敬梓对举业产生厌倦，所以他对这次博学鸿词科并没当回事。

当时的南京，属江宁府学训唐时琳的管学区，唐学训当然不会不知晓名气很大但"文章大好人大怪"的吴敬梓。他也认为吴敬梓是本省大有希望者之一。倘使吴敬梓能考中，他江宁学训的伯乐之功自然也有了。于是唐大人不惜屈尊登门拜访吴敬梓。

吴敬梓已知晓乾隆皇帝下诏书不拘一格举荐京试人才之事，他对自己有可能被荐的消息也有所风闻。但此时的吴敬梓对此既不抱希望，也无兴趣，可一想到生父、嗣父临终遗嘱，他又有些犹豫，所以心下不免矛盾重重。

为此，朋友们都规劝吴敬梓，不可因科考屡受挫折而放弃，还应努力准备应考。若只是大家这样随意一说也就罢了，关键是扬州好友程晋芳和程晋芳的伯父程廷祚也这么说，而且程廷祚是吴敬梓敬佩的著名学者，两人在不少问题上有相同见解。这两人都对他劝得极为恳切。

在吴敬梓众多好友中，程晋芳是最小的一个。他小吴敬梓十八岁，与吴敬梓儿子吴烺同岁，都是康熙五十七年（1718）生人。程晋芳比吴烺略大几个月。吴敬梓与程晋芳的结识也源于儿子吴烺。雍正十一年（1733），程晋芳在南京的学堂攻读诗书，仰慕吴敬梓的才华，在秦淮水亭有幸见到了吴敬梓。程晋芳特别喜爱吴敬梓的诗篇。那时的吴敬梓许多诗作已在南京流传开来。吴敬梓自己酷爱经学和诗文，也影响到儿子吴烺。吴烺无意间把父亲的诗作规整到一起，时常示给好友或来访者们。程晋芳最初就是这样读到了吴敬梓的诗，读过便爱不释手。这程晋芳见过吴敬梓之后，自拜吴烺为义兄，便成了吴敬梓家常客。后来吴敬梓又因此认识了他居于南京的伯父程廷祚。程晋芳从义兄吴烺那儿听说吴敬梓不准备应荐的消息，特意登门劝说不要放弃这一大好机遇，理由是，大清朝已根基稳定，许多著名学者、文人大多都陆续重归科场，如不走科考之路，读书人也无其他出路。并且吴敬梓已大有希望了，如果吴敬梓放弃此路，还会影响到儿子吴烺的前程。

所以，吴敬梓不能不对此事认真思谋了一番：自己已是三十六岁的秀才，能被举荐直接参加廷试，当然要比被人当"子弟戒"好，但也不能不虑及廷试不中的后果。若真被荐举进京，与一大群全国知名者同考，名落孙山的可能比"文章大好人大怪"那年并不小。一旦落榜，那将更加难堪。何况，即便真的考中，人也会说连举人都未中过，却廷试中了，那是皇上照顾的。再说，即使不在乎这说法，考中了就得做官，他最觉受罪的就是同官场人为伍。官场那些身不由心、心不由己的规矩与潜规矩，自己也难以适应。父亲的下场历历在目，若自己置身其中，简直比被人当"子弟戒"还难受。更何况，已有好长一段时间了，他心里在翻腾着，想写一部儒林稗史，且已开始构思，也悄悄试过几次笔了，只是还没想透彻，自己到底要写的是什么，还有到底要怎么写才好。因此，尽管在他心目中颇有分量的程晋芳及他也被举荐的族伯程廷祚，都劝说他应该接受荐举，但他想来想去，还是定下主意，不为所动了。

这天，吴敬梓正在他的文木山房铺了纸酝酿文思，却听有车马喧声传进屋来。吴敬梓并没在意，蘸了墨的笔刚要在纸上挥动，窗外有人喊道：文木先生恭听！江宁学训唐时琳大人到！

唐时琳的随从通报过后，并没见屋中马上有人出来迎接，便推开门，只好以礼贤下士的姿态不请自进了。

尽管学训大人已站到面前，吴敬梓手中已蘸了墨的笔也没放下，只是抬了抬疲倦的眼皮说，大人请谅，在下脚踝崴伤，挪动不得，有失远迎。然后才慢慢站起，算是以礼相待了，又说，在下多年旧病缠身，体力不逮，万望谅解！

唐时琳受了慢待，有些尴尬，好在已有了"人大怪"的思想准备，只好和颜悦色站着说，新皇帝鸿恩，破格诚招天下贤士，大开博学鸿词科，想必先生也已知晓。先生虽全椒人氏，可如今居于卑职学区，卑职不能不有所照顾，现特来荐请先生参加预试。

吴敬梓一听唐学训说出照顾字样，便回道，在下不才，多次落榜，实属扶不起来的阿斗，大人照顾也是枉然。说着顺手研起墨来，也不坐下，也没给学训大人让座。

唐时琳仍笑说，是皇上照顾，才专设这"博学鸿词"科的，为的就是破格选拔未中举进士者中的人才，哪里是我照顾得了的！

吴敬梓仍研着墨说，皇上要照顾的，是那些学行兼优的大才之人，我乃大怪之人，哪里配得！

唐时琳道，先生太过自谦，配不配得，我自会向府上督学荐评，再由督学转荐给巡抚大人。

这唐学训说的是实话，他确实很看重吴敬梓的才名，所以才亲自登门的，这有许多年后他为正式刊刻的《儒林外史》作序为证。

吴敬梓开始提笔写字，写时不断做剧烈咳嗽状，又做脚已撑站不住之态，停笔坐了下来。

唐时琳凑到吴敬梓跟前，细看他在写些什么。纸上的字迹十分清晰，写的不是诗，不是词，也不是文章，却是一个白话故事的开头。

于是心下暗自嘀咕，这文木先生确乃大怪之人，然后无奈告辞。多年后他为《儒林外史》作序时，写有这样一段话："今天子即位之元年，相公泰安赵公方巡抚安徽，考取全椒诸生吴敬梓敏轩；侍读钱塘郑公督学于上江，交口称不置。既檄行全椒，取具结状，将论，而敏轩病不能就道荐焉。"可见唐学训还是相信了吴敬梓的确有病。

但唐时琳还是向上江府督学郑筠谷转荐了吴敬梓。郑督学也早知吴敬梓的名声，便也向安徽巡抚赵国麟推荐了吴敬梓。郑筠谷听说唐时琳上门拜访受到冷落，以为高人都好端端架子，诸葛亮不也三顾茅庐才出山的嘛，便自以为比唐时琳高明，决定也去登门拜访。

于是郑督学一面事先派了人到吴敬梓家门前监视，一面又派人开路，然后亲带迎送名流贤士的华贵车马，随后而来。郑筠谷的想法是，自己一定要做足不耻屈尊、礼贤下士的样子，秀才哪有不识督学敬的？不想半路上先派去的人来报说，吴敬梓从屋后和家人一道溜了，人影也没找见。郑督学只好空车而返，再没了三顾茅庐的心情。

吴敬梓在外面躲了些日子，再没见有啥动静，悄悄返回家里。又过些天没见动静，以为再不会有人来荐举了，又埋头写起他的故事来。

几天后，他熬夜写了一宿正在家补觉，忽又听得有人来报：安徽巡抚赵国麟大人到！

吴敬梓这回有点儿慌了，向妻子说，读书人也没有一而再、再而三失礼的道理！堂堂一省巡抚能亲自登门，我们再不尽礼数，势必惹众人责骂。若巡抚大人好言恳请，我就难找推托之辞啦！

吴敬梓急得抓耳挠腮，妻子叶惠儿忽然灵机一动，说，不都说自古官不差病人吗？你快点儿装病躺着，我用热巾敷你头上，就说焦渴病和肺病齐发了！

吴敬梓一时也没别的主意，就按妻子的说法，额头敷了热巾躺被窝里轻声呻吟，妻子忙坐到床前，一脸苦相照料。

赵国麟被簇拥着进得院子，叶惠儿才迎出来。赵巡抚一看没有吴敬梓，便问叶氏：吴先生不在？

叶氏苦着脸说，前些日子几回折腾，老病犯得咳了血，屋里躺着呢！

这时吴敬梓便呻吟着要水喝，赵国麟紧跟叶氏想看看究竟，一见吴敬梓咳声连连，果然病得不轻，便亲手为他端水，并亲切安慰说，人食五谷，谁都有生病时候，千万静养莫急。随后我差人请位名医来，好好给先生诊治，进京廷试前的预试也漏不得的！

吴敬梓坐起身，接下水，连声谢恩说，巡抚大人亲临寒舍，令我区区秀才不胜感激。我身患咳、渴两疾多年，近年奔波疲惫，病情愈见重了，一时恐难减轻。请巡抚大人放心，只要病情转轻，我便力争先将本省的预试应了！

赵巡抚好生安慰一番，又叫随从扔下些银两买药品，再次嘱其多多保重，方遗憾着离去。上了车里，巡抚大人还说，真是个穷命秀才，偏此时发病，岂不影响考绩！

待巡抚大人走远，吴敬梓反而为难了，对妻子说，真是愧对巡抚大人一番厚意了，若果真派了名医来，看破机关反而坏了名声，更加被人传为"子弟戒"了。莫不如先把省里的两场试应付一下再说！

叶惠儿掂着手里赵大人扔下的银子，也犯难说，人家这是一片诚意，我们不能让人说成没良心才好！

赵巡抚果然差人请了医生，给吴敬梓诊看一番。吴敬梓本来是患有消渴病和肺病的，不过近期并没犯重罢了，医生还是给他抓了药。受了这一番感动，吴敬梓只好先将在南京的一场试考过了，结果自然是顺利通过。可前往安庆那场试又让他犯了一番踌躇。安庆离南京较远，往返去参加一次考要劳顿多日，他本已决心不赴京试，再作假去安庆浪费多日大好时光，实在不值得。但是妻子说，不如索性把两场试考完，把传你为"子弟戒"那些人嘴堵住，证明你学业是行的，不过没那心思是了！

这话确也说到吴敬梓心上了，他便硬着头皮决定，此生最后再进一次考场。

从南京去安庆，溯长江而上最为便捷。在好友相送下，吴敬梓心事重重上了船。这次逆水远行，他属实老大不快。幸亏有位旧友李葂住在安庆，权当这一场折腾算是看望老友了。不仅如此，他还在途中下船几处，住下来游玩数日，每处都写有认真的诗作。一到安庆，下船便先去拜望故友李葂，全然不把考试放在心上。李葂见到吴敬梓，大喜过望，甚至学习汉代陈遵将客人的车辖投入井中那样，使客人欲辞也不得成，殷勤地留住了前来赶考的吴敬梓。虽没有好酒美食，两人却娓娓而谈，共同回忆在金陵度过的岁月。他们曾经徜徉在秦淮河畔与青溪畔，或廊中望月，或板桥放艇，好不闲散自在，而今却来为应试奔波，实在令吴敬梓无趣。与李葂尽情欢聚之后，吴敬梓才去试院报到。但考试那天，他便佯装病态，只作了一首试帖诗，八股文根本没动一笔。没等终场，就以旧病突然复发为名，退出考场。

吴敬梓终于颇费心机地逃避了赴京的廷试。

回到南京后，主张吴敬梓应考的好友程晋芳上门探望究竟。吴敬梓对知心朋友毫不隐讳地细说了"一拒""二逃""三骗"的经过，程、金二位都道，先生您这是何苦啊?!

吴敬梓请他们朝床边墙上细看。墙上挂着一缕细麻绳，两人看了看不知何意。吴敬梓笑说，你们走到绳前仔细瞧瞧!

程晋芳将绳子上下细细打量一遍，方才看清楚，那绳子一共是八根，每根绳的上头都按了一个死臭虫。臭虫下面的墙上都画有一个小蚊子。方才明白了，吴敬梓实在憎恶那八股臭（臭虫）文（蚊）啊!

吴敬梓说，再怎么破格荐考，他们考的还不是八股文吗？我哪里写得好？省府我屡落孙山，荐到京城皇上那里，我就比孙山强了？就算撞大运中了，我也不是做官的料!

程晋芳见吴敬梓拒荐之意已决，也不再劝，说，先生诗、文、经学都好，不伺候八股时文，就多写些诗文传世吧，也不枉一身才华!

吴敬梓格外欢喜说，我做秀才，有了这一场结局，将来乡试也不应、科、岁也不考，逍遥自在，做些自己的事吧!

程晋芳问，先生正做些什么自己的事呢？

吴敬梓笑着一指床边的八根蚊绳，说，反正不是这等东西！

两人笑了一阵子，吴敬梓叫惠儿去买了酒，共同为他"老病"痊愈痛饮了一回。

吴敬梓的几位朋友如程廷祚及堂兄吴檠等，不仅认真参加预试，而且进京参加了在保和大殿举行的清王朝第二次鸿博词科廷试。但是惨得很，参加这次廷试者达一百七十六人之多，加第二年又补试一次续到者，两次共三百余人，录取进入词苑者只六十九人。程廷祚和吴檠都在报罢之列。更惨的是，安徽巡抚赵国麟举荐的另三位参加廷试者，不仅一个未中，而且其中的李岑淼，带病前往应试，试毕即累死于京城。吴敬梓万分感慨，既为之可怜，又庆幸自己没去应试。其余四分之三报罢者，可怜兮兮，灰灰溜溜，抑郁而返。更可怜，吴敬梓的好友程廷祚，十六年后（乾隆十六年）竟又再度进京去应"经明行修"另一科的考试，又遭报罢，其时他已是六十一岁老秀才了，还没看透科举制的腐朽，而老当益壮，雄心不死。而吴敬梓那个堂兄好友吴檠，也仍不懈热衷功名，又十年后（乾隆十年）终于考中进士，做起刑部主事京官来。比比早早与科举决裂，从此诸试不考，一心只作稗史的吴敬梓，境界高下一目了然。这两位被科考扭曲人格的读书人，后来都被吴敬梓作为原型，写进《儒林外史》。吴檠是杜慎卿的原型，程廷祚是庄征君的原型。

吴敬梓在小说中借韦四太爷之口，把吴檠和他自己加以比较："慎卿（指吴檠）虽是雅人，我还嫌他有些姑娘气，少卿（指吴敬梓）是个豪杰。"又在写了杜慎卿纳妾之后，判断说，"慎卿虽有才情，也不是什么厚道人。"

现在看来，如果说，魏晋文人由于对人格本体的追求，以及自身的强大士族经济地位，使他们有条件形成群体个性特征。到了吴敬梓生活的康乾时期，随着八股制艺的强大控制力，文人从整体上已失去与皇权

"势统"的群体对抗力，难以保持群体独立人格的锐气了。尽管个别人还没完全失去自我，但毕竟已集体被八股和理学打击得溃不成军。他们不仅缺少"以道自尊"的责任及使命感，反而让"势统"的八股制艺扭曲了人格，成了一群驯服的八股奴才，和无颜以对魏晋风骨的窝囊废了。

吴敬梓要算少数没有失去自我，企盼恢复文人自尊的个别分子。在人格品质方面，吴敬梓的心和魏晋文人是相通的。正是出于对魏晋风骨的仰慕和追崇，才使得吴敬梓后来成就了一件自己真正想做的事，那是一件被当时的官场大多读书人看不起，却实在是件了不起的事，即以丧失荣华富贵和生命为代价，为后世写下了一部伟大的稗史之书。书中写出了与魏晋风度相近和相对立的两类文人：一类是以牺牲自我个性为代价，追求功名富贵的利禄之徒；另一类是保持独立人格，讲究文行出处的潇洒士人。二者泾渭分明，而这稗史之书的伟大处在于，不仅批判的矛头直指腐朽不堪的科举制和僵死害人的八股文，同时将讽刺的艺术手法运用于小说，针针不离刺激人的灵魂。

17. 诗人

吴敬梓青年时，就曾效仿魏晋六朝时的文人张率，拿自己写的诗，去捉弄那些只知研习八股文、一心科考谋官，而看不起他这等八股文外还喜诗爱戏及稗史小说者那类科场人物，说那诗是某某古代大诗人所写，引来那些科场八股家的大加赞赏后，再不露声色当众说破，以对只务虚名而无实学的恶俗嘴脸加以嘲讽。这一方面说明吴敬梓的讽刺才能，同时也说明吴敬梓的诗才不凡。此前本书已在第6节《十五小有名》

介绍过，他十四岁随父亲到赣榆读书第二年，就写出生平第一首诗，一时在当地引起不小轰动："浩荡天无极，潮声动地来。鹏溟流陇域，蜃市作楼台。齐鲁金泥没，乾坤玉阙开。少年多意气，高阁坐衔杯。"这首《观海》诗，收在《文木山房集》卷二，作为他自选诗集第一首而流传下来。那时他只是个十五岁少年，并没有曹操那样金戈铁马君临天下以观沧海的阅历，却能以大鹏展翅的胸襟，蜃市做楼台，隔沧海遥望生养出孔圣人的齐鲁大地，而高阁衔杯，气韵乾坤。他这首《观海》虽略显少年缺乏阅历的空泛，但在浩如烟海却缺少写海篇章的古典诗歌中，也算得上是咏海佳篇了，由此可见他少年时便颇具诗才。

他一生不仅写下大量出色诗篇（前边有些章节已提到几首。据二〇一一年中华书局出版发行的《吴敬梓集系年校注》等资料统计，至今已发现有一百六十六首诗，四十七首词，及赋四篇），还著有《诗说》七卷（已发现的有四十三则，一万多字），这些作品绝大部分收在他不惑之年刊刻行世的《文木山房集》中。对吴敬梓的诗人天赋，他的同代好友、大学者程廷祚之侄程晋芳在《文木先生传》中有评价，说他"诗赋援笔立成，凤构者莫之为胜……延至余家，与研诗赋，惬意无间"。他的同代文人沈大成在《全椒征君诗集序》中也专有大段评说："先生少治诗，于郑氏孔氏之《笺疏》，朱子之《集传》，以及宋元明诸儒之绪论，莫不抉其奥，解其纷，猎其菁英，著有《诗说》数万言，醇正可传，盖有得于三百篇者。故其自为诗，妙骋杼柚，随方合节，牢笼物态，风骨飞动，而忠厚悱恻缠绵无已之意，流溢于言表，使后之观者，油然而思，稳然如即其人。"关于《诗经》的争议，自古难得一致，吴敬梓却能"莫不抉其奥，解其纷，猎其菁英"，尤其"莫不"二字，更可看出，吴敬梓是个非凡的诗家。他去世后才得以流传的巨著《儒林外史》，有篇清代江宁诗人黄河所作序言，论及他的诗时说："其诗如出水芙蓉，娟秀欲滴，论者谓其直逼温李，而清永润洁，又出于李顾、常建之间；至词学婉而多讽，亦庶几白石、玉田之流亚，信可传也。"从流传下来的吴敬梓诗作看，江宁黄河所言的确不虚。可见，是因他晚年小说家的光辉太灿烂，而把他诗人光彩遮蔽了。为叙述方便，且从吴敬梓移家南京所写的诗开始，看看他是怎样一个时时与诗同行，事事以诗为伴，且"诗如出水芙蓉……直逼温李"的卓越诗人吧。

吴敬梓去往南京途中写有两首五言诗。其一：

小桥旅夜

客路今宵始，茅檐梦不成。

蟾光云外落，萤火水边明。

早岁艰危集，穷途涕泪横。

苍茫去乡国，无事不伤情。

作者几经痛苦折磨，终于告别让他心伤累累的故乡，在"穷途涕泪横"的境况中，乘船在无法入梦的夜色中向南京行驶。茅檐、蟾光、萤火、水边，不堪回首的三十多年往事，无不在苍茫江水间触动他的伤感，那隐动的伤情真如刚出苦水的芙蓉，带着遍体欲滴的泪珠。其二：

风雨渡扬子江

几日秣陵住，扁舟东复东。

浓云千树合，骤雨一江空。

往事随流水，吾生类转蓬。

相逢湖海客，乡语尽难通。

此诗记载他几日之后，乘小船过秣陵，浓云骤雨中继续在乡音难通的异水扬子江上航行，所遇皆陌生过客，让他不胜感慨，坎坷人生多么类似旅途辗转风雨的篷船。惆怅伤婉之情真个句句直逼婉约大词人李煜、温庭筠。

而在此二首小诗之前几年写就的七言诗《病夜见新月》，其中因有"仰天长啸夜气发"这等颇具魏晋风骨代表人物阮籍将道教养生之道的啸法引入文学的豪壮气韵，而直呈不仅婉约而且豪迈的大家风度。

病夜见新月

一痕蟾光白宙残，空庭有人病未安。
暮禽辞树疑曙色，影落文窗移琅玕。
无聊近日秋声聚，露重罗衣玉骨寒。
欲攀月桂问月姊，老兔深藏不死丹。
仰天长啸夜气发，丝丝鬼雨逼雕栏。

科场"折桂"屡屡不得，久"病未安"于"文窗"的穷困书生，怎能不以"仰天长啸"之姿与紧紧逼面的"鬼雨"相抵。企慕天堂的"清永"，讽喻"地狱"的"鬼雨"，"婉约"与"豪讽"的双重气质便兼而有之了。吴敬梓诗常有"啸声"字样，这与他常年患病，又追慕魏晋风度，以阮籍、嵇康为楷模有关。道家的养生之道，讲究以仰天长啸之功排浊气，健肺腑，强壮心魄，魏晋文人将这养生之道加以改造，身体力行并引进诗文，形成魏晋风骨。已进而立之年且多病的吴敬梓，尤慕啸吟风度，常把病苦呻吟变作抵病长啸，且入诗词中。正如其同调舅兄金榘有诗句说，吴敬梓"尤不羁，酒酣耳热每狂叫"，"科跌箕踞互长啸"。《病夜见新月》诗中的"仰天长啸"之句所统带的"蟾光"、"鬼雨"及

"老兔"之典，更直接出自李贺五言《感讽五首》之五和之二，及七言《梦天》诗："岑中月归来，蟾光挂空秀"；"南山何其悲，鬼雨洒空草"；"老兔寒蟾泣天色，云楼半开壁斜白"。而"月姊"则出自李商隐《楚宫二首》之二："月姊曾逢下彩蟾，倾城消息隔重帘。"可见清人黄河所论吴敬梓的诗直逼温、李，绝不是朋友之间感情用事而给予的无原则吹捧。

及至吴敬梓在南京安家于秦淮水亭，与诸诗朋文友酒宴欢聚后，又写下《买陂塘》词二首：

> 癸丑二月，自全椒移家，寄居秦淮水亭，诸君子高晏，各赋《看新涨》二截见赠。余即依韵和之，复为诗余二阕，以志感焉。

> 少年时，清溪九曲，画船曾记游冶。绯缃维处闻箫管，多在柳堤月榭。朝复夜。费蜀锦吴绫，那惜缠头价。臣之壮也，似落魄相如，穷居仲蔚，寂寞守蓬舍。

> 江南好，未免闲情沾惹。风光又近春社。茶铛药碓残书卷，移趁半江潮下。无广厦。听快拂花梢、燕子营巢话。香销烛炧。看丁字帘边，团团寒玉，又向板桥挂。

又：

> 石头城，寒潮来去，壮怀何处淘洗？酒旗摇飐神鸦散，休问猘儿狮子。南北史，有几许兴亡，转眼成虚垒。三山二水，想阅武堂前，临春阁畔，自古占佳丽。

人间世，只有繁华易委。关情固自难已。偶然买宅秦淮岸，殊觉胜于乡里。饥欲死。也不管，干时似渐矛头米。身将隐矣。召阮籍嵇康，披襟箕踞，把酒共沉醉。

欣赏这两首《买陂塘》词，更可看出吴敬梓诗词的温婉与豪放相糅的双重气质，同时还可看出，无论温婉与豪放，他的感情抒发大多关乎灵魂，尤其常能反思到自己的过失与不足，这是为文与为人都最难能可贵的。

第一首写眼光局限于故乡和青少年时心境，多用委婉清丽字词："清溪"、"画船"、"柳堤月榭"、"蜀锦吴绫"、"落魄相如"、"寂寞守蓬舍"、"春社"、"花梢"、"燕子"等等。但这众多清丽字句中裹有一句"江南好，未免闲情沾惹"，这是反思自己落魄时在烟柳巷中拈花惹草，被乡里传为"子弟戒"的过错。中国封建社会中，谁一旦有了名气，有几个敢在自己诗词中公开说如此过错的？文过饰非者多！吴敬梓能说自己"未免闲情沾惹"，这在中国古代，实在是了不起的诚实与勇敢。封建中国几千年，文化积淀太过深厚，虚伪一面积淀也不浅。明明男盗女娼者，诗文也要虚伪成正人君子样，骗别人，所以出不了卢梭那样的《忏悔录》。吴敬梓能在《红楼梦》之前写出《儒林外史》已够不简单了，若不是有清朝的文字狱，他也再大胆地放开点儿自己的真实内心世界，怕会写出《儒林梦》，或更早些出现《红楼梦》了。

再说第二首《买陂塘》吧。从上半阕一开头，气势就忽然变得雄浑起来，所用字句皆豪豪壮壮："石头城"、"寒潮"、"壮怀"、"摇飐"、"猰儿"、"狮子"、"三山二水"、"阅武堂"等等，结尾干脆"召阮籍嵇康，披襟箕踞，把酒共沉醉"啦。

南京为六朝时期的金陵古都，金粉之气与魏晋风骨并遗存，住到这里而且正当而立气盛之年的诗人，怎能不六朝粉水与魏晋风骨两气同染，因而同牌同题创作的两首词，前一首温婉、伤情，后一首豪放，啸吼中夹沙裹刺了，甚至前后首的上、下阕，也婉雄截然。吴敬梓诗风的双重气质，正与他性格的双重气质相吻合，即所谓诗如其人。他移家南京数年后自号"粒民"，甘同底层百姓共命运，而对朝廷实行的八股科考制度则憎恨至极，誓不同流合污，终至斗胆著书立说加以深刻嘲讽批判，正该属于后世最为赞美他的鲁迅先生所说"横眉冷对千夫指，俯首甘为孺子牛"之双重性格，有时外柔内刚，有时外刚内柔。总之是心善骨硬，对恶俗不怒吼也刺讽，对善良，帮不上忙也同情。

写这词时，吴敬梓虽是自己决绝离乡，但离去后又眷念不止。他与堂兄吴檠的交往就颇见此情。他在南京安顿下以后，因想念，便邀请吴檠也到秦淮水亭小住。正好赶上重阳节到了，吴敬梓特邀吴檠一同登山过节，一切都准备好了，吴檠却因故未到。他惆怅若失，为此写下《九日约同从兄青然登高不至》四首。这么件小事，他竟怅然得一时写下四首诗，真乃重情在意的敏感诗痴。其中一首道：

> 绿橙手擘味清嘉，黄菊枝头渐著花。
>
> 独坐河亭人不到，一帘秋水读《南华》。

只因所约的一个堂兄未如约而至，他竟怅然得长时间独坐河边，望穿一帘秋水痴等。寥寥四句，便将重情义、多愁善感的诗人自己，入木三分地跃然纸上了。

吴敬梓移家南京一年后，正是心情较好的一段时光，为纪念这个人生重大变迁，他特别精心创作了一篇洋洋三千余言的《移家赋》（见《文木山房集·赋卷》）。该赋叙述家世和自己生平，以及移家南京的原因，居住南京后的心情和愿望，不仅文采华丽，而且内容十分丰富，是了解吴敬梓家世和他本人经历与思想变化特别重要的依据材料。尤其最后一部分，描写的是移住南京后的情景与心情，既表达了"爱买数椽而居，遂有终焉之志"，又述说了与众文士"私拟七子，相推六儒"之趣，也告诉读者他与续妻相伴偕隐之乐，也不避讳与早年浪游秦淮河结识的歌女们的继续交往，即所说"别有何戡白首，车子青春，红红小妓，黑黑故人。寄闲情于丝竹，消壮怀于风尘"。据此我们可以看出，移家之初的吴敬梓，频繁与众多知识分子和文友聚往，还和伶人保持着友谊。所以他并不羞于否认这方面的交谊，甚至公开在赋中自许自己这方面的创作才能，即所谓"妙曲唱于旗亭，绝调歌于郢市"。另外，赋中还运用了笔记小说如《列异传》《神异经》《说苑》《朝野佥载》等不少典故，可见他对小说阅读和写作兴趣早就有了。该赋太长，且典故和生异怪僻字较多，这里不便引用全文。

吴敬梓已生成与诗为伴的习惯，凡与亲朋好友交往，故地重游，或有新的阅历与感悟，必写成诗以志纪念。移居南京后，生活虽然清苦，但他多了与文友相聚饮酒论诗的机会，因而使贫困生活多了许多以诗积蓄精神财富的乐趣。

有年寒冷早春一个"小楼细雨十分寒"的晚上，吴敬梓独坐炉火旁不能入眠，忽听夜色中有笙管声传来，便想起从前与舅家的儿子金榘一同听歌赏曲的时光，便以"笙"为题，赋诗一首，纪念孤独寂寞时盼亲友金榘来信的心情：

笙

数声鹅管绛唇干，拨火金炉夜向阑。

孺子独生伊洛想，仙娥曾共幔亭看。

几时天上来青鸟，何处风前听紫鸾。

最忆澄心堂里曲，小楼细雨十分寒。

吴敬梓还有好几首重要诗词作于年节之日，但都是众人欢乐他凄然之时。比如他三十岁客居南京所遇那个除夕之夜，写了八首《减字木兰花》词，回想三十年来的坎坎坷坷，百感交集地思考如何三十而立。一夜之间，八首啊！前面章节已有录，这里不再重复。而在秦淮水亭买宅五年后的除夕，他又写了一首五言诗《丙辰除夕述怀》，值得一提，这里只录后半首抒怀之句，以见吴敬梓心性：

人生不得意，万事皆恖恖。

有如在网罗，无由振羽翮。

严霜复我檐，木介声械械。

短歌与长叹，搔首以终夕。

此诗前半首述说的是，富贵人家置酒摆肉祈福迎新之时，吴敬梓家却窗透寒风，霜遮屋檐，幸有相邻不远的画家朋友王溯山家来送米，全家人才暂免挨饿的情形。而后半首这些句子，几乎又像阮籍在吟啸。尤其"有如在罗网，无由振羽翮"句，就是对罗网般束缚读书人不得振翅的科举制的控诉了。

时隔半月，元宵节又到了。真如夏天屋漏偏遇连阴雨，寒冬的元宵节，却满天飞扬起大雪来，遮蔽了月光，只剩清冷的夜灯空悬屋中。穷困书生果腹取暖尚且不能，想来只有那些豪楼华殿中吃饱撑着了的文士们，才有心抒发瑞雪兆丰年的空话吧。吴敬梓因感而成一首五言诗：

元夕雪

元夕三更后，雪花飞满天。

全无明月影，空有夜灯悬。

辞赋梁园客，肌肤姑射仙。

何人金殿侧，簪笔祝丰年。

最后两句是讽刺！讽刺谁？讽刺那些王宫贵厦里吃着官俸的文士们，不管百姓饥寒否，见雪是必遵皇家意愿赞美的。而那些能吃上官俸的文士，不就是靠八股科考而进士的吗？这属于吴敬梓赞成诗可以有"刺"，对黑暗应该用"刺"来"讽"那一面特点。

同年春，天气转暖了，只愁无米不愁御寒的吴敬梓，忽闻好友画家王著（字宓草）去世，饥肠辘辘之中，心怀崇敬写下一五言诗：

挽王宓草

白鬓负人望，今见玉棺成。

高隐五十载，画苑推耆英。

箧贮宣和谱，图藏佛菻形。

九朽岂烦拟，一笔能写生。

豪端臻神妙，墨晕势纵横。

装池抽玉躞，观者愕然惊。

悬金在都市，往往收奇赢。

幽居三山下，江水濯尘缨。

窗前野竹秀，户外汀花明。

挥手谢人世，缑岭空啸声。

卿辈哀挽言，或恐非生平。

顾陆与张吴，卓然身后名。

　　这完全是对颇具人格境界和艺术魅力的民间文化人的赞挽之词，没有半点儿"刺"与"讽"。吴敬梓大加赞挽的这位原籍浙江秀水，后移居南京莫愁湖，又搬至三山下的画家，不事举业，特隐山中，专攻绘画艺术，不仅"高隐五十载"的精神境界使吴敬梓感动，他的多样高超绘画技艺也丰富了吴敬梓的艺术视野。此诗与为另一位画家王溯山写的挽诗，还可以让我们理解，他后来创作的《儒林外史》里，何以会有隐逸高人画家王冕形象的成功塑造。是王著、王溯山这样艺、品皆高之友影响的结果。

　　吴敬梓的诗，很大一部分是与亲友应答唱和之作，这方面的诗，更能洞鉴诗人的品行。他移家南京后结交的一位家在北方的好友沈宗淳（字遂初），不久离开南京远归老家，吴敬梓对这位同性朋友十分眷恋，在江南二月的暖风中送别时，写了一首胜似异性恋人般缠绵的七言诗：

　　　　江南二月春风吹，江边杨柳千万枝。

　　　　行人欲折不忍折，笼烟蘸雨垂绿丝。

　　　　王恭张绪不可见，困酣娇眼如欲啼。

　　　　攀条流涕桓宣武，何不移栽玄武陂。

　　　　昔日幽燕轻薄儿，斫取柔条系斑骓。

　　　　越溪春半如花女，袯襫牵裳怜爱谁？

　　　　羌管声中伤别离，声声寄我长相思。

　　男人送别，却拿"杨柳"、"攀条流涕"、"伤别离"、"长相思"等太过婉约缠绵的字句，有点儿当今男人同性恋的味道了，可见两人文性甚同，感情颇深。但分手三年之后，沈遂初因事又来南京，竟未做逗留就离去了，吴敬梓因此非常伤感。在他这个多愁善感的南国秀才看来，南京与北国相隔那么遥远，三年未见了，怎能不住下相聚喝杯酒就走了呢？埋怨这北国文友太粗情大意，他因之又含泪写下一首类似情诗般的五言诗：

沈五自中都来白下旋复别去怅然有作

金石同交谊，相思涕泪流。

如何三载别？不遣一宵留。

候馆迎征雁，津亭闻暮鸠。

独怜江上月，双照故人愁。

重情多意的吴敬梓，后来终于在编辑《文木山房集》时，在旅馆里堵着了这位诗友沈遂初，酒桌上当众文友面，非嘱其为该集的词卷作了篇序（其他卷已有人作了），这才弥补了深深的遗憾。沈序文辞雅美，才华横溢，读来便可明白吴敬梓何以与他那般"相思涕泪流"了。为方便对照理解，权引录一段如下："……吴子敏轩，凤擅文雄，尤工骈体。悦心研虑，久称词苑之宗；逸致闲情，复有诗余之癖。辟之蚕丝春半，能遇物而牵萦；蛩语秋清，只自传其辛苦。更阑烛跋，写就乌丝；酒暖香温，谱成黄绢。允以才人之极致，爱其情思之缠绵……"

吴敬梓确实如他这位长相思的诗友所说，是个情思缠绵的人，不管哪位文友遇事了，他都要写诗感怀。

乾隆二年（1737），吴敬梓与秀才李岑淼一同应荐鸿博考试，进京廷试前两人同样都在病中。吴敬梓深思熟虑之后，最终没有前往应试。而李秀才却执意抱病进京，结果廷试未中，反而病死京城。这一消息对吴敬梓触动极大，他不仅物伤其类，对李秀才深表伤痛，更加深了对要命的科举制度的痛恨，和对自己以病拒辞廷试的庆幸，并坚定了与科举决裂的决心。诗原文如下：

伤李秀才并序

丙辰三月，余应博学鸿词科，与桐城江若度、宜城梅淑伊、宁城李岑淼同受知于赵大中丞。余以病辞，而三君入都。李君试毕，卒于都下。赋此伤之。

扶病驱驰京辇游，依然名未上瀛洲。
报罗不是人间史，天上应难赋玉楼。

吴敬梓不仅对友人，对亲人也是如此。有年他外出游历归来病了，忽然十分想念也善诗文却孤身在外的长子吴烺，便写了《病中忆儿烺》寄给良友般相待的儿子：

自汝辞家去，身违心不违。
有如别良友，独念少寒衣。
病榻茶烟细，春宵花气微。
邮亭宿何处，梦也到庭帏。

真个是可怜天下父母心！自己病得有气无力了，还寝食难安惦念在外工作的儿子穿得暖不暖，不知道儿子此时宿在何处，能否梦到父亲病中写诗给他。

吴敬梓时时以诗为伴，不管去哪里，几乎都与诗同行。

乾隆三年（1738），夏天南京奇热，已搬住市郊的吴家也热如蒸锅，旧病新发的吴敬梓不得不寻到山谷林中的正觉庵避暑，写信给仍只身在外的儿子吴烺，让他回来同住："呼儿移卧具，来就老尊宿"（见吴敬梓当时写下的《夏日读书正觉庵示儿烺》诗）。传主在寂寞古庵中时常忆及半生坎坷，不免又嗟怨连连，直到入秋，情绪和旧症不得好转，重时以至于双眼昏昏，书都看不成。

他家屋里的陈设极简陋，除床榻和案牍，几无别物。家里缺少柜子，以至于所有的杂物都得摆放在明面上，连妻子叶惠儿身上的隐饰物也无奈地摆在明处。墙壁上挂不得字画，好友赠与的字画那么多，可就是没办法挂出来。一是屋里总不断虫子在墙上爬行，差不多字画就是它们的食物；二是屋里的油灯，用的油都是烟雾很大的粗油，不出几日，字画就会被熏得黑黑如墨。

吴敬梓的家里，日积月累最多的是诗稿。他写文章也好，作诗也好，都是花很少的钱买来厚草纸，宣纸这时在他已属奢侈品了。草纸上的诗行圈圈点点已很纷乱，也舍不得再换张好纸来誊写。书案放不下诗稿，又在案子旁边横上两根方木，找来一块旧板，一张张按时间先后放在上面，日久天长，诗稿摞得几尺厚，他每坐于案边写字时，无论怎样的姿势，诗稿都高过了头顶，活生生一幅"埋头写作"的写照。

文友金兆燕到过吴敬梓家，到一次就见诗稿高起一层。有天金兆燕忽然同他玩笑说，大才子都著作等身了，却还没刊刻过一本书！一旦诗稿损失了可怎么办？

吴敬梓被生活累得顾前顾不得后了。诗写了这许多，什么时候刊刻，他不是没想过，而是没敢认真去想。

金兆燕主动告诉说，他现在已是滁州印书坊的伙计了，刊刻的事他懂得。

吴敬梓这时还没开始写白话稗史，看着眼前堆砌起来的诗稿，心中真的不免有些焦急。稗史肯定要写的，而且不久在即，举业不做也得写稗史。唱词也得写，唱词能换来几许稻粱银。可是，一旦要写稗史，那可就需要更多的纸墨，小小的屋子就更没法盛装得下了。无论如何，的确需在写稗史之前，把自己的诗稿刊刻出来。

那时的人们，不管从政为官，还是有文好的儒商，更不用说不官不商的文人了，到了一定时候，都要编刻诗文集的。这很大程度要看本人的经济状况，有钱的多刊刻也行，没钱的，谁会给你白刻呢。吴敬梓科场屡屡遭挫，三十八九岁了，除了写出许多一个钱也换不来的诗、词、赋及文章，几乎一事无成，当然更需要把自己的诗文成果刊刻成集，做个总结。尤其此前（1738）他三十九岁生日那年春天，去苏南溧水一游，写下《石臼湖吊邢孟贞》诗以后，他便虑及自己诗文刊刻的事了。

石臼湖吊邢孟贞

石臼湖上春水平，石臼湖边春草生。
团蒲为屋交枝格，棘庭蓬溜幽人宅。
幽人半世狎樵渔，身没名湮强著书。
海内宗工王司寇，丁宁贤令式其庐。
式庐姝子何以告，惆怅姓名为鬼录。
检点遗书付梨枣，顿使斯文重金玉。
前辈风流难再闻，祇今湖水年年绿。

石臼湖在江苏溧水和高淳之间，湖畔建有诗人邢孟贞故居。这个高淳县诗人邢梦贞，也如吴敬梓科场多有挫折，也被指责"太狂"，因而也十分憎恨八股科考，绝然抛弃举业，在湖畔筑屋，半辈子砍柴打鱼为生，以诗为重，不懈坚持，终得诗坛盟主王士祯司寇的赏识与推荐，得有《石臼前后集》刊刻传世。吴敬梓诗中最为感慨的便是，自己也如邢孟贞一样"强著书"，但王司寇那样能赏识和帮助自己刊刻诗书的风流人物却见不到了。吴敬梓就是怀着这份感慨，迎来了当年五月自己的生日。眼看进入不惑之年了，自己不惑了吗？生日那天，他以一首词做了检点总结：

内家娇　生日作

行年三十九，悬弧日，酌酒泪同倾。叹故国几年，荒草先垄；寄居百里，烟暗台城。空消受，征歌招画舫，赌酒醉旗亭。壮不如人，难求富贵；老之将至，羞梦公卿。行吟憔悴久，灵氛告：需历吉日将行。拟向洞庭北渚，湘沅南征。见重华协帝，陈辞敷衽；有娀佚女，弭节扬灵。恩不甚兮轻绝，休说功名。

上半阕结论是："难求富贵"；下半阕结论是："休说功名"。总体思路是：抛弃功名利禄的枷锁，挣脱科举进士的羁绊，像诗人屈原那样出世远游，做自己愿做也能做成的事。具体就是，眼前要多方求助，刊刻《文木山房集》，以后就一心写最喜欢的稗史小说了。

现在，印书坊那边已有金兆燕能帮忙了，何不就此着手做起呢。但他知道，金兆燕只能帮忙张罗，但没钱也只能是白张罗。他更知道，自己衣饭钱都赊来借去的，哪有巨资刻诗文集。便先将诗、词、赋三种有韵之作，及论诗的短文，选编成不太大的一集，企望能求得家道富裕的友人资助而成。

为此，他带上一向被自己视作良友的长子吴烺，前往二百多里外的真州（现江苏省仪征市）求助。

到了真州，因囊中羞涩，父子俩只好到山中一座寺庙借宿，这样连饭钱也不用愁了，还可做一次游历。在寺庙住下后，一无所有只能以诗装苦水的吴家父子，晚上宿于众僧苦行的庙中，白天再想法前往还乡赋闲的杨江亭府上。吴敬梓这次来真州，主要就是想拜会从湖广提督任上被革职回老家赋闲的杨凯（字江亭）大人，因杨大人曾慕吴敬梓之名，通过真州士绅邀请吴敬梓到府上聚会过。这杨大人虽是战功赫赫的武官，但极愿结交著名文人雅士。吴敬梓前一年见过杨提督之后，文友传告说杨大人还想与他畅谈。而吴敬梓这些年的科场不幸及家道败落，已憎透了官人，尤其他一向仰慕魏晋文士风骨，从不与官场人物结交。他的不少文友都有几个官员朋友，唯他没有。连大诗人袁枚那样住得很近，极有机会结交的人物，他都不曾相见一回，为的就是自身那份尊严。他心底的理由一定是，袁枚虽然当时已不为官，但仍拿有官家俸禄，类同现今有相当级别的国家退休干部，虽已以文为业，且名气不小，为人题跋作序写碑文等等都明码实价要很高的润格，可毕竟与他等民间文人身价不同。吴敬梓所以先前去拜见过杨督府，是因文友们一再介绍，这督府虽为武进士出身，却极有文才，并非附庸风雅而愿结交文人。他曾任清门侍卫、湖广督标中军守备、镇筸前营游击、辰州副将兼桑植副将、永顺副将、镇筸总兵、湖广提督、河南河北镇总兵等职，文武兼善，曾被召入南书房校书史，但宦途却三下四上，于乾隆二年（1737）在湖广提督职上被革职回仪征赋闲。吴敬梓此次所以好意思不邀自来，就是想求助于他，而且特意写好一首赠诗带了来。未及得见，便遇上连绵秋雨，等待的寂寞中，吴敬梓又把这首五言赠诗拿出来阅看：

赠杨督府江亭

狻猊产西域，本非百兽伦。

一朝同率舞，图画高麒麟。

三苗昔梗化，戈铤扰边垠。

桓桓杨督府，钲鼓靖烟尘。

功成身既退，投老归江滨。

廉颇犹健饭，羊祜常角巾。

明月张乐席，晴日坐花裀。

丹心依天杼，白发感萧晨。

方今履泰交，礼乐重敷陈。

天子闻鼓鼙，应思将帅臣。

无疑，这是一首歌颂杨凯过五关斩六将的诗，所颂功绩虽然都是实事，但最后一联也明显流露出吴敬梓对他的恭维。面对空山寺外凄风秋雨，吴敬梓把此诗读了数遍，更加心生五味，不知此行见杨大人等会有如何结果，于是暗淡烛光下忍不住又咏出一首五言诗：

真州客舍

七年羁建业，两度客真州。

细雨僧庐晚，寒花江岸秋。

奇文同刻楮，阅世少安輶。

秉烛更阑坐，飘蓬愧素侯。

其中，"奇文同刻楮"句正是说此行他的诗集能否在诸位文友，尤其是杨提督的共同帮助下，得以刊刻。

正当吴敬梓在绵绵的秋雨寒寺中寂寞无着时，杨提督忽然邀请他去府中饮酒赏菊。无官赋闲的杨督府，有吴敬梓这样的文人召之即来，当然十分高兴，也十分热情，尤其读了专写给他的《赠杨督府江亭》诗，不能不把酒津津乐道自己的汗马功劳，及数次遭贬以至革职的故事。大战野牛塘的战功，特别是在桑植副将任上与同知铁显祖的矛盾，他都会细细说来。吴敬梓奔波二百多里，借宿山间庙中，来应酬杨提督，本想有求于他。但杨江亭却把吴敬梓当做清客，供他酒饭清茶闲聊罢了，对他并没有实际接济，更没问问这位落魄文士的疾苦。这就使吴敬梓无法开口说求助刊刻的话了。他来真州的主要来意说不出口，杨提督又饱汉子不问饿汉子饥，吴敬梓只好又在难挨的等待中作诗：

雨夜杨江亭斋中看菊

秋雨羁慈室，惊传折简呼。

黄花依玉箔，翠叶映琼苏。

爱客欣投分，论文恕鄙儒。

不因逢胜赏，谁解旅怀孤。

吴敬梓一直耐着性子与杨提督周旋，总希望这位曾为朝廷大员的富绅能自愿地资助他一些生活盘缠和刊刻文集的资金，然而杨提督始终没提及此事。等待中他又写一首七言诗：

雨

皇天不雨五阅月，谁鞭阴石向很山。

我今客游二百里，真州僧舍掩松关。

维时季商律无射，肃霜纳火细菊斑。

夜静薄寒拥衾卧，忽然挥汗热面颜。

阿香唤汝推雷车，殷殷雷鸣盈清弯。

初疑江边巨艘发，诘朝骤雨声峥潺。

翻盆三日不复止，慧门丈室苔斑斓。

寒花幽草具漂没，唯见阶下水潺潺。

老夫顾此情怀恶，客居幸得半日闲。

呼童邻家赊美酒，箕踞一醉气疏顽。

明晨冲泥问杨子，妻儿待米何时还？

直到吴敬梓借宿僧舍中遇上倾盆大雨连日不停，丈室阶下水流成溪时，不由想念起南京家中待米下锅的妻女，他不得不鼓了勇气，舍下老脸，明早蹚泥水去问问杨大人，能否打发几个盘缠钱，刻印文集的事，是指望不上他了。

忽然一天，吴敬梓听庙里一和尚是家乡全椒口音，不由倍感亲切，主动与之攀谈起来。不想这萧姓名宏明的和尚，竟然是他早已去世的姨母之子。两人促膝他乡庙中互诉身世，竟有许多相同的不幸。不胜悲痛之下，他在庙中专为此僧作诗一首：

赠真州僧宏明

昔余十三龄，丧母失所恃。

十四从父宦，海上一千里。

弱冠父中天，患难从兹始。

穷途久奔驰，携家复转徙。

吁嗟骨肉亲，因问疏桑梓。

今年游真州，兰若寄行李。

中有一比邱，闻我蹵然喜。

坐久道姓名，知为从母子。

家贫遭飘荡，耶娘相继死。

伯兄去东粤，存殁不堪拟。

仲兄远佣书，遥遥膈江水。

弱妹适异县，寡宿无依倚。

兄弟余两人，流落江之涘。

髡缁入空门，此生长已矣。

哽咽语夜阑，寒风裂窗纸。

　　诗的后半部分记叙的就是僧人宏明比吴敬梓更不幸的经历：父母早亡，大哥远走他乡不知下落，二哥也只身到江对岸当用人，妹妹在异乡守寡，孤苦无依的宏明只得剃度空门。两人在寒寺里彻夜促膝倾诉，破窗而入的寒风陪伴他们一同哽咽。吴敬梓对从母子僧人寄予了无限同情，同时更加深了对人生的理解：自己虽穷困不堪，外出毕竟是为刊刻自己的诗文而化缘。缘虽未化成，但所悟到的世态炎凉毕竟已化为诗，实属一笔财富了。并且那些各处听到见到的人和事，将来还可以写成稗史成书呢（后来确依杨江亭为原型在《儒林外史》中写有一章）。而宏明和尚已无家可归，无亲可探，只剩剃度空门，为僧苦行，一无所有了！

　　吴敬梓真州之行这些诗，情至真，意至切，思想水平和艺术水平都特别成熟老到，如果古典文学水平很高者读来，会唏嘘不已的。但也因用典偏多且有的过深需认真研读方能解透的原因，而影响初读效果。比之他正孕于腹中，于十年后诞生的小说《儒林外史》，显然是个不同。《儒林外史》用典及文言极少，叙述语言的平凡易懂且雅致，简直是一次文学革命，贡献极其伟大，这里不细说了。

　　庙中借宿数日，吴敬梓竟接连写下八首诗传至今世，真诗人啊！

　　吴敬梓这次真州之行，最后有赖于诗人方嶟的资助，使"有韵之文"终得刊行于世。方嶟（字谦山、可村，雍正十年翰林院待诏）为人极重情义，多行善事，特别喜擅诗歌，有《停云集》《真州唱和集》行世。方嶟重情意多体现在重视朋友的诗作上，常资助在世诗友刊刻诗文集。方嶟此举令吴敬梓感动不已，向在南京结识的诗友黄河说了此事。黄河原也表示要为吴敬梓诗文集刊刻筹资的，不待着手实施，方嶟已先其而成。为此，黄河特别在所作《文木山房集》序中大加赞赏道："余方谋付之剞劂，以垂不朽，而敏轩薄游真州，可村（即方嶟）先生爱为同调，遽捐囊中金，先我成此盛举，古人哉！是皆可传也。"

　　方嶟刊刻的这部《文木山房集》，大都是吴敬梓四十岁前的作品，而且仅限于诗、词、赋等"有韵之文"。真该感谢方嶟将吴敬梓的诗刊刻行世，才得以流传至今，不仅为古老中华文学宝库多收藏了一份珍品，同时也为我们欣赏和理解另一份更加重要的文学珍品《儒林外史》，留下了无以替代的资料。现将方嶟所作《文木山房集》短序摘要而录：

　　　　敏轩，流寓江宁。能以诗赋力追汉唐作者。既不遇于时，益专精殚志，久而不衰。今将薄游四方，余遂捐箧中金，梓其有韵之文数十纸，以质之当代诸贤。窃叹全椒吴氏，百年以来称极盛，今虽稍逊于前，上江犹比之乌衣、马粪，而敏轩之才名，尤其最著者也。余梓其所著，匪独爱其与余为同调，将与天下共之焉。

　　仅《文木山房集》的传世，见证了吴敬梓在成为伟大小说家之前，已诗作累累，乃一位卓越的诗人。

18. 甘为粒民写稗史

　　吴敬梓将四十岁之前的诗文编为《文木山房集》，刊刻成书之后，他便有准备地开始了"不惑"的人生阶段。说他是有准备地开始"不惑"，是他而立之年过后又十多年的挣扎与思考，已下定决心，不再打科考的主意，做自己"想做的事"了。这时，他最想做的事，就是甘为粒民，将前半生坎坷举业场上耳闻目睹及亲历的人和事，写一部儒林稗史。作为那个时代的读书人，这可以称得上是伟大壮举。所以如此说，在于科举时代的知识分子，读书从来都是为了做官，为了"黄金屋"和"颜如玉"。而吴敬梓都四十多了，竟把志向由读书做官改为当粒民，写挣不了钱发不了财的稗史书。光是如此，还够不上伟大，也谈不上壮举。吴敬梓这个想法的目的，是为了揭示科举制度下读书人"有厄"了的病态，表达自己的人生理想，因而属于鲁迅先生所说的"出以公心"，所以才与伟大相干了。至于壮举，在于此前的中国，尚没有一部以读书人为主要人物的长篇稗史书，所以写这样一部书的"写什么"和"怎么写"，都需有逢山开路、遇水建桥的勇气与毅力。吴敬梓能在身患糖尿病和肺病多年的情况下敢于下定如此决心，确该属于壮举。当然，他不是一下想清楚的，也不是偶然心血来潮下定决心的。比如说当粒民，年轻气壮时的读书人，哪个不想为官啊，但吴敬梓的性格和经历，使他落魄为粒民了，而生活所迫，又使他与粒民结下不解之情，他也只有甘当粒民，才能实现自己著就稗史书的愿望。

　　那时他的经济状况已使他负债度日，一天比一天窘迫，竟到了一边写稗史故事，一边找机会"卖文"度日的地步，甚至有时忍痛拿了从探花府赐书楼收留下的藏书去换米，但却从没想拿存放着写稗史用的两刀纸去卖。冬夜苦寒，他常邀上几个朋友，绕着城墙急行，边走边悲歌长啸，你呼我应，直走到天亮才大笑着散去。他把这种活动叫"暖足"。这既是御寒，又是运动，也是没有办法的办法，并不是为了表现自己清贫中的豁达与豪爽。他只能如此应对生活，耽于山川友朋之乐，流连六朝遗迹，仰慕魏晋风度，以支撑自己完成写作计划。

他无钱再大手大脚地请朋友来家饮酒论诗。为搜集稗史故事，也为能省些朋友相聚的花销，除南京外，他要算计着常到扬州等外地朋友处去住一住。当时的南京、扬州一带，经济、文化都非常发达。他以南京和扬州为中心，往来于大江南北，包括真州、淮安、溧水、高淳、芜湖、安庆、宁国等地，也到过浙江的杭州。他广所交游闻见，对诸凡原始儒家、道家和魏晋风度、宋明理学、晚明士风、明末清初的实学思潮、经学考据等传统文化领域，都有所涉探，并把广泛的人生思索都往业已开始创作的稗史中融化。

他的创作态度极为严肃。眼光极其苛刻的后世大文豪鲁迅先生，特别赞赏他的文风与思想，说他秉持公心，针砭时弊，开了中国讽刺小说的先河。对于中国古代作家，这是极高评价了。鲁迅自己就具有以小说参与历史发展的自觉性，提倡为人生的现实主义文学，反对瞒和骗的文艺。清乾隆时期的吴敬梓就能有如此进步的创作思想，得益于家道败落后不得已的底层生活亲身体验，所写人物多以耳闻目睹的古今故事和自己亲朋、好友、熟人，以至祖上的人为原型，甚至连自己也写了进去。

尽管单独的故事已写出了一些，但全书主题和时代背景究竟怎样写，自己写的究竟是什么，他还是没想透彻。所以，他不能不一边搜集材料，一边写，一边往透彻里想。每写了新的章回，又总想说给谁听听，当然是说给知音最好。

　　乾隆五年（1740），已经四十岁出头的吴敬梓，专程去淮安说给跟他儿子年纪差不多的忘年小友程晋芳听。他是通过儿子吴烺和舅兄金兆燕等人初识程晋芳的。程晋芳，字鱼门，是盐商的后代，天资聪颖，勤奋好学，博览群书，广交文朋学友。乾隆五年（1740）时，他家正在淮安。吴敬梓那一年已经写出稗史的一些章节，一直在家中放着。妻子叶惠儿不知丈夫是写累了，写不动了，还是回心转意不想写了，反正他要去淮安找程晋芳喝酒聊天，所以也没阻拦。她盼丈夫能有好日子过，兴许这一次淮安之行，丈夫会被那个年轻的程鱼门给说转了，回心转意务他的举业呢。鸿博荐考那次他不就劝过吴敬梓应试的吗？叶惠儿坚信，一旦丈夫重务举业，不再写那些怪文章，中举进士那是早晚的事。

　　吴敬梓是害怕叶惠儿阻拦，而悄悄离开秦淮水亭的。吴敬梓前脚一走，脚后的南京城就暴雨倾盆，一下数日。让叶惠儿无法应付的是，秦淮水亭的屋顶还有几处是漏的，这本该是他做丈夫的找人修的事，这个书痴却不想这些就走了。叶惠儿没有在意吴敬梓已经写出的书稿，连绵的阴雨在漏屋内慢慢积起一个不起眼的小水汪，把书稿洇湿厚厚一层。

　　吴敬梓在淮安那边，开初并没有见到他要见的程晋芳。程府见他的人是程晋芳的祖父程文阶，那是府上经营盐业几辈子的老商人，见吴敬梓一个破落秀才，又与程晋芳年岁相差悬殊，料想不会有啥重要事情，便很不热情告说程晋芳去了真州，并没有热情接待他。

　　吴敬梓无奈只好用身上仅有的几两银子，住到熟悉的一家客店，边写他的稗史，边等待忘年好友归来。待程晋芳携几位文友从真州赶回家时，听说吴敬梓来访，料定他还在淮安城里哪家客店等着，便一通寻找，终于在金湖客栈找到了。可是这时的金湖客栈，早没了当年的歌女苔苔，也没了仗义的甘凤池老爹，已几经转手变成普通客栈。吴敬梓虽只是小住几天，身上已分文皆无，竟然无钱买酒饭了。

程晋芳旋即把老友接到家里。程府在淮安是大户人家，有住有吃，还有朋友聚会，这是吴敬梓最为盼望的。

吴敬梓把新写出来打算做长篇稗史的开篇故事，即本传引言一节所引《说楔子敷陈大意　借名流隐括全文》的初稿，一页页诵读给程晋芳邀来的一群朋友听。故事的主要情节和细节，引言中已有引录，此处不再重复。不过，这个作为开篇故事的初稿，主人公只是王姓，吴敬梓是受与他十分相熟的画家好友王溯山、王著，及少年时认识的牧童画家影响塑造而成的。王溯山是一位隐逸画家，居于南京清凉山中，与吴敬梓相距最近，两人交谊十分纯洁。王溯山又是个善于劝慰朋友的人，所以当吴敬梓因鸿博荐试最终没被提名而忽生万分懊恼之时，王溯山赶到家中，与他一同欣赏明代隐逸画家倪云林淡远幽深的山水画作，帮他把一时涌起的功名情绪冷淡下来；而且在吴敬梓彻底抛却功名一心写稗史后，每遇生计窘困之时，他都主动从钱物上给予支持。有时无米下锅了，吴敬梓好意思上门求助的也多是王溯山。另一位与之交谊深厚的隐逸画家王著，则被吴敬梓赞誉为"幽居三山下"、"高隐五十载"、"一笔能写生"、"毫端臻神妙"的艺术精英。每当自己心力交瘁、情绪波动时，吴敬梓都会拿这二位做榜样安慰自己。所以当他写下数个讽刺举业人物的故事之后，想到应该写一个最为理想的人物隐括全书。于是，几次逃官的王姓画家这个吴敬梓的理想人物，引起酒桌一群朋友热议。

有的说，读书人不想当官他读书干什么？

吴敬梓说，像王画家这样学一门有用学问或手艺，既可养家糊口，又可作为人生依托，不比花着父母的钱，一回回地考，官也考不上，倒成了靠父母养活的废物好？

有的便问，像王画家这样一回回逃官的哪儿见到过？

吴敬梓说，物以稀为贵，越是少有的人越是贵人，这王画家就是少有的贵人！

有的说，这故事讲得太过平白了，一句一句没半点儿文言，又没牵人心魄的事，像这王画家慢腾腾一笔一笔画出的画，不如《三国》《水浒》说的都是惊天动地的大事吸引人！

吴敬梓说，我有两位画家朋友都姓王，他们认为白描笔法是最过硬的功夫，画出的东西逼真生动。我学他们的白描方法，细细地写人说事，比故弄玄虚讲大事更能叫人印象真切。

有的问，那句"贯索犯文昌，一代文人有厄"是何意思？

吴敬梓说，"贯索"和"文昌"是两颗星，前者象征牢狱之星，后者象征文运之星，那个"犯"字，则是相克之意。文运之星被牢狱之星克了，一代文人便有厄了！

有的问，一个画家，他怎么会懂天文，看几颗星星落了就说一代文人有厄？

吴敬梓说，这话问得好！当下的读书人和世人，只知读书做官，别的有用学问一概不知不问，这便是一代文人有厄之一种。如果读书人都学学这画家，除了养家糊口的本事，也学点儿天文地理、农、医、匠艺等等，哪能一点儿不会？都因功名心太重，不学而已！

有的问，你这故事里王姓画家说礼部议定的"取士之法定得不好"做何解释？

吴敬梓说，读书人科考为官本无可厚非，就怪朝廷三年才科考一回，却只用五经、四书、八股文取士，这法难道定得好？

有人便问，你这些说法，岂不是在指责朝廷？

当时吴敬梓念的是初稿，背景的确就是清朝当下，所以他说，这是书中人物王姓画家说的，又不是我吴敏轩这样说！

有人就说，朝廷办的那些文字案，哪个是作者直说的，只要是你书里说的，就是你的罪过！

吴敬梓说，其实这些意思都是书外话，不细心的人哪里看得出？

有人又问，一般人哪个能细心看出你书外这些话？

吴敬梓说，一般人都不识字哪能看书，说书人说的《三国》、《水浒》，也是说给不识字人听的，我这是写给读书人读的！

有人又问，你自号粒民，却只写给读书人读，这是为何？

吴敬梓说，我不说"贯索犯文昌，一代文人有厄"嘛，这文人的厄，一方面在朝廷的法儿定得不好，更重要的，也是文人自己心里有病。读书人把自己的心病疗好了，做自己想做的事，那"法儿"不也就奈何不得他了嘛。里边我也要写粒民百姓，他们不当官，但也读书，也学艺，孝敬父母，养活妻儿，同时自得其乐，便是为了比衬那些一心求官，却又屡求不中，还死心塌地求下去的有厄文人，讽刺他们，希望他们能自省，以摆脱厄运！

吴敬梓又说，各位细想想，我这书虽说是写给读书人读的，但是用普通白话写来，读给不识字的人听，也都听得懂。老的少的，男的女的，都听得懂了，都以平常心对待执迷不悟的有厄亲人，天下文人岂不就无厄了?!

有人反问，天下当官的哪个不识字？都识字就有能读出你这些书外话的，不然朝廷怎么会办出那些个文字案？

一时说得吴敬梓语塞，这的确是他还没认真虑及，也是束缚着他全书写作的一根绳索。

程晋芳端起酒杯说，敏轩这书一定写得与众不同，光这开篇第一回，想法笔法就如此独到，令我读来如醍醐灌顶，全书必会是前无古人的警世之作。不过王姓画家隐括全文的话，确有犯忌之嫌！

吴敬梓干下一杯酒，长叹一声，诵出一段自己写过的诗句：有司操尺度，所持何其坚。世人进身难，底用事丹铅。贵为乡人畏，贱受乡人怜。寄言名利者……

程晋芳的祖父程文阶也悄悄凑一旁仔细听，他本不放心孙儿把个四十多岁的穷秀才接家住着，与一群口无遮拦的年轻人整天争吵哄笑不休，原来这吴秀才写的是不让年轻人上进的稗俗故事，便站出来把吴敬梓一顿数落：你这般年纪，自己不上进也便罢了，反远道来蛊惑我家孙儿。听说你才高八斗，不想竟用这等稗俗东西与我孙儿交往，岂不拐带他也坏了举业大事？！

程晋芳只好悄悄把吴敬梓送出淮安，再赠送些盘缠银两，及新买回来的几部诗书。他虽年轻，但在淮安、扬州乃至南京一带以藏书和博览群书知名。他评价开篇这个王姓画家说写得极好，虽是稗俗故事，但写得意境至美，格调高雅，定是超凡脱俗之作，但也一再提醒吴敬梓，这等书就是写得再好，刊行也是难事。尤其那句"一代文人有厄"及对读书人科举为官的讽刺话，令人担忧。

吴敬梓得到忘年好友"超凡脱俗"的评价就心满意足了，至于那"令人担忧"，也只能担忧着走着瞧了！

倒是从淮安回来后，让他大为伤心了一次。他一进家门就去翻弄他的书稿，竟见漏雨的屋子里，书稿被雨水泡烂许多。那手稿全是用粗制草纸写的，见水就烂。纸上的墨也是沾不得一点儿水的。你个粗心的叶惠儿，怎么会把那么厚一摞手稿给毁啦？！

吴敬梓瘫坐在书稿前，顾不得身上的袍子如何溅满泥水，用手小心翼翼一页一页地翻整，许多页都读不出字来了。吴敬梓心疼得孩子样哭了一通，泪水与墨迹沾黑了脸，十分吓人。在淮安受冷遇遭驱逐，狼狈难过一阵也就过去了，谁让自己满身就那么几两银子住到人家去念呢，本该狼狈的。可这书稿你个惠儿咋不尽心哪！这是泼掉我吴敏轩多少膏血啊！

原本吴敬梓回来，受责怪的应该是他自己，叶惠儿却反遭了如此重责，不免分外委屈。吴敬梓又气恨着说了一通古人李时珍写《本草纲目》快完成时，一下将书稿全部掉进深潭被大水冲走的惨痛，又诉说一番夫妇俩用后半辈子时光从头写起的故事。自那天起，叶惠儿实实在在看透了丈夫的心思，他是铁了心要把写稗史当后半生日子过了。她不得不又心甘情愿地帮丈夫重新整理湮坏的书稿。南京自古是著名的火炉城，叶惠儿陪丈夫在火炉样闷热的夏末，一直誊写到深秋，以致连赶制冬衣的空当都没有了。因此，叶惠儿特别难忘那个冬天，淮安的程晋芳搬迁到了扬州，离南京更近了一步，他为向吴敬梓道歉那次被祖父赶走，专门来送越冬的炭火和白米，还有一些银两。因而这一年，吴敬梓的消渴病较长时间没有发作。所以，吴敬梓一旦要张罗着出去走走，叶惠儿猜想他多半要去扬州找程晋芳，因为程晋芳在很近的扬州已独立门户，没人撵得了他的忘年好友吴敏轩了。

乾隆九年（1744），吴敬梓一家在南京的生活又遭遇了困境。先是妻子叶惠儿开始生病，后来急得自己的病也犯了。岳父叶草窗几次往返南京，竭尽全力为爱女和女婿诊病。这期间，吴敬梓乘机将已经写出的有些章节念给当初的忘年好友后来的草医岳父听。叶草窗对吴敬梓写出的白话稗史虽觉新鲜，但一时不知如何评说。他对患着消渴病的吴敬梓深怀疼爱说，敏轩啊，朝廷是不会让你这样的书刊刻的。你是读书人，你费心耗神，过着穷日子写这些东西，是想干什么？是为泄自己的心火吗？又泄不去，反倒病重了！是为泄别人心火？别人又看不到！朝廷不让刊刻别人怎能看到？不知你是咋个心思！

吴敬梓只能叹息着对岳父说，我的心已由不得我自己了，我也想不透，只能写着瞧了！

　　叶草窗虽然还是喜爱着女婿，可对吴敬梓也不得不说几句规劝的话，你既已为人父为人夫，就不能像从前那样行事了。你写这些东西，谁的心火也泄不了，反倒难为家人和自己！

　　吴敬梓只能听着，也不好做反驳，也不肯说赞同。叶草窗眼睁睁看到，自己的女婿常常几句话工夫就得上厕所，之后便又大口喝茶，不管茶水凉热，几大口便是一壶，吃饭也很无准时，有时刚刚撂下饭碗，又折身到灶间，抓起屉上的凉团子再咬几口，嘴里还不住地说饿。

　　这时吴敬梓已经四十五岁，儿子吴烺在北京跟着滁州的同伴一同谋生，每年赚下不多的银子，勉强够他自己维持而已。长时间不见书信来，吴敬梓便牵念不已。叶草窗眼见着吴敬梓的体重急遽下降，一个堂堂汉子眼瞅着变得轻飘飘的，消瘦得搬个凳子都吃力，更别说干力气活儿了，有时挺明媚的日光下却看不清纸上的字。叶草窗比女儿还着急地想，女婿这般舍命地写，写出来朝廷再给查禁不让刊刻，那时可就会要了女婿命的。

　　于是叶草窗就有意在南京长住一段时间，既帮女儿点儿忙，又监管点儿女婿。有两个不起眼的小事，让叶草窗更加为女婿担心了。

　　吴敬梓带着岳父去逛南京城，在一个小店用饭，因店主吝啬，上菜时便有些克扣，端上来的一盘肉，片片薄得如纸。吴敬梓当岳父面信口念出一首讽刺诗来：

　　　　主人之刀利且锋，主母之手轻且松。
　　　　一片切来如纸同，轻轻装来没多重。
　　　　忽然窗下起微风，飘飘吹入九霄中。
　　　　急忙使人觅其踪，已过巫山十二峰。

　　叶草窗虽觉敏轩的讽诗很是有趣，但他更担心女婿犀利的讽刺话语，一定处处浸透到他的稗史里去了。有回吴敬梓与他的南京文友相聚，也让岳父跟了去。席间人人都说助酒兴的笑话，别人说的都还得体，一轮到敏轩来说，他的段子就令人担心。他说的是，有个学台要请先生教儿子读书，又估不准先生学问的好坏。朋友和属下纷纷出计策道，可请秀才们吃酒，然后冷不丁叫人进来报告，就说学台大人来了。这时再看，秀才们惊慌的就没有学问，镇静的就有学问。主人便依计而行，吃到一半，仆人报告，学台要来了。秀才们大惊，有把筷子抖掉的，有把酒杯碰翻的，只有一个纹丝不动，主人兴奋地说，此人必定是有学问的先生。哪知近前一看，不好，已经吓死了。死者家属闻讯前来问罪，闹着要抵命。主人慌忙找那位朋友商量对策。朋友说，不要紧，不要紧，我有办法。说着就在尸体前大叫，阴间的学台来了！秀才吓得逃回阳间，又活过来了。

　　吴敬梓在讲这些笑话时，一脸的冷静，别人笑而他却脸板着。叶草窗窥知，女婿是与这个世道决裂了。他话语间的嘲讽，已透着骨子里的痛恨，原先探花府里那个清高的掌门长子，是不会在这低下人层里说这样损话的。古往今来，哪个朝代都不能容说这种损话的人为官，这是只可意会不可言传的道理。吴敏轩已经变得连这起码的道理都不顾忌的地步，吴家重兴的希望是彻底没了。

　　叶草窗不由得想起乾隆五年（1740）那次，他来南京看女儿，见女婿在城里纸行赊来两刀草纸撂在屋角。叶惠儿十分不解，说本来家就钱紧，买这么多纸堆着啥用？女婿却看着岳丈说，纸越往后越贵了，读书人不预备下点儿纸哪成？以后手头越来越紧，这点儿纸也不准够呢！叶惠儿感到吴敬梓可能是癫狂到了病态，没法理喻了，说，你写那些诗文，也不当饭吃，也不当衣穿，反倒是费钱买酒请人来谈说，越往后越没人来同你喝酒说诗了，你闲放这些废纸啥用？吴敬梓也不生气，笑对惠儿说，等纸价大涨时，我卖了给你挣钱！岳丈无可奈何向女儿说，读书人最看重的就是纸张笔墨，攒下些总归会有用的！回想这些，叶草窗认定女婿不写出稗史是死不罢休了，不帮他想个安全的写法，做岳丈的也死难瞑目的。

终于有一天叶草窗想出一个办法说，敏轩啊，我知道你是不喜钱不爱官的人，不能卖钱不能得官也就罢了。可你写的都是大清朝的事儿，那可不中。眼下的大清朝正兴旺着，皇上哪能听得进你说讽刺话？你改成写前朝的事，哪怕骂皇上，都能容你！

岳丈大人一番话，让病中苦写的吴敬梓不禁心里呼啦一亮，想到，明朝末季不就是八股风最盛之时吗？何不把要写的这些当下事都放到明朝去？继而又心下深深一热，陡感岳丈大人比一群学者文友们都想得周到，便觉身心的病忽然都好了许多，真的当即决定，把写出的许多故事，统统改成了被大清推翻了的明朝背景。于是，他经过一番查找考证，将开篇故事中那个王姓画家改为生于元朝末年，成名于明朝盛世的王冕。这样一改，既不违背自己的初衷，又假托了被大清推翻的前朝，他心情一下轻松了许多，不用再担心吃文字官司了，因而欣喜若狂，病也轻了，文思也更畅了，埋下头来写得愈加勤奋。

吴敬梓拮据得掏不出银子请文友们来家吃酒，他便把写出来的新故事拿到文友家去念给大家听。常听的文友大多都知道他的稗史写了哪个故事，甚至哪个朋友的事被写了进去。稗史里面的人物，文友们都是看得开的，因语言辛辣有味道，讽刺得开心，大家很是爱听。但大家有个共同感觉，就是吴敬梓有些贪酒过度了。

他因何贪酒过度？还不因为他已被捆绑在所写稗史这辆战车上，下不来了。而这旷日持久的写作之战，是靠灵感一仗一仗取胜的。文人的灵感，除了靠自己的人生阅历，不就得靠兴奋剂提神嘛。能提神刺激灵感的，除了茶就是酒，再不就是大烟土。而茶太温吞，大烟土烈性却是毒药，唯有酒既热烈又不是毒药，所以古来多少文人墨客靠酒而诗百篇，靠酒而下笔千言啊。而吴敬梓却穷得时常无米为炊，哪还有钱买酒！朋友们又知道，敏轩的消渴病是与酒犯向的，所以不得不避着他饮酒。而他，为了写稗史的灵感，就顾不得颜面和犯不犯向了，有时摸到了信息，不请也自动找上门去。一天，严冬友约会扬州来的程晋芳在玄武湖一聚，因程晋芳来南京已先见过吴敬梓了，这次便瞒过他而在一个湖亭来聚饮，不料也被吴敬梓得知，火烧火燎就赶了去。吴敬梓老远便喊，今儿这等优雅去处，美酒美食，怎不叫我！说罢坐下便要吃酒。严冬友一向机智，忙说，敏轩兄你可知我俩今天饮酒专为赌诗，规矩是须即景吟诗猜谜，猜不中，便只能看着不准吃。吴敬梓哪里怕这两位兄弟，笑笑说，好吧，请你们先来。

严冬友说道，菜肴香，老酒醇，不唤自来是此君，不怕别人来嫌恶，撞来席上自吟吟。

程晋芳接着说，华灯明，喜盈盈，不唤自来是此君，贪吃嘴巴不知厌，空腹只图乱嘤嘤。

吴敬梓一下听出是在开自己玩笑，忍不住笑了一会儿，旋即也吟出一首：来得巧，恰逢吃，劝君莫吝盘中食，此公满腹锦绣才，不让吃酒哪来诗？

吟罢，三人开怀大笑，举杯畅饮，吴敬梓忍不住就方才的赌酒诗戏说道，二位的诗句虽一般，但所用二法却极妙，其一为讽刺法，其二为障眼法，此二法对批评长者和上司最妙。今日三人饮酒，我为长者，但我有贪杯嗜酒的毛病，应该批评，但碍于我的年长，你们只能讽刺而已，岂能明言厉语指责？讽刺长者便属不尊，不讽刺又达不到批评目的，只好使用障眼法，让我慢慢悟出自己是个见缝便叮的酒苍蝇！

此时酒已微醉，吴敬梓又乘机说起自己正写的稗史故事。他说，我现在找到了"假托前朝"加"遮障"与"讽刺"并用的妙法，写当今稗史，讲一段刚想好还没写完的故事给二位听听。

他讲的便是开头第二回，因文字狱牵累，王惠历经磨难，隐姓从江西远逃到浙江，又剃度为僧再逃到四川，藏匿于成都山里庙中。儿子郭力寻找二十多年才找到父亲时，父亲又不敢认，终于凄郁而死。除曾任南赣道的王惠外，这一文字狱牵累到的还有南昌太守的孙子娄公孙、制艺文章选家马纯上、湖广藏家卢信侯、应荐鸿博之试的庄绍光。这一桩文字狱，从开篇用障障法"贯索犯文昌"埋下伏笔，到第二回开始，将文字狱案隐于前后数回之中。

程晋芳听罢说，幸亏先生自己寻酒而来，不然我的障障法先就遮了自己的眼，而领略不到先生的遮障与讽刺深意了。再干一杯以敬先生！

每次出去喝得醉醺醺回来，叶惠儿都埋怨说再出去喝，自己就和老父亲回全椒去了。她说是说，却拗不过嗜酒成性的丈夫，后来也就认了。出去混酒喝，总比借钱买酒请人来家喝好，那得积下多少债呢！

不叫丈夫出去，除了病情，主要因为家里没钱。自从来到南京之后，吴敬梓把全椒的房地产变成银两，手头曾差不多有两万两。叶惠儿曾责怪过吴敬梓说，你也知道好多举人是银钱买来的，你不好也用银两买个举人混个小官，我也就拦不住你出去喝酒了！

岳父叶草窗倒是不必像从前那样替女婿担心了。但他也由女儿的话想到，眼下这个大清朝，用钱买官的人也不在少数了，虽然三位大皇帝也曾杀过一些贪官，可行贿买官的还是不断。面对眼下女儿过的困窘日子，叶草窗也不是没产生过让女婿使点儿银子过了举人这一关的想法。后来才知道，女婿手里那些银子，早已捐出去修先贤祠、评名歌女、刻诗文选、舍给哭穷的文友等等了，哪有银钱买官啊！

妻子和岳父都无可奈何，只好任他出去搜寻稗史故事。吴敬梓经常是一走就十天半月，有时甚至一两个月。

吴敬梓交往拜会过那么多文坛名流大家，却从未与年龄相仿的扬州八怪之一郑板桥谋过一面，还有那个诗名极大且就在吴敬梓住地江宁做过知县的袁枚，也没见过交往。这原因应该主要在吴敬梓这位大怪人身上。那郑板桥和袁枚虽也大有文名，但他们与吴敬梓有个不同的身份，拿现在的体制状况打个比喻，吴敬梓是国家体制外的自由撰稿人，而郑、袁二位则是科考取得官位，后来赋闲在家仍有国家官阶待遇，他们既可以清高看不起官宦，又不缺钱花而看不起体制外的穷酸文人如吴敬梓等。而吴敬梓这样的体制外既穷酸且极清高怪癖的才子文人，又不甘屈尊，双方原因凑到一块儿，自然就虽曾同在一片天地，却既不谋面，又无诗文唱和，也就不足为怪了。怪的是，吴敬梓的许多文友都与郑、袁二位有交往，独吴敬梓例外，可见他大怪到什么程度！而吴敬梓虽没与袁枚谋过面，却把袁枚在江宁当县令时经历的一件事情，经过加工写进他的书里。可见吴敬梓确实如鲁迅所言，是个"秉持公心"，而无小人意气的伟大作家。

19. 吴大先生与甘大侠

已把写稗史当日子过的吴敬梓，听说苕苕跟随甘凤池老爹在扬子江畔的燕子矶，那里有个热闹的码头，甘凤池老爹在那儿开了个书馆，苕苕间或在那里卖唱。接到甘凤池老爹托人捎的信儿，正一心寻找稗史故事的吴敬梓很快就寻到甘老爹那里。这甘老爹不是文人，但他的事一定可以比衬文人。

甘老爹虽然多了几分年纪，还似当年那样，一身侠肝义胆。一见面他便责怪吴敬梓，你若取了功名，我便不说什么了，可眼下你不还是个穷秀才吗？当初苕苕痴心等着你，你倒一去不返。我不是说你现在不好，是说苕苕是个少有的好人，你辜负了她！

吴敬梓自责地说明他已续取了叶氏的原委，又打听苕苕的情况，得知苕苕已嫁给一个溧水的盐商，嫁后的日子遇到了麻烦。

吴敬梓一时茫然，一再向甘凤池老爹叩首，叮嘱倘若苕苕再来，定要留住她，他会和妻子一同过来看她。

甘凤池老爹把吴敬梓的嘱托当大事记下了。几个月后，甘老爹亲自来到秦淮水亭，告知吴敬梓，苕苕在燕子矶等他，有事相求。

吴敬梓急忙与叶惠儿一同赶往燕子矶。在见到苕苕之前，吴敬梓跟惠儿说起过苕苕嫁人的事，惠儿懒得听这些破事，家里的窘困已让她应付不过来了，读书人先前的风流韵事，提起来就是一坛子老醋，她哪有工夫去尝这种闲酸。但以前丈夫让她看过苕苕的信和送上的银两时，惠儿受过很深的感动，这回见甘老爹亲自送信说苕苕遇了难事想求丈夫帮忙，丈夫又执意求她同往，便跟了来。吴敬梓深觉自己有必要带上妻子一同帮苕苕个忙，才能安慰一下自己愧疚的心。

见到吴敬梓夫妇一同前来，苕苕一反从前，苦苦的思念全变成了笑容。这笑容却刺痛着吴敬梓的心，他可以感知苕苕此时的笑是木然的悲伤。

苕苕向吴敬梓夫妇和甘老爹诉说了自己的经历。

婚嫁后的苕苕随大她许多的一个小本盐商丈夫去了溧水，不多久，她又把父亲和弟弟从苏州的木渎接到了溧水那里，满以为从此可以跟着她富有的丈夫过上殷实安定日子。不想溧水那儿有个不安分的寡妇罗香龄，她早就心存歹念想敲诈谁一下，可她看上的敲诈对象竟是住茗茗她爹家隔壁的小伙子来才。有天来才路过罗香龄家小院，正赶上她在院中洗脚，来才也就是一走一过，连句话都不曾搭理，罗香龄就把他告到县衙，说来才去调戏她，将她的绣花鞋抢走，悲悲戚戚说了一大堆。最初知县没接这个案子，只是师爷出来应对，他当着罗香龄的面说，院中非洗脚之地，绣鞋非寡妇所穿，你受调戏怨你自己。这个案子县衙就给推了出来。

哪知这罗香龄原本就是青楼里的矫情人，心里惦记的事早晚要干成。倒霉的来才都不知啥时的事，罗香龄跟县衙的黄师爷好上了，隔了几个月，县衙又把这件事硬生生给翻腾出来，来才被带到县衙，还是那个师爷断的案。

这回师爷却不那么说了，他问来才，那日你可路过寡妇罗香龄的院子？

来才说，路过。

师爷又问，那么你可看见她在院里洗脚？

来才说，见了，这不关我事。

师爷大怒，当即拍案。堂堂君子，寡妇门前不扭头，你却要看人洗脚，是何居心？

来才不服，与师爷争辩，我就是不经意看见的，连句话都没说，我咋就有歹念？

师爷要来才找个证人，只要证人说你没事，你便没事。

来才想来想去，想到了茗茗的爹。她爹想都没想，便去县衙给来才作证。到得县衙，却先给师爷叫了去。师爷向她爹这般交代，你说句来才的坏话，让这小子赔给罗香龄点儿伤心银子，事情就完了，你这大年岁的老人，还得同情那个弱寡妇才对。她爹听师爷这么一说，反而不知咋说了。公堂之上，她爹一句话也不敢说，眼瞅着那老实巴交的来才输了官司，最终与她爹结下大怨。

苔苔爹是个好贪小便宜的人，常到盐铺向女婿索些碎银子，拿了到溧水的北外桥钱店兑换铜钱。女婿是个小气鬼盐商，给他的银子成色自然要差一些。苔苔爹与店主争论银子成色时，总唠唠叨叨不止，还非要把事情办成不可。有时他还找来才去钱店打个掩盖。一般正在关节时，来才才会进来，对苔苔爹说，您儿子在扬州做生意，托我捎来东西，有书信、银子一包，正在我身上。正要去您府上送。说罢递过银子和书信就走了。

苔苔爹就装个样请店主念信。信中最后写道：另有纹银十两，给父亲做生活费。苔苔爹高兴地说，还给我那些银子吧，不必再争论成色了，我儿子寄来的纹银，信上写明十两，就用它换铜钱！

店主称了一下，有十一两重，以为是这老翁的儿子粗心，现在可以将错就错，赚这多余的银子。于是，店主就按十两银子付给苔苔爹九千铜钱。他背着铜钱走了。

过会儿有个客人笑说，店主恐怕受了骗吧？这老翁是搞假银的骗子。因老头儿在场，所以刚才我不敢说。来人就是来才打发过去的。店主剪开那块银子，果然是铅胎，忙追问苔苔爹的住址。赶到那儿，店主见苔苔爹抓住便打说，你这骗子，拿十两铅胎的银子，换我九千铜钱！邻居们围观过来，大家询问缘故。苔苔爹说，我拿儿子寄来的十两银子兑换铜钱，并非是铅胎的。店主既然说我用假银，我原来那块银可以拿来看看吗？店主就把剪破的那块银子给大家看。老翁笑着说，我的银子只有十两，现在这块假银好像不止十两重，这是他拿来诈我的！人们一称，果然是十一两。众人纷纷责骂钱店主人。店主心里有鬼，只得哭丧着脸跑了。

钱店主人在苔苔爹这儿吃了亏，哪肯罢休，就在一个黑夜，趁苔苔爹吃醉了酒，在胡同里用乱棒把他打残。苕苕把钱店掌柜告上县衙，接待的还是师爷，可他死活说没有证据，案子不成立。直到现在，苕苕爹的冤屈也没能伸张。

光这些还不算，苕苕还有个操心的弟弟长青，不知什么时候跟苕苕的叔子媳妇好上了，后来两人私奔，不知道他们逃到哪里。苕苕丈夫哪肯容下这事，到底在数百里外的海安找到了长青和那女子，不容分说，婆家人将他们一并活活勒死，随意得就像打死家里的一条狗。苕苕把这事闹到了衙门。可苕苕婆家有好多当官的亲朋，他们当知县老爷说，奸案格杀勿论，杀人者可无罪释放。苕苕为此找过江宁府，那里的大人们却认为，这不是当场格杀，所以不允许以此结案。案子还是打回了溧水县。还是那位师爷接手案子。师爷收受了贿银，大笔一挥，改定判词：

窃负而逃，到处皆为奸所；久觅不获，乍见即为登时。

师爷说奸夫淫妇两个人是私奔，所以他们逃到什么地方，什么地方就是发生奸情的场所。她的丈夫找了很长时间都没找到，所以，找到他们的那一瞬间，也就是刑律上规定的"登时"。于是，这个案子就这么判定了，苕苕的弟弟长青，就这么白白死去。

苕苕说得泣不成声，就连旁边的叶惠儿也跟着气愤。

苕苕一边哭，一边哽咽着对吴敬梓说，你能写这写那，咋就不能中举？你若中举当了官，准不会像那些坏师爷，定能为我们百姓申冤。

吴敬梓听明白了，原来苕苕是来求他帮忙申冤打官司，这让他百感交集却一时无言以对。他一是感慨自己无能，竟没有一个当官的好友可以求助；二是感慨现实这些当官的，他们不也都是读书人科举进士才当的官吗，却这等黑暗，可见朝廷是有罪责的，第一就罪在定出的科举法真举不出什么好官来。他深感自己无官无权的无用，同时刺激了他的决心，即使不能直接帮上这个忙，也一定把这等坏官写进稗史；还有这仗义的甘老爹，虽不是读书人，却这等热心正义，对许多无用的读书人，正是个绝大的比衬，一定要了解透彻，也写进去。

倒是叶惠儿替丈夫解释说，别怪敏轩迟钝，他也是年年都在拼，没拼成而已，莫要怪他。他已大不如在全椒时，县衙见了他写的状子还有人害怕，现在谁怕他一个借钱买酒喝的酸腐秀才？

甘凤池老爹一直没言语，他听着苔苔的诉说，眼望窗外，大江的涛声一阵阵震得他耳膜热辣辣地疼。甘凤池老爹对苔苔说，孩子，你不要责怪敏轩了，乱哄哄的世道多半在朝廷，不是他个读书人能摆得平的。你也莫要太伤心，世面上流传的话你又不是没听过，公堂一点朱，下民一摊血，饿死不做贼，气死不告状。敏轩要写的稗史能把这黑暗写出来，就算他的能耐了。我看，这事就得我甘大侠来管啦。

吴敬梓心里的一团百感交集之火，随甘老爹这股仗义之风而呼地一旺。面对这等黑暗，他个耍秃笔的文人若无动于衷，那读书人就真的没心肝啦。

这次相见，叶惠儿很是同情苔苔，可也确实帮不上忙，只把和丈夫凑好答谢她的银两交给她，又好生安慰一番。自此，吴敬梓更加死了重回举业的念头。他竟赞成甘凤池老爹跑起苔苔的冤事来。溧水离南京近在咫尺，走起来并不麻烦。这以后，吴敬梓又搜集到这个年过五旬的甘老爹许多行侠仗义的故事。

吴敬梓与甘凤池老爹结识在淮安，那时的甘凤池已是一个隐退江湖的武人，为了生计，他多选择去偏远的地方做些不起眼的生意，仅仅为了安宁和生计。

江湖中，关于甘凤池老爹的传说可远不这么平淡。

据有关资料载，康熙、雍正年间，大江南北以拳勇武艺名噪者有八人，甘凤池是其一。传他为南京人氏，生卒年月不详。其貌短小精悍，鬓髯如戟。他自小父母双亡，孤苦伶仃，不喜读书，却爱好武功，结交江湖侠客，十几岁时，就以武艺和武德，名扬四海。据说他手握锡器能使之熔化，从指缝中流出。《清史稿甘凤池传》说他勇力绝人，能提牛击虎。甘凤池先后拜黄百家、一念和尚为师，精内外家拳，善导引之术。江湖人称"江南大侠"，著有《花拳总讲法》。甘凤池年轻时听说拳家多出浙东，便离开金陵，只身来到四明山。其中浙江余姚城有位内家拳家黄百家，是著名思想家和史学家黄宗羲之子。黄宗羲在清兵南下时，曾招募义军进行过武装抵抗。明亡后，他要求黄百家举业习武，继承自己的抗清主张。黄百家听说县城来了个打虎小英雄甘凤池，便特意访问，经过一番试练，黄百家收甘凤池为徒，将内家拳等武术一一传授给他。三年后，甘凤池又拜一念和尚为师学习少林拳法，并开始他一生行侠仗义、行医济世的传奇。

还有野史记载："一次济南力士张大义酒酣，欲与甘凤池角斗，然见立起来甘凤池如丈二神人，'惧而止'。又有一位即墨人马玉麟，高躯大腹，他骑马虽良驹行二十里必换；爬墙上树则捷如猿猴。马玉麟不服甘凤池，与甘角斗一天不分胜负。第二天，甘挑逗马，引其怒，马'直前欲擒甘'，反被甘'骈指以却'，翻倒在地。甘笑说，这是'借用其力'。当时人传说，'甘立卧，鼾息如雷，十数人推挽未能动'。"

吴敬梓后来写成的《儒林外史》中描写的义士凤鸣岐老爹就是以甘凤池为原型。吴敬梓用八千字的篇幅，绘声绘色描述了金陵侠士凤鸣岐。

甘凤池活动在清康熙年间，吴敬梓则在康熙四十年（1701）出生，略晚于甘凤池。所以他将甘凤池的事迹经过演绎写入书中。书上说："一少年驯马，被野性的马一蹶子踢倒，痛不欲生。这时有个胡八乱子大怒，上前一脚，就将马腿踢断，众人吃了一惊。有好事者说：'胡八哥，你方才踢马的腿力也算头等了，你胆敢在凤四哥肾囊上踢一下，我就服你是真功夫。'众人说，这如何使得。不料凤鸣岐说：'八先生，你果然要试倒不妨，若是伤了与你不相干。'只见凤鸣岐将前襟提起，露出胯来。胡八使尽平生之力，飞起右脚，一脚踢去，哪知好像踢在生铁上，把五个脚指头几乎折断。"《儒林外史》中这样的故事有多个，如"凤鸣岐替人向当铺要债，店主避而不见，凤鸣岐靠柜台外柱子上，两手背剪着，身子一扭，那柱子就离地歪在半边，一架厅檐就塌了半个，砖头瓦片纷纷打下来。有道是'不怕该债的精穷，只怕要债的英雄'，店主不得不如数奉还。"书中还描写了甘凤池为少年治病："一次与之背靠背坐四十九日，直到其痊。他性和易，遂妇孺皆与狎（嬉戏）。"《儒林外史》中的凤鸣岐，为救会过一面的万中书，从南京跟到杭州，为其料理。大堂上，他甘心受夹棍刑，终救人而不图报。足可见甘凤池的武艺和品德。

据《清朝野史大观》记载："雍正御极，屡严令天下督抚捕逮甘凤池等甚急。雍正朱批谕旨中，犹可见其略。其竟弋获与否，则不可得而考矣。"当时浙江总督李卫在给雍正的奏折说："查此辈棍徒，造作讹信，往来煽惑，着实痛恨，断难容其漏网。臣细思江浙好事悖谬之人，莫过于现在拿获之甘凤池等各犯。"（《雍正朱批谕旨》）而吴敬梓却在《儒林外史》中由衷赞美道："官府严刑密网，多少士大夫见了就屈膝就范，你一个小百姓，视如上芥，这就可敬了！"至于甘凤池的归宿，清人王友亮著《甘凤池小传》说，他年八十余，终于南京故乡。

甘凤池是不是传说中的那样，究竟与吴敬梓的友情如何，这些想要考证准确，的确不容易，但是他的确在南京与吴敬梓交往得很好。歌女苕苕的冤情，甘凤池曾多次到溧水县，与县衙的官员们多方交涉，最终还是得到较公平的了断。

溧水县的县衙众官员，手里的案子一个接一个，有谁能把苕苕的案子记在心上？苕苕的案子在溧水县早就结了，冤也好公也好，人们懒得翻查这些。官员们唯一记得的是，那个告状的苕苕早就被婆家给休了，人都不知道去哪里了。甘凤池老爹想靠着他年轻时行侠仗义的名声为苕苕诉冤，但因在江淮大地已沉匿得久了，提及起来，好多人都不知道了。所以往返几次，甘凤池并没有把事情推向公道，只是在溧水县碰见了几个怪事，才找到了与县官和师爷们理论的把柄。其间溧水县又有这样一个案子被诉到县衙，甘凤池老爹赶了个正着。

一位店小二在墙外小便，在他小便时，忽然看到对面的楼头有一个女子无意间正朝此处张望，男人轻薄之心顿起，就用手指了一下自己的私处。谁知那女子脸皮很薄，认为对方那是在调戏，自己受了侮辱，故而羞愤难当，就上吊自杀了。女子的家人自然很愤怒，就将该男子扭送到溧水县衙。接手的师爷也觉得其人相当可恶，想要治他的罪，但一时间谁也找不出罪名来。

店小二的行为确不检点，当属调戏妇女，并导致妇女死亡，严一点儿说就是所谓的"调奸致死"。但根据清代的法律，"调奸致死"有几个要素，要有"手足勾引"和"言语调戏"等情节，也就是要动手动脚和说些脏话。不过，店小二举止虽然轻薄可恶，但他既没有言语调戏，也没有手足勾引。所以要想重判他，也还真拿不出什么法律依据来。不过，溧水县的师爷却有依据来给下判语：调戏虽无言语，勾引甚于手足。

就是师爷的这个判词，店小二的一份罪名也就顺理成章地罗织而成了。因为从字面上看，"言语调戏"与"手足勾引"一应俱全，依照惯例，也就可以"杀无赦"了。

甘凤池老爹恰恰抓住了溧水县师爷的这个判词，整天与师爷理论，当年苕苕的案子里，那些判词是荒唐的。最初师爷满不在乎，到后来却与这个老汉研磨不起了。他知道甘凤池来自南京或江宁，尚不知他的底细。师爷也曾动过让捕头抓他进牢的念头，可是捕头又不是他的对手，总也拿他不下。

甘凤池老爹的缠磨，把师爷给震慑了。他已害怕这个狭义之人再与他作对，便建议县衙再把苕苕案子翻检出来，偷偷与害人的盐商相调衡，最终使盐商赔付了苕苕不小一笔银两，这事算是在溧水县告一段落。吴敬梓得知甘凤池老爹的这一举动，忙请了酒饭来款待甘老爹。他想知道，一个信口雌黄的师爷，咋就栽倒在一个不起眼的老人家面前？

甘凤池老爹喝着酒说，敏轩啊，这件事我是横下一条心与他们折腾下去，他们也想置我于死地，只是没做到啊。跟官府说理，靠你们这些文人雅士不行，得豁出一条命才行，这个我能做到！

受了感动的吴敬梓，就以甘凤池老爹为原型，又参考了有关史料，把他写成了稗史里的凤鸣岐。他认为，儒林人物少不得这等正义武侠人物的比衬。

第五章

20. 忘年朋友

自从那次险些毁稿之后，叶惠儿对吴敬梓的稗史创作有了较深的理解。她知道了，在丈夫心里，那些书稿的分量并不比她轻。她还感到，那一时期丈夫对待朋友，几乎也是谁重视他的稗史创作，他便最与谁交好。她还发现，丈夫那些最为交好的朋友几乎都是忘年交。首先她是从丈夫与父亲的关系发现的。没订亲之前，丈夫就与她父亲是忘年好友了，直到丈夫痴迷于写稗史的今天，最替丈夫着急上火的仍是她父亲，不是父亲帮丈夫想出假托前朝的遮障法儿，丈夫哪能如此放开手脚去写？连在开篇都敢把"这个取士之法却定得不好"直接写上去！叶惠儿还分明看得出来，丈夫最看重的另一个朋友程晋芳，更是忘年交，还有程晋芳的族伯程廷祚，也是他的忘年交。她已分明感到，要是没了程晋芳及其族祖程廷祚这两个忘年交的接济，丈夫的稗史就没法写下去了。

所以叶惠儿给丈夫排了一个心榜，榜上第一名是他的稗史，第二名并列的是他的三位忘年交程晋芳、程廷祚、岳丈大人，第三是他的长子（也算是他的忘年文友），第四或许才是妻子叶惠儿。

对此，叶惠儿已无怨言了，因父亲曾对她说过，敏轩的稗史让他写完吧，你多帮一点儿，他就能早写完一天。有史以来，凡蘸心血写出的文字，都不会没用。

但叶惠儿想不透，那分别与吴敬梓相差十来岁的程晋芳和他族伯程廷祚，为什么也都跟这既疯癫又痴狂的穷秀才忘年交到这般深的地步。她只能想透丈夫何以能成为岳丈大人的忘年棋友。

据有关资料介绍，程廷祚是先于侄孙程晋芳成为吴敬梓忘年好友"至契"的。程廷祚原籍安徽新安（今歙县），其曾祖时家迁居金陵，其祖父入清以后便弃了举业而经营盐业，家业逐渐丰裕，但仍热衷以文会友，并建紫阳书院，崇祀朱熹。其父也一生未曾出仕，家道从此逐渐中落。程廷祚受其祖父辈影响，轻视官道，重视学业著作，其出生于康熙三十年（1691），比吴敬梓大十岁，自幼颖悟过人，十四岁便有千余言的《古松赋》问世。当时的大学者洪嘉植认为他"必为儒宗"，因此，程廷祚"遂肆力诸经，毅然以圣贤为归，不依傍门户，而能通汉宋之症"（《金陵通传》卷二十九《程廷祚》）。程廷祚二十三岁时就与北方大学者李塨有交往，说自己"少好辞赋，亦为制举文，其于学术之是非真伪，未有以辨也"。李塨称赞廷祚的"议论辉光，肆映如伟炬烛天"，认为自己的学说有了传人。程廷祚三十岁时，六十二岁高龄的李塨南来金陵，两人见面论学。这一年二十岁的吴敬梓正经常在南京、安徽、江苏之间往来，因同为安徽籍人士的关系，得以多次与程廷祚相聚。受程廷祚影响，吴敬梓后来也受到颜、李学说的影响。而颜、李学说一个重要的内容是反对八股科举和程朱理学。程廷祚在《上李穆堂论书院书》（《青溪文集》卷九）中曾专门论述八股科举的弊病。同时程廷祚对于《诗经》美刺诗的见解，也对吴敬梓产生过影响。程廷祚著有《青溪诗说》，吴敬梓也著有《诗说》。程廷祚认为，美和刺都符合诗教，对贤明君主，当可作诗美之，对昏乱之主，更可以诗刺之，而"诗之本教，盖在于是矣"。他更主张刺之的目的仍在于救之，说"若夫诗之有刺，非苟而已也。盖先王之遗泽，尚存于人心，而贤人君子弗忍置君国于度外，故发为吟咏，动有所关……诗人自不讳刺"（《诗论》六）。吴敬梓创作《儒林外史》，采取了"刺"的手法，就与此有关。程廷祚毕生致力于经学研究，除诗文以外，其他著述甚丰，曾与吴敬梓同时被荐举博学鸿词科试。后来，吴敬梓卖掉秦淮水亭，搬到偏远的新居，与程廷祚的居所更近，因而两人交往更加密切。

吴敬梓因与长自己十岁的程廷祚成为友好至契，才得以有了与程晋芳的忘年交友。吴敬梓与程晋芳真挚交往了多年，叶惠儿既想不透两个读书人何以忘年交好，更不可能想象得到，三百多年后会有人这样评价说：杰出文学家吴敬梓，与盐商俊彦程晋芳，亲密交往十多年，贯穿于伟大作家人生旅途的中、后期。综观吴敬梓与程晋芳的交谊，堪为文士与儒商交往非常典型的一例。

有回叶惠儿问吴敬梓说，我爹没给你当岳父时，你们就是忘年交，这程晋芳小你十七，他族祖长你十岁，也都是你的好友，怎么你就这般偏爱忘年交友？

吴敬梓觉得妻子问得有趣，便特别感兴趣说，惠儿越来越有眼力啦。你想想，忘年朋友才最是纯粹的，非心性十分相同不可。我与岳丈若不是心性特别相投，怎能隔辈交谊到如今而不断？

叶惠儿说，不是还有我的份儿吗？我爹可不像你那般癫怪！

吴敬梓说，你的份儿当然有一点儿，但我家娘儿又没法给程晋芳做夫人，他程晋芳为何还要和我忘年交呢？就因心性相投得很。我的癫怪在你爹眼里不同凡俗！

叶惠儿心里虽赞同这说法，还是撇嘴说，人家小辈程晋芳怎的和你相投得很？

那是乾隆四年（1739），吴敬梓正在家中整理诗稿，好友程廷祚差了人来，说侄孙程晋芳来他家，要吴敬梓过去会一会。程廷祚是吴敬梓朋友圈里最有学问，也是他最为尊重的朋友。吴敬梓放下诗稿赶往程廷祚家时，已经聚了一群著名文人，陈希廉、樊圣谟、李啸村等几人都在，吴敬梓一下就被头次见面的程晋芳深深吸引住。这个风度翩翩的青年才子，给吴敬梓的第一眼印象很好，仪表潇洒，而面容诚挚，和吴敬梓见过的商家子弟分外不同。程晋芳彬彬有礼，举止言谈流露着大家公子样。程晋芳因了程廷祚的关系，称呼吴敬梓为吴先生。吴敬梓则直呼程晋芳的字——鱼门。

程晋芳对吴敬梓仰慕已久，此次一见又增加了许多亲近。

吴敬梓问起扬州诗坛的事，程晋芳说了二马兄弟、江春、卢雅雨、程梦星四处诗社的事，并说到秀水派和前浙派。

当吴敬梓问及对当下诗风有何见解时，程晋芳一时语塞。他没料到吴敬梓会在这么多文人面前同自己谈诗，犹豫着谦逊地回答了几句。吴敬梓听后称赞他有独到见解，并加以鼓励，让程晋芳感到眼前的大才子不仅可敬而且可爱。

吴敬梓问程晋芳，听说你每次扬州购书，都要雇了船运回去？

程晋芳忙说，那是传说过了，只是拿不了，无得办法，只能雇条小船回淮安去。

吴敬梓笑道，扬州都传你最爱藏书，看来果真如此。

一旁的程廷祚笑道，没想到你二人如此投缘，鱼门大老远跑来，是因他听说先生的《文木山房集》已刻印成书。他要求见先生一面，便是为求先生的书而来。

吴敬梓惊讶道，我自己还不知书已刻成，不过，到时我定将拙作相送。

程晋芳道，先生淮安那里熟人众多，如果先生不嫌弃晚生，可到舍下盘桓几日，也好向先生请教。

吴敬梓见程晋芳如此诚意地邀请，慨然应道，我许久没旧地重游了，如若得闲，一定前往叨扰。

程晋芳见吴敬梓应允了自己的邀请，脸上一片喜色说，我知道先生除了写诗之外，尤爱著书。先生对清文有芥蒂之心，愿以白话著书，晚辈赞佩！天下无文堪悲戚，诗是诗，文章是文章！

听程晋芳如此说，吴敬梓甚是感动。

程廷祚对程晋芳说，你能和敏轩先生交往，是一大幸。

吴敬梓由衷道，你这侄孙确是珍情重义之人。

在后来的交往中，叶惠儿的确觉得，吴敬梓与程晋芳虽然年龄上差别不小，他俩的确是一路子性体。在她眼里，他们都是富家子弟，都喜诗文，也都心野，很难死守在家里。喜诗文心野的人都喜欢相聚，狂吟豪饮的，老在谁家聚都会烦死人。不过叶惠儿终生感念初到南京时吴敬梓邀文友相聚并与她牵手春游那回的风光和快乐。在叶惠儿想象里，程晋芳也一定会是个与妇人牵手而游的人。吴敬梓用文言告诉惠儿，程晋芳"其豪气直挚，发于天性，嗜书籍若饥渴，视朋友如性命，救人之急，犹不减其家全盛时也"。这样一个博学喜艺，又为人豪爽好施的商家儒子，他们之间自然成了忘年莫逆之交。

乾隆六年（1741）冬季，程晋芳又一次热情邀请吴敬梓到淮安家中做客。吴敬梓十分高兴地从南京出发，经扬州北往淮安。这次程晋芳只邀请了吴敬梓一人，而且又把吴敬梓的情况与祖父程文阶反复介绍，使祖父改变了对吴敬梓的看法，见他虽放弃举业，但一心刻苦著书，而且两人意气甚投，相互促进，也不会累及孙儿举业。当时程晋芳尚无半点功名，和同是功名沦落的吴敬梓在一起，当然都感到极为惬意。吴敬梓那次一住就是三个多月，于乾隆七年（1742）春季才返回南京寓所。

那次，回到南京的吴敬梓，对大中桥畔的家都有些陌生感了，叶惠儿嗔怪他说，你在外走得都不知哪儿是家啦！

乾隆八年（1743），吴敬梓再度去淮安、扬州的程晋芳处相访。这时的程府在淮安和扬州都有房产，并准备全家向扬州迁移。吴敬梓此时家境更不如前，他只身独往，行囊如洗，连士子须臾不能离身的笔砚也没钱置带，程晋芳因之问道，笔、砚乃吾辈所倚以生者，何可暂离耶？吴敬梓自我解嘲道，吾胸中自具笔墨，不烦是也。

这次来程晋芳家，吴敬梓主要为寻求经济资助，因而没有久留便返回南京。

每次聚会，两人皆对八股时文不满意。程晋芳曾说，时文之学，有害于古人，词曲之学，有害于诗。至于吴敬梓对时文的痛恶远远过于程晋芳，达到了"独嫉时文士如仇，其尤工者，则尤嫉之。余恒以为过，然莫之能禁"。两人对时文的诟病虽有程度的不同，但他们都厌恶封建统治者借以牢笼士人，此为他们能缔结深厚友谊的思想基础。

叶惠儿还看得出，吴敬梓与程晋芳的交往中，总能得到一定的生活之需和精神慰藉。事实上，程晋芳给予了吴敬梓多次帮助，包括赠与盘缠与盐米等资，不断缓解了其家日益穷困的危机。作为挚友的程晋芳，在后来所写《怀人诗》十八首之十六首中，形象描述了吴敬梓生活已困顿不堪的状况。

寒花无冶姿，贫士无欢颜。

嗟嗟吴敏轩，短褐不得完。

家世盛华缨，落魄中南迁。

偶游淮海间，设帐依空园。

飕飕窗纸响，恓恓庭树喧。

山鬼忽调笑，野狐来说禅。

心惊不得寐，归去澄江边。

白门三日雨，灶冷囊无钱。

誓将乞食去，亦且赁春焉。

　　程晋芳对吴敬梓的资助不仅仅是他前往程府相求，就是程晋芳来南京造访，也依旧如此。乾隆十七年（1752）程晋芳来宁应试，不忘与其族祖程廷祚一道，到家探访吴敬梓。看到的依然是"近闻典衣尽，灶突无烟青"这样窘迫的生活。但后来程晋芳因经营的盐行管理不善，家境也日趋败落，渐显窘况，对吴敬梓的资助便力不从心了。但他们的往来及感情至死不断不减。

　　程晋芳还有一位忘年好友郑燮（即大名鼎鼎的郑板桥），他曾想让吴敬梓与之相识，但无奈于吴敬梓的清高，终没得见。一次吴敬梓受好友李葂邀请，说扬州雅雨公的老乡高凤翰和洞庭叶芳林已画成《出塞图》，请他同去扬州与众文友为画作题诗，以赠送雅雨公纪念。李葂相告，此行或许能请到在江淮极有名望的扬州八怪之一郑板桥一同题诗。吴敬梓早从程廷祚、程晋芳等人之口及民间流传中，知道郑板桥其人其行。郑板桥的好多事被传得很是奇特，起码吴敬梓读到过郑板桥的某些诗作，诸如：

衙斋卧听萧萧竹，疑是民间疾苦声。

些小吾曹州县吏，一枝一叶总关情。

又如：

咬定青山不放松，立根原在破岩中。

千磨万击还坚劲，任尔东西南北风。

由于生活困苦，郑板桥三十岁以后曾在扬州卖画为生，实救困贫，托名"风雅"。在扬州卖画十年期间，也穿插着一些游历活动。三十二岁出游江西，于庐山结识无方上人和满洲士人保禄。也出游北京，与禅宗尊宿及其门羽林诸子弟交游，放言高论，臧否人物，因而得了狂名。在京期间，结织了康熙皇子、慎郡王允禧，即紫琼崖主人。可那时的郑板桥还没考取进士，与吴敬梓一样，都是在科举路上跋涉的读书人。而此时，郑板桥已是考中进士为官数载又退职休闲时，见他也不算巴结，所以吴敬梓是怀了想见之心的。吴敬梓虽也属大怪之人，但对郑板桥这曾有官阶的大名人之怪，既自叹弗如，又不肯苟同，但若能得以相见，也觉是幸会。所以他便应了朋友之邀，一路颠簸到了扬州。果然扬州的文友们已将《出塞图》裱好，那上面早有人题字了，山东马汉臣、李葂、周榘等二十二人均在画幅两边题了诗，唯剩一片空白，是留给吴敬梓的。这是一幅展示卢雅雨的父辈当年奉朝廷之命出塞的画，作画者也是南京的一位名家。吴敬梓反复审视画作，最后审慎落笔，书题了《奉题雅雨大公祖出塞图》七言诗：

玉门关外狼烽直，毳帐穹庐犄角立。

鸣镝声中欲断魂，健儿何处吹羌笛？

使君衔命出云中，万里龙堆广漠风。

夕阳寒映明驼紫，霜花晓衬鹔鹴袍红。

顾陆丹青工藻缋，不画凌烟画边塞。

他日携从塞外归，图中宜带风沙态。

搜图指点到穷发，转使精神同发越。

李陵台畔抚残碑，明妃冢上看明月。

天恩三载许君还，江南三度繁花殷。

繁花殷，芳草歇，蔽芾甘棠勿剪伐！

落款为治晚生吴敬梓。

吴敬梓本想问何故没能请到郑板桥，但碍于面子，终没作声。

转眼到了年关，喝稀粥度日的吴敬梓日子不好过，所幸又是好友程晋芳打发人送来些钱米，让吴敬梓度过了年关。事后有人问程晋芳，对这个破落穷秀才如此慷慨，你究竟有何希图？

程晋芳摇摇头说，吴敏轩在写书，就算为一部好书传世吧！

据有关史料记载，程晋芳生于康熙五十七年（1718），是吴敬梓至交程廷祚族孙，字鱼门，原籍歙县岑山渡。自高祖时由歙迁扬经营盐笑并以此发家，至父程迁益业盐入籍江都。其祖父辈程文正为康熙辛未（1691）进士，仕至工部都水司主事，工诗词古文，著有诗文稿，善书法。父辈程梦星为康熙壬辰（1712）进士，官编修，多才艺，著《今有堂集》。弟侄亦多工诗文者。晋芳弟兄三人，排行第二。乾隆初期，程家极富赀财。在"两淮殷富"中，"程氏尤豪侈，多畜声色狗马"（袁枚《翰林院编修程君鱼门墓志铭》）。其"兄弟三人，接屋而居，食口百人，延接宾客，宴集无虚日"（翁方纲《翰林院编修程晋芳墓志铭》）。尽管程晋芳极富侈，但他在三兄弟中"独惛惛好儒"，喜读书，问经义，学古文词，如袁枚所记曾"罄其赀购书五万卷，招致方闻缀学之士，与共讨论，海内之略识字能握笔者，俱走下风，如龙鱼之趋大壑"（袁枚《翰林院编修程君鱼门墓志铭》）；"独尚儒术，所交闻人遍海内"（徐书受《翰林院编修程鱼门先生墓表》）。何况，程晋芳为人豪爽，"性好施予"（引同前），招待四方来淮学者毫无吝色，各地学人都乐意和他结识。所以素来厌恶盐典商人的吴敬梓也能与他结为至死之交。

21. 孤独在明朝

《儒林外史》的写作后期，吴敬梓早就窘迫的日子更加艰窘，但他躲在自己假托的"明朝"里笔耕不辍，虽然熬得脸上没了一点儿光泽，自己却浑然不觉。他整天闭门谢客，放出风声，说去杭州游历了，半年一载不见得回来。

最盼稗史流传于世的程晋芳，替他告诉淮安、扬州的好友们，说吴敏轩去杭州养病了，得痊愈才能回来。和他要好的严冬友知道吴敏轩的心思，便强忍着不再去打搅，并向众好友证实，程晋芳说的是实情。所以南京的文友们，就连常被他约去"暖足"的穷朋友如汪京门、樊圣谟等人，也好久未与他谋面了。

乾隆十四年（1749）冬，久久躲于"明朝"埋头笔耕的吴敬梓，忽然接到诗人朱卉、徐紫芝、汤懋坤、姚莹、黄河等清朝朋友的邀请信，一下有点儿受宠若惊。这些知己久未相聚了，吴敬梓强行放下难以舍手的笔，同朋友们见面去。因长久孤寂地和"明朝"人物相守，使他见谁都有点儿陌生了。以往这样相聚，他定会兴高采烈饮酒，壮岁赋诗，语出惊人，惹朋友们狂呼击掌的，这回却大不同以往，只喝了不多的酒，思绪便又沉浸到他的"明朝"一群有厄的文人中去了。

这天，苏州城雪后初晴，梅花吐着冷香，正是文人们赏雪咏梅的绝佳时刻。若在往时，他必定把酒临梅，诗兴大发，这次轮到他赋诗时，他皱了一阵眉头之后，痴人说梦似的道，你个高翰林这等禄蠹，怎能懂得这样的道理：讲学问的只讲学问，不必问功名；讲功名的只讲功名，不必问学问。你甚至连公子哥儿娄三娄四都不如，他们尚能说出，俗语说得好，"与其出一个斫削元气的进士，不如出一个培养阴骘的通儒"！

大家一时有的笑，有的吃惊，敏轩怎么醒着说梦话啊？

吴敬梓忽觉走神了，忙说，对不起，对不起，我正把自己当成明朝的杜少卿，听朋友迟衡山与禄蠹高翰林对话呢，这等禄蠹实在可憎！

众朋友大为感动说，敏轩不把稗史写完，他便不会从明朝回来了。

吴敬梓的确无时不在他的明朝里与儒林人物对话。当他在除夕前经芜湖、歙县欲回南京的途中，路经宁国时突然发病。除夕之夜冷落的小客店中，吴敬梓黯然神伤。当时，他的稗史正写到第三十八回《郭孝子深山遇虎　甘露僧狭路逢愁》的前半回，说一个姓郭、名力、字铁山的有名孝子，二十年走遍天下，寻访父亲历尽千辛万苦，正好遇见杜少卿一节。书中情节不由触动了吴敬梓病中思子之情，也拨动了他的诗兴，遂伤情地写下一首《除夕宁国旅店忆儿娘》：

旅馆宵无寐，思儿在异乡。

高斋绵雨雪，歧路饱风霜。

莫诧时名著，应知客思伤。

屠苏今夜酒，谁付汝先尝。

写这首诗时，吴敬梓蜷伏在宁国旅舍，闻听城中炸响的爆竹，难挨眼前的凄凉与孤独，一时老泪纵横。自从乾隆元年（1736）开始，烺儿离开父母身边，随着几位远亲去了京城。对于年幼的吴烺自谋衣食于异乡，他深感愧疚。吴敬梓在家时就因想起烺儿，有时竟如孩子般号啕许久。每当这时，妻子也无计可施。

从乾隆八年（1743）吴敬梓四十三岁起直到乾隆十四年（1749）他四十九岁止，吴敬梓主要是在著述《儒林外史》，偶尔外出探访友人则是为了谋求生活资助。这几年里，吴敬梓不但财产净尽、衣食窘困，无力维持一般生活，长子吴烺便远离膝下，独自谋生去了。表面上，吴敬梓的生活里一直不缺悠闲与宁静，书稿在一天天增厚。可叶惠儿知道，这样的日子是敏轩最不愿意煎熬的，越是没人看他，他的心就越是孤独。即便有妻子天天与他为伴，也驱不了他的孤独，那孤独只有理解他"一代文人有厄"说法的人才能驱走。而岳父不能总待在他家，长子吴烺和堂兄吴檠算是能理解一半的，所以叶惠儿时常托付老家的过客向全椒那边捎信，说吴敏轩还在专心读书，不定哪年还会参加科考，目的就是盼老家会有人来看看他，免得他被孤独伤得太重。

循着这个音信，全椒那里倒是来了两位亲人，特意寻到秦淮水亭来看望吴敬梓。这两个老人让吴敬梓一见面就掉泪了。

乾隆十四年（1749）的梅雨季节，吴敬梓没想到，来看他的竟是小时哺乳他的乳娘。乳娘在桂儿的搀扶下，已老态龙钟。

吴敬梓与乳娘失去联系近十年，她用自己的奶水把敏轩少爷喂大，怎能不让敏轩一直牵挂。吴敬梓曾暗暗计划，一旦银两宽裕些，或稗史写完时，再回全椒一定要看看乳娘，她的日子不会太多了。这么迫切的事情，到底没让他如愿以偿，因自从写稗史以来，他手头再没有过宽裕的银子和时间。

　　见乳娘在也已见老的桂儿搀扶下，从桃叶渡走过来，吴敬梓哭了。奶娘的这次来，让他又回到眼前的清朝。

　　乳娘听到了叶惠儿传回来的信儿，就从三十多里远的马厂集随襄河的船夫赶向南京。自打吴敬梓举家迁往南京后，她再也没见过敏轩少爷。乳娘一路在想，敏轩少爷那么有学问，现在一准是吴家的新老爷了。乳娘说话的语声已很微弱，而且话语也不完整，常常是桂儿补充了一遍，吴敬梓才能完全懂得意思。

　　但是，生活在最底层的亲人最能排解吴敬梓的孤独。是这样的亲人，又把他从假托的前朝拉回来，看到自己置身的所谓太平盛世。

　　他从乳娘嘴里得知，她原来在柴草市的家已经被襄河镇里的恶人给夺走了。她和丈夫卞魁回到了老家马厂集那边。马厂集连年发大水，田地全被淹没。逢上灾年那是天意，谁也躲不过的，可让乳娘生气的是，她在襄河镇里的家，怎么能说没就没呀？为了能找回自己的房子，乳娘一家花尽所有钱财，也没能换来全椒县衙的公断，丈夫卞魁在一次又一次与恶人辩理中生生给气死了。

　　已写了多年稗史的吴敬梓，早看透了所有事物，已见怪不怪了。乳娘的这点儿冤屈对老人家来说，那是天样大的。可是在县衙，这哪里是什么冤屈。吴敬梓无法回答乳娘。

　　叶惠儿对乳娘说，你的敏轩现在也是个平头百姓，他现在正写书，他除了咬文嚼字写书，啥都不行。

　　乳娘很费劲儿地听过了叶惠儿的话，总算知晓吴敏轩在干啥。乳娘就很痛快地说，敏轩会咬文嚼字，我就求他跟县衙咬嚼一番！

　　吴敬梓和叶惠儿都无奈地摇头，老人家她不知道，所有的冤屈要想公平过来，就只能向后人去控诉，只有后人能说清楚前人的对与错。吴敬梓待在他的明朝看清了眼前的事物，但看得自己都有气无力了。当年意气风发时，什么不平都敢搏斗，现在却写得太累，什么多余的力气都没有了。他只能与叶惠儿商量，筹借点儿银子，让乳娘在南京吃上一顿好饭，再带回去一些零花钱。这件事吴敬梓和叶惠儿竟然做到了。这在乳娘看来很合情理，也很容易，其实，吴敬梓和叶惠儿做的这点儿事，已费了九牛二虎之力，急慌慌走了十数家，最终塞进乳娘包里的不过是五两纹银而已。但从与乳娘艰辛生活的对比之下，使吴敬梓觉得自己的艰窘日子算不得什么了，更坚定了写好稗史的信念。

后来，孤独的吴敬梓又等来了曾照料他十几年的厨娘。

厨娘香儿一直生活在襄河镇，靠近襄河岸边的几亩薄田当年一归属到她名下，探花府就再也见不到她的影子了。厨娘陪伴父亲吴霖起在赣榆任教谕的十年里，虽形同夫妻，却没有留下一子一女。吴敬梓从少年到青年的这十几年里，在厨娘香儿前言不搭后语的零乱叙述中，拼贴出了许多岁月的片段，叫吴敬梓生生难忘。

吴霖起去世后，厨娘一直还在探花府居住，吴家散了，她也还在，陶媛儿离世，她依然没有离开吴家。只是吴敬梓迎娶了叶惠儿之后，又变卖了探花府的房产，厨娘才悄然离开吴家，只身在襄河镇边儿上找了一处低矮小房，以给到她名下那几亩薄田谋生。厨娘离开吴家时，吴敬梓曾多次跟叶惠儿商量，想把她也接到南京，像一家人似的生活在一起。叶惠儿也是在迟疑中，吴敬梓就把他们南京的家一步步弄向了没落，再没能翻过身来。

在凄苦的日子里，吴敬梓一次次想起厨娘陪伴他们父子在赣榆的那些美好时光。印象最深的是康熙五十八年（1719）的中秋节。在吴敬梓的记忆里，以前的中秋以及春节，偏偏是厨娘和他孤苦寂寥的日子。自从亲娘故去，厨娘到了赣榆，他便跟着厨娘在偏僻的海州相依为命。这一年不同的是，陶媛儿从全椒赶来生孩子，吴敬梓即将当爹了。而那时他刚刚考取秀才，一切都是欢欢喜喜的。可是这一年老爷吴霖起把所有的银子都挪用到学宫修建上，吴家的日子变得十分难过，俸银抵不上债务，也没面子再回到全椒老家措借，弄得一家人连日常的米面都接济不上。所以厨娘便不仅仅是做饭的厨娘，也是讨米的厨娘。不是海州这边来了待产的儿媳，仅仅一个中秋节，哪会让厨娘急成这番模样？连续几天，厨娘香儿起早三更走出家门，随着城里的妇女赶往海头镇，在天不亮之前，把靠岸的海鲜为彭州、淮安、蚌埠的商人们整理好装上车船。这样的活计，厨娘跟头把式地干了五六天，实在没有瞒过教谕老爷。为了一家人能过上一个团圆像样的中秋，她背着家人去卖工，辛苦做了迎海的零工。五六天的工钱，为全家换来了鱼肉、卤鹅、白米和豆干等吃食，还有难得一尝的花生油。这个中秋让吴家充满了浓浓的团圆之情。

吴敬梓和陶媛儿把厨娘早就当成了亲娘，小两口为老人的辛劳而过意不去。媛儿说，日子再难也不可让娘偷偷去迎海。

厨娘香儿却说，日子没了接续，哪个不都是靠手脚去劳顿？我干点儿，家里不就方便点儿？

海州城的中秋朗月下，吴霖起嘬吸着肥硕的黄海秋蟹，却不住地嗔怪厨娘道，还当你是我带来的厨娘？你已是吴教谕的内人，不顾我这个教谕的脸面，出去卖零工，保不住有闲言说不过去。

看着大家终于有一餐像样的中秋晚宴，又看大家吃得这么香，厨娘香儿就有了自己的理由，老爷面前，我不是什么内人，我就是下人。孩子面前我也不是厨娘，我该是亲娘。干点儿活儿能换来一家人像样的节日，什么都值得。

吴敬梓还记得探花府分崩离析的那段日子，厨娘已经在吴家没有任何名分，管家刘老爹在分配开销时，也只是跟普通下人一样，遣给她可怜的一点儿铜钱。至于厨娘如何离开吴家，离开时又是啥样的表情，吴敬梓那时已经无心留意。

厨娘极不愿回忆这些陈年往事，能来到南京看看敏轩和烺儿就行了。敏轩是看到了，他的新夫人叶惠儿也看到了，就差一个烺儿了。

吴敬梓跟厨娘说，别嫌我穷，留在这儿咱们一起过吧？

厨娘摇摇头说，我亲眼看见喽，你在写书，听说你写的是不能卖钱也不能得官的书，我怎能再留下来给你添包袱？

吴敬梓猜想，厨娘这次来南京一定有事要帮，可是她只字没提。她只是想念了。孤寂的人最苦的是想念。她想念敏轩，想念烺儿，想念当年的媛儿，也想念新娘子叶惠儿。

但厨娘在南京只小住了三五日便执意离开了，临走时把身上仅有的十二银子留给了吴敬梓，是悄悄放在他的书稿下面的。

奶娘无名死于全椒马厂集。乾隆十八年（1753）七月，洪泽湖水涨溢，高邮东罗坝决口，邵伯运河二闸冲决，下游高邮、宝应一带被淹。全椒等地均水患严重。河务布政使富勒赫上奏：南河各厅将岁修抢修钱粮任意亏空，致使工料无措。乾隆帝遂署尚书策楞、尚书刘统勋前往查核，发现浮冒蒙混种种滋弊，总计亏空十一万五千余两，其外河同知陈克济、海防同知王德宣亏缺，皆至二三万两；通判周冕应办物料，全无储备，以致二闸被冲，束手无策。乾隆帝谕示限亏帑人员一年赔补，到时不完，就地正法；将河督高斌、协办河务张师载革职，留工效力赎罪。九月，黄河复决于铜山县张家路，南注灵、虹诸县，归洪泽湖，夺淮而下。乾隆帝以秋汛已过，何致冲漫河堤，其中显有情弊，便将该管同知李敦革职拿问，责高斌、张师载往同山勒限堵塞。不久，策楞奏劾同知李敦、守备张宾侵帑误工状。乾隆帝谕令将李敦、张宾即于该工正法，使在工人员知所惩戒。以高斌、张师载负恩徇纵，命将二人绑赴行刑处所，目睹行刑后，再行释放。在受惩戒的官员中，就有当年草断奶娘家房产侵夺案的全椒县官。奶娘听说了这件事，想着敏儿会把她的冤恨写进书里，死也瞑目了。

厨娘香儿死于安徽庐江县，据说那是她的出生地。乾隆三十年（1765）正月，乾隆帝开始第四次南巡。乾隆帝四下江南的这宗大事，厨娘香儿听说过，只不过那时她在一所道观里，静静地等待晚年的尽头。当乾隆皇帝到达江南的喜讯传来时，厨娘香儿还在心里惦念，敏轩要是还活着，能见到皇上就好了，皇上一准儿喜欢他的才华。其实，善良的厨娘哪里知道，她日夜惦念的敏儿浸在苦水里写的都是皇上最不喜欢的文章，敏儿是不愿见皇上的，即使见到了，皇上也不可能喜欢他。但吴敏轩感激厨娘对他的惦念，没有包括厨娘在内这些底层亲人提供给他的诸多经历与信息，他怎能坚持把稗史写完呢？

吴敬梓的一生，大半消磨在南京和扬州两地，官僚豪绅、膏粱子弟、举业中人、名士、清客，他是司空见惯了的。他在这些上层人士生活中看到官僚的徇私舞弊，豪绅的武断乡曲，膏粱子弟的平庸昏聩，举业中人的利欲熏心，名士的附庸风雅和清客的招摇撞骗。加上他个人生活由富而贫，那批上层人士的翻云覆雨嘴脸，他就很容易察觉到。而没有奶娘和厨娘这些底层人的关爱之情，他是难以战胜要命的孤独和疲惫，耗十年心血坚持写下去的。他一面被一些人气愤着，追赶着；一面被另一些人牵念着，爱护着，艰难地在"明朝"跋涉，有时在大路上狂奔，有时拐进狭窄的小巷，有时攀上高山，有时又跌入低谷，到底坚持走过了很远的路。当他穷无纸笔时，会有亲人们的眼睛在远处在身边瞩望着他。他常常苦苦地告诫自己，要不把稗史写到自己心里想的那个厚度，可就真的让乡里长久传为"子弟戒"了。那将是到另一个世界后也难以摆脱的旷世孤独。

22. 一部儒林终之一琴

大约在乾隆十四年（1749），即吴敬梓四十九岁那年夏天，他的儒林稗史终于写完第五十四回《病佳人青楼算命　呆名士妓馆献诗》。这一回，吴敬梓下了狠心，毫不留情地刻画了一个混迹官宦人家与青楼之间的骗子读书人陈木南。这陈木南一无所长，也不思自食其力，整天靠作几首烂诗在官宦子弟中混排场，骗了钱再到青楼去嫖，骗得妓女都与他一同做起了当官的黄粱梦，不想梦中醒来那信誓旦旦的官人已逃债不知下落了。这一回中出现的，还有各色吃青楼饭及与青楼有联系的人物，如庙上来收月米钱的尼姑，人参铺里来收嫖客赊账银的店伙计，还有读了书只会测字算命填自己肚子，连老婆也养不起而又休给岳丈，自己剃发专当测字和尚，当了和尚又不甘光是测字挣个吃猪头肉钱，还要与个卖弄诗才的混混因争诗见高低而厮打得头破血流。先生的白描笔法越到后来越加老到自如，对笔下那些哀其不幸、怒其不争的无奈、无聊、无赖，甚至骗子，不仅讽刺得淋漓尽致，而且揭露得入木三分。这一回，先生显然直接操起了批判的刀子，把这骗子读书人批得体无完肤。

写到此时，这部耗时近十载的儒林稗史，所写人物已成群结队，难以数计，既熙熙攘攘，又白描得个个栩栩如生，穷极儒林各色人物形态嘴脸，此外，也有许多与儒林相关的比衬人物。按说，作者已用尽心思，把该写的人物都写到了，有以赞美之笔描写的正面人物，如王冕、迟衡山、季遐年、萧云仙、郭大力、虞育德、杜少卿、庄绍光、沈穷枝、鲍文卿、武正字、汤凤池等等。也有以讽刺和批判之笔刻画的反面人物，如范进、胡屠户、严监生、严贡生、马纯上、高翰林、鲁编修、观音庵的和尚、不学无术的考官、考中进士而不知苏东坡为何人者、鱼肉百姓的贪官污吏等等。还有许多不反不正不恶不善的众生人物，不计其数。但吴敬梓先生仍觉言犹未尽，心存遗憾。

该讽刺的讽刺了，该批判的批判了，该同情怜悯的也都尽了笔墨心思，先生还有什么遗憾？他遗憾所写那些正面人物也只是正面而已，多无大作为。那些反面人物也只是反面而已，这个世道拿他们也没办法。他自己写来也只是好言以褒誉，或冷言以讽刺罢了，也无什么得力办法帮助世人改变现状。因之，书虽已写完，先生心情并不欣喜若狂。他在思考自己的意犹未尽和心存遗憾的到底是什么。

人生三十而立，四十而不惑，五十而知天命。不惑之年写起，写到已近知天命之年的吴敬梓先生，一定会从自己的命运历程思考过，人到底应该怎样活着。那些名垂千古，在各领域大有作为，独领风骚的人，固然令人敬仰，但那多是时势造就的少数精英！多数人怎么活？或者再缩小一下思考范围，多数读书人怎么活？

他当时所在的南京，与他相熟的名士都已渐渐消磨尽了。像他稗史中写到的："此时虞博士那一辈人，也有老了的，也有死了的，也有四散去了的，也有闭门不问世事的。花坛酒社，都没有那些才俊之人；礼乐文章，也不见那些贤人讲究。论出处，不过得手的就是才能，失意的就是愚拙；论豪侠，不过有余的就会奢华，不足的就见萧索。凭你有李、杜的文章，颜、曾的品行，却是也没有一个人来问你。所以那些大户人家，冠、昏、丧、祭，乡绅堂里，坐着几个席头，无非讲的是些升、迁、调、降的官场。就是那些贫贱儒生，又不过做的是些揣合逢迎的考校。哪知市井中间，又出了几个奇人。"（《儒林外史》第五十五回开头语）

先生把自己写儒林稗史这些年，在南京相熟的一些健康心态的读书人加工提炼一番，写成了四个典型人物的故事，专门列为全书最后一回

《添四客述往思来　　弹一曲高山流水》。此回应该写毕于该年秋季。

吴敬梓在收尾这一回，用新添写的"四客"寄托未来的理想，现在看似平常不过，可那时却已很难能可贵了。那四客是：安身在寺院却好书法的季遐年、卖纸火筒却善弈棋的王太、开小茶馆却能作画的盖宽、当裁缝却喜弹琴作诗的荆元。他们虽都是市井小民，但个个都有一副无病的好心态。他们四个综合起来，将古代知识分子修身养性的琴棋书画四种才艺正好占全。而写在最后那个喜抚琴爱作诗的荆元，在城南三山街开了一个裁缝铺，以裁缝手艺为生，一有闲暇便弹琴，还写诗作画，并且经常携琴前往知音处品茗切磋。这四人都依仗自己的技能自食其力，所以都能保持自己的人格尊严。写在最后爱抚琴的那个荆元就说："每日寻得六七分银子，吃饱了饭，要弹琴，要写字，诸事都由得我；又不贪图人的富贵，又不伺候人的颜色，天不收，地不管，倒不快活？"这荆元的话，就算说给当下一心奔小康的全中国百姓，也仍不过时的。吴敬梓把这样一个人生心态最为健康的底层知识平民，放在形形色色人物的最后一个写来，颇费匠心。清朝小说评家黄富民道："一部儒林，终之一琴，滔滔天下，谁是知音？"此语足见先生用心之良苦。他是想在全书结尾处，借这荆元之琴，弹一曲高山流水，以觅天下知音的。书中，先生已让荆元找到了一位知音，即那个清凉山中灌园的于老者。

但是，知音少，弦断有谁听。

二百年后，卓越的知音鲁迅先生还在感叹，"伟大也要有人懂"！

而乾隆十四年（1749），吴敬梓先生写出的文稿，不仅当时，就是现在，读者也不如《三国演义》《水浒传》《金瓶梅》多。那时，刚写出来正被众文友们传阅着，以至于吴敬梓一时竟记不确切有些回传到了谁的手中。吴敬梓的忘年交挚友程晋芳先睹为快，评价说，该书"穷极文士情态"，"刻画何工妍。吾为斯人悲，竟以稗说传"。

吴敬梓费了很大功夫，才把散传各处文友手中的稿子一一收拢回来。齐全了的手稿被他摊成几摞，这就使得屋内显得更加狭小，致使家人每每出入，都要小心翼翼，避免弄乱。青砖地面衬得一摞摞整齐的黄稿纸，像平地矗起一幢幢营房。吴敬梓像巡营的将军，时常绕着那一摞摞黄纸或转或坐，每翻整一遍都要花费好多天时间，更困难的是再把这些书稿归回原样，就难了。书稿在翻开时，吴敬梓只需自己一人即可，可是再往回归整时，他一个人便力不从心了。这时，他只好再赖着脸求惠儿帮忙。

在满屋的稿纸间，吴敬梓常常是睡至半夜再翻身爬起，把油灯点亮，磨墨润笔。他早已熟记，稿纸已有四千多张，每一张都两尺见方。

叶惠儿问灯影下的吴敬梓，你已写有四千多张了，还往下写？

吴敬梓笑说，我说多少遍了，我写的书论"回"不论"张"！

叶惠儿辩道，论回也好，论"张"也好，每次翻检起来不都是我一页一页帮你数，手指都数出茧子了，还要数？！

吴敬梓便有莫名的激情汹涌起来，灯光下，又有些稿纸上多了些涂改的墨迹。

这样的日子反反复复又是三两个月。屋中的手稿如同夜里腹泻的孩子，一会儿躺下，一会儿又折折腾腾爬起来。忽然有一天，从清晨翻到黄昏的吴敬梓终于停下手，用清水洗净了案头的笔砚说，吴敏轩从此不再折腾夫人翻检四千多张纸了！

丈夫这一句平常话，却说得妻子心潮澎湃。十年了，四千多张草纸上的字迹，就像桃叶渡旁边的玉兰树叶，岁岁荣枯，到了今天，终于不再叶落叶长了。叶惠儿不知道他的敏轩该不该此时停笔，心里的重负却油然逝去。

停笔后的吴敬梓，终日面对他的书稿发呆。此刻他最担心的是他的屋子能否漏雨，因为南京的雨季马上又要到了。叶惠儿说，不要发呆了，家父前日打发人捎来十两银子，快拿去请人修房子吧，一旦雨来了，你的书稿我可再翻检不起！

吴敬梓喜出望外想，倘若修房能余下点儿碎银，一定买几斤酒喝，已有几个月滴酒未沾了。于是他急慌慌去了夫子庙杂市，找修房的工匠。惯于读书写书的吴敬梓，不会与工匠讲价钱，说了要干的活儿便直截了当问要多少工钱，哪想几个泥水匠张口就要十四两银子。

吴敬梓不由紧张起来。他年轻时手松，谁张口向他哭穷要钱，他总是要十两便给二十两。现在穷困到滴酒难得一沾了，他还是不好意思跟人讲价，尤其对干苦力这些人，更难启齿少出钱，但苦于囊中羞涩，便狠了狠心，红了脸说出个九两的数来。

工匠们心底的实数其实是七两，因一般讲价都是拦腰砍一半的，便得便宜卖乖说，看你是个老实读书人，就少要你些，九两就九两吧！

吴敬梓满口谢着人家，把工匠们带回家干活儿。

泥瓦匠们对自己手中的工具宝贝似的爱护着，可对吴敬梓那些书稿，却不知爱惜，有时走着不便，竟然从上面踩过去，心疼得吴敬梓直说好话，求各位师傅高抬贵足，不要弄脏他的书稿。

工匠们却说，这些东西挪来挪去的，还得千加小心万加小心，耽误多少工啊？

吴敬梓便又给他们加了一两银子，也便把自己盼了多少天的酒加给了工匠们。虽然遗憾，但一想也就罢了，这些工匠都是穷人，一两银子分到每个人手里，也能买些盐米呢！

稗史脱稿这段日子，吴敬梓的身体尚还安好，只是极想饮酒，又没有闲钱，他便想学自己新添写的"四客"那样，找点儿活儿干，自食其力。他便想到了离家半里远的有钱大户徐家，何不到那里寻个挣钱的活儿干干？抄写文章，教少爷读书，或是给他家修族谱等等，都是可以干的，反正想要喝酒，就只有此路一条。

于是吴敬梓找上徐府，向掌柜说明来意。徐掌柜见他流落到这般狼狈境地，也不想雇他做事，便难为他说，我家眼下只缺"赁春"的苦力。你个大先生家如何干得了这活儿？

所谓"赁春"就是受雇为人春米，这种下人的苦力活儿，吴敬梓向来没有做过。听徐掌柜这么一说，原本也是不想做的，可自己家既缺米，又无酒喝，也清高不得了，便在气势上仍保持着清高说，我吴敏轩原本是全椒小地方过来的人，春米不怕，就是工钱需贵些。

徐掌柜笑道，只要你能把活计干下去，工钱随你开口。

吴敬梓十分气盛说，那就一升米一两银子！

徐掌柜也十分爽朗，秀才大先生春香米，一升米一两银堪值！

吴敬梓咬牙在徐家春了五天香米，挣到手十两银子。徐掌柜舍得十两银钱，无非想看看文人的穷酸相。而挣得十两银子的吴敬梓，居然暗自高兴，觉得自己不仅能写出书来，还能凭自己的力气谋来酒钱，岂不是长进啦！稍感伤心的是，他不能理解，写了十年书，竟不如春五天米为家人解一点儿忧，岂不也属一代文人有厄？

吴敬梓生活的大清康雍乾时期，随着理学地位的逐渐巩固和八股制艺的强大控制力，多数文人已失去独立人格的锐气，虽有少数人还没有完全失去自我，但群体已失去尊严和责任感，成了八股制艺的奴才。吴敬梓属于那些少有没失去自我，甘愿以苦行恢复自尊的个别有骨文人。吴敬梓追崇魏晋文人风骨，有对群体人格复归的强烈愿望，因而使他所写众多儒林人物，形成两大体系：一边是以牺牲自我与个性为代价，追求功名利禄之徒；一边是保持独立人格，讲究文行出处的潇洒士人。

稗史放在家里无处刊刻的日子，吴敬梓也无心再找别的事做，特别烦闷的时候，便到夫子庙去逛，倘遇到知己，或能被邀吃杯水酒，倘谁也遇不到，便到茶馆小坐，无钱买酒，便自饮清茶解闷。

有一天，吴敬梓正在茶馆里喝茶，常去秦淮河青楼的几个花花公子也来了。他们一瞧吴敬梓这副寒酸样儿，就你一言我一语含沙射影起来：这是什么打扮？百姓不像百姓，读书人不像读书人，帽子上像蹲着只乌龟！

吴敬梓听出那含沙射影是冲他来的，便生了气，但自知不是这群浪荡公子拳头的对手，便端详抚弄了一番眼前的茶壶，然后旁若无人吟出一首讽刺诗来：

> 嘴尖肚大柄儿高，壶水未满先晃摇。
> 量小不能容大佛，半寸黄水起波涛。

听得一清二楚的公子哥们你看我我看你，咂摸话里的滋味，正觉辛辣呛人，内脏很不舒服时，吴敬梓昂然起身，拂袖而去。

每遇这种尴尬，吴敬梓多半是被伤害者。尽管他犀利的讽刺言辞能让这等小人哑口无言，也沉重地提醒自己正被贫穷缠绕，可能长久被许多人看不起。

胡适就曾经论说过："夫萃天下之人才而限制于资格，则得之者少，失之者多，正是这个道理。"国家天天挂着孔孟的招牌，其实不许人"说孔孟的话"，也不要人实行孔孟的教训，只要人念八股文，作试帖诗；其余的"文行出处"都可以不讲究，讲究了又"哪个给你官做"？不给你官做，便是专制君主困死人才的唯一妙法。要想抵制这种恶毒的牢笼，只有一个法子：就是提倡一种新的社会心理，叫人知道举业的丑态，知道官的丑态；叫人觉得"人"比"官"格外可贵，学问比八股文格外可贵，人格比富贵格外可贵。如果社会养成了这种心理，就不怕皇帝"不给你官做"的毒手段了。

吴敬梓穷多年心血写成的一部《儒林外史》，用意就是要促成这种社会心理。他写周进、范进那样热衷科举的可怜，他写严贡生、严监生那样贪吝的可鄙，他写马纯上那样酸，匡超人那样辣，他反过来写一个做戏子的鲍文卿那样可敬，一个武夫萧云仙那样可爱。再看他写杜少卿、庄绍光、虞博士诸人的学问人格那样高出八股功名之外。这种见识，在二百年前脱稿于吴敬梓之手的《儒林外史》里就有了，真是可惊可敬的了。

一想到自己已写成了这样一部书，吴敬梓又觉自己是个大富翁，谁也伤害不了自己了。

二百多年后，胡适先生还是言中了吴敬梓命运的症结，那就是更多的庸人俗子，多半嘲笑他无能，没当上官。没当上官的吴敬梓，每在世道上行进一步，注定会很艰难。

江淮的文友尚不知吴敬梓已经辛酸到如此地步，只是一直在等，敏轩先生的稗史什么时候才能刊刻付梓。

最先过来看望吴敬梓的竟然是苕苕。苕苕也曾抢着空当读过传阅中的《儒林外史》几回，其实谁也比不上苕苕对大先生这书的期待更迫切。书第一回写的那个王冕，已是洪武皇帝时期的古人，可是看起来就是眼下大清朝一个奇特的文士，可王冕又与身边的文士有着那么大的差异。王冕自造一顶极高的帽子，一件极阔的衣服，遇着花明柳媚的时节，把一乘牛车载了母亲，手执鞭子，口里唱着歌曲，在乡间以及湖边，到处玩耍，惹乡下孩子三五成群跟着他笑，他也不放在意下……使得苕苕忍俊不禁，深深被吸引住了。书中杜少卿一手携夫人，一手持酒杯游清凉山等情节，更让苕苕耳目一新。

苔苔的到来，让吴敬梓欣喜若狂，因为她带来了亳州的古酒，篮子里还有卤鹅豆干和那么多煮花生。叶惠儿对苔苔的出现，也没有醋意了，她发自内心对苔苔有了敬意。

在大中桥吴家拥挤的屋舍里，一摞一摞的书稿中间，苔苔一圈圈围着转，她对书稿里的故事充满了向往。她对叶惠儿说，嫂嫂啊，曾经我爱唱敏轩大哥写的唱词，那唱词让人悦耳清神，可这些儒林故事，不用人唱，读来就有趣，甘凤池老爹的故事也被写进去了！

叶惠儿注视着兴奋异常的苔苔，再看看灯影里堆积在地上的书稿，只是懵懂地说，还是歌好听，又能挣钱。这书还得自己拿钱刊刻，就算刊刻出来，会有几个人花钱买呢？还是歌儿好，瞎子也能听！

苔苔说，歌儿是年轻人唱的，我是再也唱不得啦，要还能像当年那样唱就好了，可以挣钱帮大哥刊刻这书！

桌上的吴敬梓睡意沉沉，亳州老酒把他的脸色涨红，惠儿和苔苔都不忍叫醒他。

朋友们逐渐听说吴敬梓的稗史已经脱稿，便不请自到，自带了酒菜来道贺，离得近的程廷祚、樊圣谟、王溯山、陈希廉等人来得早些。他们都像对待自己至亲家的新生儿一样，希望刊刻前能起出个好书名，这个说一嘴，那个提一个，竟提出了一堆：

《秦淮水亭笔记》《儒士稗闻》《惊世儒林稗传》《儒生稗史》等等，就这一个稗字，最引人说。

程晋芳说，怎么非在一个稗字上打主意，其实这稗字最不适合这部超凡脱俗的雅书！

大家说的书名都没能叫吴敬梓满意。

一个个夜晚，吴敬梓难以入睡，当叶惠儿端着油灯走过一摞摞书稿的刹那间，吴敬梓忽觉她像走在一片树林，他忽然一声喊，我的稗史就叫《儒林外史》啦!

被灯光照得高高大大的惠儿,这一刻也觉得,还是丈夫起这书名最好。

吴敬梓完成《儒林外史》书稿这一年,他家的生活可谓到了山穷水尽的地步,简直食不果腹,不得不到处"乞食"了。在这一时期,经常周济吴敬梓的主要是程廷祚、程丽山、程晋芳,这程家三个亲戚与吴敬梓交情最深,而程晋芳对他的援助最多。但因程晋芳也是个看重学业,不善经营管理的儒生,他的盐行也已败落,家处窘境。吴敬梓另求门路便常到王溯山家去,想从这位交情深些的画家好友那儿寻找《儒林外史》往下的出路。

出路还没找到,吴敬梓的次子藜叔在全家"乞食"的日子里患了急症,不治而亡。这次打击对他来说太过沉重了。他受过多次丧亲之痛,满心已伤痕累累,这一次便有了风雨飘摇的感觉。他听不到惠儿的劝解安慰,只见她悲伤欲绝地痛哭,吴敬梓觉得自己也要被击垮了。他恍恍惚惚,藜儿的样子在眼前晃来晃去,睡梦中时常惊醒。《儒林外史》刊刻的事不得不搁置在一边。

他来到皖南,每天站在山上,靠看云彩驱逐心头的愁痛。

他的皖南之行,在朋友的帮助下,慢慢拂退了浓重的心疼,又远赴浙江遂安,去向故交遂安知县吴培源请求帮助。

不管怎样艰难,一代讽刺小说大师,饱受艰辛与屈辱的不第文人,总算在生前看到自己满意的著作完稿了。不像他之后的曹雪芹,只留了半部《红楼梦》给后人,其余半部却为他人续写。

冯沅君、陆侃如合著的《中国文学史简编》认为,全书故事情节虽没有一个主干,可是有一个中心贯穿其间,那就是反对科举制度和封建礼教的毒害,讽刺因热衷功名富贵而造成的极端虚伪、恶劣的社会风习。这样的思想内容，在当时，无疑是有其重大的现实意义和教育意义的。加上极精准生动的白话语言，栩栩如生的白描人物刻画，优美细腻的景物描写，出色的讽刺手法，其思想性艺术性均获得了巨大成功。

23. 出版家门前的滞留

乾隆十六年（1751）阳春，正是江淮少雨的好时节。扬州天宁寺里的扬州诗局，人们正在忙碌。金兆燕不过是这里的勘校，因他是把心灵活细的好手，诗局的掌柜对他格外看得上眼。

吴敬梓出现在金兆燕面前时，正是临近傍晚的时刻，他清瘦的脸上满带疲惫，尤其是他的身后，还跟着一辆来自南京的马车。

吴敬梓没有寒暄，只是告诉金兆燕，我的车上，是我的书稿，书名叫《儒林外史》。

金兆燕面对这个早就以友相待的表叔，只能半开玩笑说，表叔的大作脱手，早该前去恭贺，却劳您送上门来！

吴敬梓急不可耐说，棕亭贤侄，你们这是大清国有名的扬州诗局，不是专事诗书刊刻的嘛，我不往这里送，还能送哪里？

扬州诗局本是很有来头的。康熙四十四年（1705），江宁织造、通政使兼两淮巡盐御史曹寅在扬州创办了一个大规模的编校出版机构，就是这"扬州诗局"。当时的任务是，奉旨校刻《全唐诗》。这样一项重大出版工程，被扬州诗局承担过来，赚的是国库银两。

《全唐诗》是清朝初年编修的一部汇集唐朝诗歌的集子。全书共九百卷，目录十二卷，共收唐、五代诗近五万首，是一部较完整的唐诗总集，反映了唐代诗歌的繁荣面貌。扬州诗局就设在扬州天宁寺里。康熙四十四年（1705）的三月十九日，"上发《全唐诗》一部，命江宁织造曹寅校刊，以翰林彭定求等九人分校"。曹寅奉旨后，即积极着手筹备，全身心投入校刻《全唐诗》上，从康熙四十四年以后至次年期间（1705—1706），曹寅所上的奏折很多内容与刊刻《全唐诗》有关。次年四月十六日，玄烨《御制全唐诗序》写成颁发，补刻诗序，冠于书前。曹寅校刊《全唐诗》时精益求精，创造了中国古代雕版印刷上以"软字精校精刻"见长的"康版"风格，把中国雕版印刷史向前推进了一大步，也成为康乾时期独特的文化标志。

据史料称，曹寅要把扬州诗局设在天宁寺里，是因为天宁寺内就驻有巡盐御史的行署，属于两淮巡盐御史的房产，而且十多年前孔尚任曾住在天宁寺东廊待漏馆。扬州诗局设在天宁寺，既不用出去另外找房子，也便于管理，有利于提高校刊《全唐诗》的质量，加快校刊速度。

金兆燕被招进扬州诗局时是乾隆六年（1741），那一年他二十三岁，已中了秀才，从全椒来到扬州，进入扬州诗局，不过是谋个事糊自己的口。在扬州诗局，金兆燕所干的差事，始终不离诗书，也不外是为以后的科举找些方便。

金兆燕在扬州诗局是很有作为的年轻人。在他与程晋芳的交往中，也一直对吴敬梓十分尊重，他们真挚往来，向来是相互依靠的忘年朋友。在吴敬梓刚刚开始撰写稗史的时候，金兆燕曾说过，先生大札老成，一旦搁笔，不妨到扬州诗局这边来找我，兴许我能在刊刻上帮你点儿忙呢。本来先生的稗史脱稿一事，金兆燕也从程晋芳那里听说过的，只是手头的事多一些，尚没得空走一趟南京，不想，大先生今日已出现在他的面前。

吴敬梓费尽周折从南京雇了车马，走旱路风尘仆仆地来了。他的车马停在天宁寺外，自己稀疏的发辫已有些凌乱。他手抚车上包装整齐的书稿，等待棕亭开口说怎么办。

金兆燕已看出吴敬梓急切的心情，可诗局对书稿能否收留是有说道的，必得征询局主才行。

据资料介绍，扬州的刻书印刷业有着悠久的历史，有据可考的唐、宋以至元、明各朝代均有不同程度的发展。到了清代，随着盐商的崛起，经济的繁荣，扬州发展成为全国重要的经济和文化中心城市之一。其间，与经济和社会相联系的书籍刻印业异军突起，迅猛发展，轰动朝野的《全唐诗》《佩文韵府》和《全唐文》三部古籍巨著分别于康熙、嘉庆年间在扬州刊刻而成。故此，扬州的民间出书也非常活跃。

民间出书，又名私家刻书，早于宋朝印刷检测，据考证早在东汉时期就已经出现，后流行于清朝。民间出书与雕版印刷广泛的运用有关。具体操作需以下步骤：

第一步是刻字：将字纸反贴在木板上，再将每个字一笔一笔雕刻成阳凸字。

第二步是印书：先用一把刷子蘸了墨，在雕好的板上刷一下，然后用白纸覆在板上，另外用一把干净刷子在纸背上轻轻一刷，把纸拿下来，一页书就印好了。

第三步是装订：一页一页印好后，装订成册，一本书也就成了。

到清朝乾隆时期，私家刻书已广泛流行。清代是中国传统印刷业发展的最后阶段。书籍的刻印技术在承接前代发展的基础上，又进了一步。当时的雕版印书，仍沿袭明朝以官刻、私刻、坊刻三大系统发展。

官刻书，相当于今天的政府部门出书。清代的政府刻书，初期主要集中在内府，由司礼监经管刻书的制度。官刻分为以下几类：

第一是清代皇帝的著作如：顺治十二年（1655）刻印的《资政要览》。

第二是重刻前朝的各类著作如：经史著作、科学、文学等各类研究成果，《通典》《通志》《文献通考》等前代的政书。

第三是方略、纪略著作。军事告成，必定编纂成书，编年为序，记录事情的全部经过。

第四是刻印字书、类书、丛书。清代统治者为了巩固其专制统治，加强民族之间的融合，大量编纂汉族、满族、蒙族等各民族文字用书。

第五是诗文集的刻印。

第六是天文历象之类书籍。

吴敬梓的《儒林外史》脱稿时，扬州的出书机构，除了金兆燕所在的扬州诗局之外，还有许多私家刻坊。埠外也有官办的书局。

清代的坊间刻书更为兴盛，刻书数量很大。历史比较悠久的如：学名士分任校勘的江南书局较早，不久后的金陵官书局、浙江官书局、四川官书局等相继成立，相当于今天的各种出版社。

除此之外，扬州还有私家刻书的店坊，而且相当繁荣。诗歌以及清话本的流行，引起文人纷纷出书。清代的个人出书多为私家刻书，称"家刻本"或"家塾本"。通常有两类：一类是著名文人所刻自己的著作和前贤诗文，这类书大都是手写上版即所谓写刻。选用纸墨都比较考究，是刻本中的精品，世称精刻本，大多具有很好的文学性，比如诗集等。另一类则是考据、辑佚、校勘学兴起之后，藏书家和校勘学家辑刻的丛书、逸书，或影摹校勘付印的旧版书。

吴敬梓的书，让金兆燕很是发愁。扬州诗局，是不可随意接过一单生意的，别的且不说，关键是这里昂贵的刊刻费用，吴敬梓是绝对拿不出来的。还有，凡是扬州诗局能应承下来的书籍，都要经过专门的校勘审验，很难说他能过得了关。

眼下，这些肯定是定不准的，关键是大先生的书稿已经不起折腾，应该找个可靠地方安顿下来。金兆燕替他着急，便费心说通了局主，暂且把书稿收留在诗局的卷房。卷房是专门保存待印书籍原稿的地方，这里十分安全可靠，不用担心水、火、虫、鼠等任何危害。但，凡是存进卷房的书稿，都要花费些保管银的。金兆燕知大先生窘困得很，哪里付得出保管银，他便跟局主讨了个人情，好歹把书稿安顿下来，以免再随疲惫不堪的作者到处奔波。然后，金兆燕把吴敬梓到来的消息通告给程晋芳。不多时，几位要好的朋友便在程晋芳召集下聚会在瘦西湖畔的酒家。

瘦西湖畔，程晋芳和金兆燕眼见大先生泪流满面，连连道贺他的书完稿，以让他高兴些。吴敬梓掌着酒樽，一口又一口地狂饮，泪水迎着袭来的清风潸然而下。大先生无语，边饮边泣，迷茫的眼神里充满了悲伤。岁月在他躯体和容颜上刻出了太鲜明的印记，一道又一道，每一道都让几位朋友触目揪心。

程晋芳得知，这样一部书稿在扬州诗局刊刻出来得两千两银子，私刻坊也少不了五百两。

程晋芳惊讶，如在前些年，这个数目对他来说并不大，可是他的生意已一落千丈，确是拿不出来了，这可难启齿跟大先生说放心的话了。

吴敬梓边饮边泣，不觉烂醉如泥。程晋芳和金兆燕把他送到驿馆，仍不见醒来，便陪在他身边商讨对策。金兆燕说，这部书稿勘审最少得一年，诗局能否接下还不得而知。就是刊刻出来，也未必是叫卖的书。大先生的书肯定是好的，可别人不一定这么看，起码这样的书眼下是不叫卖的，诗局不会做赔本生意。倘让大先生私刻刊出，他必定也拿不出必付的银两。他只能以书稿尚待勘验，得一年之后才能审定，那时再想银两的办法，了他的心愿。程晋芳也一时想不出比这更好的办法。

告辞的吴敬梓，把渺茫的希望留在了扬州诗局，也把一副沉重的担子压在了金兆燕肩上。回到南京的吴敬梓又得到了爱子吴烺的讯息，他已从京城往南京返还，要回家来完婚。

自离家之后，爱子吴烺曾随刘湘奎学习天文算学，与江苏吴县精于天文的褚寅亮也成了好友。他漂泊到京城后，过着勉强的温饱日子，忙于生计的同时，也乐于著述，除诗文《杉亭集》外，还有科技著作《周髀算经图注》《勾股算法》《五音反切图说》以及《学宋斋词韵》等。《学宋斋词韵》是吴烺和（歙）江昉、吴镗、程名世同辑。

现在烺儿回来了，吴敬梓便暂且把《儒林外史》刊刻的事放到一旁，当务之急是筹办儿子的婚事。

为了筹办烺儿的婚事，吴敬梓更感心力交瘁，这不如刊刻书籍，没钱可先把书稿放在那里等待，婚礼却等放不得。自己一生一事无成，写了本书却悬而未刻，生了三个儿子已死了一个，老大要成婚，却凑不足办婚礼钱。盘算来盘算去，他总觉得无论怎样，也不能对不起死去的前妻媛儿。烺儿从小就吃尽了苦头，无论如何要把他的婚事顺顺当当办了。

叶惠儿见丈夫面对烺儿的婚事，眉头皱得一筹莫展，便积极帮他想办法，把吴敬梓从老家带来的书籍变卖了一些，把自己值钱的首饰卖光了，只留下几件打算给儿媳做见面礼，就再无办法了。

吴敬梓这些年靠朋友接济已太多，再无颜面开口求人了，便想，古老中国，都讲先安家后立业，自己活了大半辈子，也没立成一个正业，索性把安下多年的家卖掉，帮儿子把家安了，好帮他快点儿立业。于是决计卖掉正住着的秦淮水亭，换到城郊小屋去住。

叶惠儿看出丈夫实在是被逼无路了，欣然同意，这反叫吴敬梓心里更觉对不住惠儿。自从惠儿跟了自己，日子过得每况愈下，连稍微好一点儿的衣衫也不能添上一件，总是缝缝补补，如今首饰也卖了，再把水亭屋卖了，实在对不住她。

惠儿说，有你牵着我的手游山那一日，我就知足了，哪个女子如我那样风光过?! 那一天好日子，胜过偏房二奶们一辈子的花天酒地!

变卖了秦淮水亭，吴敬梓一家迁居到大中桥边。这儿是南京城的边缘，没了秦淮河畔的歌舞乐声和大街小巷的喧哗，倒是更安详恬静了。一片竹篱围着几间正屋和厢房，地方也不比秦淮水亭窄巴，院子里满是树木和芳草，一出门，东面是钟山，西边是青溪。惠儿比原来更为高兴，这儿有种菜的地，养鸡猪也是行的。看着院子，惠儿盘算起未来鸡鸭成群的时光。如能那样，家里可以自产自足节省很大一部分开销。

烺儿的婚事便是在这里举办的。

被请来的南京文友有吴蒙泉、龚退庵、冯粹中、牛草衣、宋润九、涂长卿、沈瘦岑、樊圣谟、顾秋亭、戴瀚等人，当然不会少了扬州那边的程晋芳。程晋芳曾建议吴敬梓，也该屈尊请一请大名鼎鼎的诗人袁枚。这袁枚虽未与吴敬梓谋过面，但却是程晋芳的诗友，他给牵个线，袁枚大概不会不来。程晋芳想让吴敬梓屈尊请袁枚，主要是为刊刻《儒林外史》着想。因这袁枚，不仅住在南京一带，而且算是这一地区最为富有且有官身的文人。袁枚本是钱塘（今浙江杭州）人，后来在江宁（当时的南京所在县）小仓山买下大片土地筑成随园，曾著有《随园诗话》。乾隆元年（1736），二十一岁的青年才俊袁枚参加朝廷举行的博学鸿词考试，在二百多硕儒中，他是最年轻的。乾隆三年（1738），他中举人和进士，在江宁及溧水等地做知县，三十三岁时就"隐居"在他的随园了。在袁枚看来，他处在盛世，到处都是雨露阳光。他在给自己的友人（也是吴敬梓最要好的朋友）程晋芳的信中说过："我辈身逢盛世，非有大怪癖、大妄诞，当不受文人之厄。"照当时情况看，这话对号入座很可能指的是吴敬梓，因当时当地，没有哪个文人比吴敬梓更"大怪癖、大妄诞"并"受文人之厄"了，而且直接宣称过"一代文人有厄"。袁枚这话的意思很分明，即，如果你受了"文人之厄"，就应该从你自身找原因，是因你自己"大怪癖、大妄诞"。袁枚之所以这么说，因为他的经济状况极好，但他的上辈则是较为贫寒的。同代文学家姚鼐为袁枚写的墓志铭说，他的祖父、父亲、叔父"皆以贫游幕四方"。"游幕"是给人做幕僚，也称师爷。所以袁枚特重视赚钱理财。他卸任为文后，卖文的价格越来越贵。他的同代人伍拉纳之子作的《批本随园诗话》透露，袁枚经常吹嘘自己的诗文得到某名公巨卿赏识，实际只是他的某种宣传策略，"借以吓骗江浙酸丁寒士，以自重声气耳"。袁枚自我宣传后，身价越来越高，有些富户不惜酬以重金，一篇墓志铭的润笔费可达一千两银子。王英志《袁枚评传》中列有统计材料，袁枚的《小仓山房文集》共有五百三十多篇文章，其中碑传、墓志铭、行状、书事一类传记文有一百五十多篇，内写九卿督抚以上的多达五十多篇，占到百分之十以上，这是一个很可观的数字。为大官写文章，或得名或得利，对袁枚提高名气作用自然很大。盐商安麓村因刻孙过庭书谱，请袁枚题跋，袁枚只写了二十二个字，即"乾隆五十七年某月某日随园袁枚印可时年七十有七"，安氏便给袁枚的润笔费二千两银子，每个字近百两。为了进一步扩大知名度，袁枚将自己的各种著作刊刻印行。袁枚曾谈到两位友人资助他出书，实际上据《批本随园诗话》说，当时有些人为附庸风雅，借诗话传名，贿赂袁枚的很多，要入书可以，但要给银子！这样"有替人求入选者，或十金或三五金不等，虽门生寒士，亦不免有饮食细微之敬，皇皇巨帙，可择而存者，十不及一，然子才（袁枚的号）已致富矣"！伍拉纳之子见过袁枚数次，又见过袁枚的妻妾，吃过她们做的饭菜，关系很熟悉，所述的可信度很高。与出作品集相联系，他又广收门生，包括众多女弟子，这是他最为人诟病之处，章实斋就大骂袁枚收女弟子是开恶劣之风，在他的名著《文史通义》中对袁枚大加批判。但袁枚不以为然，我行我素。像他得意的女弟子严蕊珠"典簪环为束修，受业门下"就是突出的一例，女弟子将首饰典当出去，学费是欠不得的。同时弟子自然要看老师的书，这又扩大了他著作的发行量。袁枚简直是将文化作为一个产业来做了，当时会做的人不多，几乎没有竞争，就看自己脸皮厚不厚了。

袁枚虽然三十三岁就"隐居"到随园，好像远没到今天所谓的退休年龄，但他是得到吏部正式批准的，"退休金"不会少，他自己称为"清俸"。这退休金更有一种象征意义，说明他是为官的贵文人。郑板桥赠袁枚的诗中曾说："不买明珠买明镜，爱他光怪是先秦。""光怪"的东西是指古玩，除古玩外，袁枚收藏的同时代名家字画就更多了。那也是一大笔财产。由于袁枚有经营头脑，资产越来越厚，到晚年时达到"田产万金余，银二万"。因为他太富有了，他不会想到别的"文人之厄"的。他的朋友程晋芳喜欢帮助别人，最后自己也变穷了，袁枚对程晋芳"性善泛施，有求必应"曾提出警告，说如果弄得自己"饥寒交迫，活且不能，乐于何有？"这就是说自己没有大量收入，还去帮助别人，这不可取。

和袁枚形成鲜明对照且截然相反的吴敬梓，怎能为自己出书而屈尊乞求袁枚参加儿子婚礼呢？能那样的话，吴敬梓就不会穷成乾隆时期几乎最穷的文人了。

儿子的婚礼倒是在吴敬梓众文友的穷欢乐中办完了，似卸去了一副重担，但《儒林外史》刊刻这副重担，压得他多病之身更加倾斜，甚至随时便可倾倒一般。

当所有宾朋都从钟山脚下的新居散去，几近褴褛的吴敬梓又出现在扬州诗局金兆燕的眼前。金兆燕无法用语言回答长辈朋友乞求的眼神，只好又背着他去找程晋芳商量。

程晋芳不敢再提袁枚，便想背着吴敬梓找找郑板桥，看看扬州这位八怪之首，能不能帮帮南京的吴大怪人。

24. 猝逝扬州未瞑目

郑板桥可不是好见的。金兆燕和程晋芳打听了一阵子，听说郑大怪人到四方云游去了，他俩只好先凑上几十两银子，权当吴敬梓回家的盘缠和眼下度日的救命钱，也表示两位忘年小友会把他的重大心事放在心上。

儿子完婚后等待书稿刊刻这段难挨日子，吴敬梓和书画家樊圣谟等人终日泡在一起，几个月之后，吴敬梓写出了《金陵景物图诗》，共二十三首，由樊圣谟用正、草、隶、篆各体抄出，刊印或裱成条幅。凭着樊圣谟在书法上的名气，加上吴敬梓"博学鸿词"科被举荐在士子当中产生的名望，每日倒也卖几个钱，减轻一时的囊中羞涩，但于《儒林外史》的刊刻，却丝毫作用也没有。

半年后，金兆燕又来找吴敬梓说，前日有人送信，长芦盐运使卢雅雨调任两淮盐运使，邀请他去扬州幸会，到时看看，也许能对刻书之事有一线希望。

乾隆十八年（1753）夏，扬州的卢府里，四方名流云集。吴敬梓得知金兆燕所在的诗局就依归卢府所管，甚感欣喜，所以他在扬州无心游山玩水，一心只想着《儒林外史》刊刻的事。聚会了几次之后，卢雅雨连《儒林外史》的写作都只字未提，刊刻的事就更不要有何指望了。他又去探问金兆燕说，晋芳先前提过见见郑板桥的，他这扬州大怪与袁枚那种太恋钱的人不同！

郑板桥应该是吴敬梓眼中的一棵儒林大树，他们骨子里的狂怪反叛性格是相通的。郑板桥年长吴敬梓八岁，号称康熙秀才、雍正举人、乾隆进士，因此他比吴敬梓幸运得多，做过官，尽管辞官回家，"一肩明月，两袖清风"，唯携黄狗一条，兰花一盆，但他有官府给的退休金，便没经历过吴敬梓那样的饥寒交迫。没做官之前的郑板桥，也曾有过辛酸生活，但当了官又被免官后，再回扬州卖字画为生，身价与前大不同了，求之者甚多。他却厌恶那些附庸风雅的暴发户，就像扬州一些脑满肠肥的盐商之类，纵出高价，他也不加理会。高兴时马上动笔，不高兴时，不允还要骂人。有回为朋友作画时，他特地题字以做坦率自白：

> 终日作字作画，不得休息，便要骂人。三日不动笔，又想一幅纸来，以舒其沉闷之气，此亦吾曹之贱相也。索我画，偏不画，不索我画，偏要画，极是不可解处。然解人于此，但笑而听之。

写字画画，斤斤计较酬金，郑板桥毫不隐讳，而且明定出可笑的怪润例：大幅六两、中幅四两、书条对联一两、扇子斗方五钱。凡送礼物食物，总不如白银为妙。盖公之所陕，未必弟之所好也。若送现银，则心中喜悦，书画皆佳。礼物既属纠缠，赊欠尤恐赖账。年老神疲，不能陪诸君子作无益语言也。

吴敬梓也听过郑板桥定润格，规定凡求其书画者，应先付订金，并作润例，颇为风趣。当时，许多豪门巨绅，厅堂点缀，常以得到板桥书画为荣。但郑板桥不畏权势，生平最不喜为那些官宦劣绅们作书画，这与袁枚多给官绅们作序写墓志恰恰相反，所以吴敬梓对郑板桥要比对袁枚高看。但毕竟他两都是举业成名为官后再为文的，身份、地位和心理

都会有较大差距。以吴敬梓那狷狂性格，万不得已他是不会主动求见
的。他知道，郑板桥被贬官后，三头毛驴一车书，两袖清风而去，卸任
后作的画有题云：

乌纱掷去不为官，囊囊萧萧两袖寒。
写取一枝清瘦竹，秋风江上竹渔竿。

咬定青山不放松，立根原在破岩中。
千磨万击还坚劲，任尔东西南北风。

画幅上三两枝瘦劲的竹子，从石缝中挺然而立，坚忍不拔，遇风不
倒，郑板桥借竹抒发了自己洒脱、豁达的胸臆，表达了勇敢面对现实，
绝不屈服于挫折的人品。

郑板桥笔下之竹，正是他自己人格的象征，这让吴敬梓生出无尽感
佩而自愧弗如，愧的是不能像他那样帮有冤仇灾难的百姓做点儿实事。
犹豫再三他便想，如此性格相投的郑大怪人，竟不是我吴敬梓的朋友，
这是说不过去的。该见不该见的，我吴敬梓都见了，却唯这板桥先生未
能谋面，这缘分差在哪儿呢？

不多日，吴敬梓在扬州又和几个文友聚在一起，大家谈起皇上南巡
之事，说注定会在扬州停驻的。人们还从地方官那里得知，皇上江南之
行还会有会见名流雅士、招纳贤才之举。文友们议论，听说郑板桥先生已
得到当地官府邀请，估计吴先生也会受邀的吧？吴敬梓却说，皇上见不
见不打紧，打紧的是想见见郑板桥先生！

席间大家又讲郑板桥捉弄污吏和奸商出高价买他的竹，而把所得银
钱助人为乐的故事，让吴敬梓很开心。程晋芳不失时机又问吴敬梓到底

想不想见郑板桥。

这话竟问到吴敬梓的痛处，因已喝多了酒，忽然失控对大家道，我吴敏轩愚钝啊，要是有这扬州大怪一半的智慧，《儒林外史》也不致压于库房不得见天日！

他又大口饮了酒说，可惜我吴粒民既穷极又愚钝，定是郑大先生不想见我，那我吴敬梓也就不想见他啦！

自从吴敬梓用马车把书稿送到扬州诗局，扬州便有了一个他最难成真的梦想。至今，书稿已在那里压了一年有余，而刊刻之事仍音信杳无。他已实在无颜再追问金兆燕和程晋芳了。倘若当初能拿得出银子，当年刊刻，差不多两千两银子便可完成。而到眼下，已涨成没两千五百两银子是刊刻不成的。他甚至不无懊悔地想，当年自己以掌门长子身份管探花府家业时，手稍稍紧一点儿，怎么也不至于攒不出两千两银子啊！

见吴敬梓如此说，谁都不敢跟他提见郑板桥及刻书的事了。

可吴敬梓脑子里，只有扬州诗局、程晋芳、金兆燕、《儒林外史》整天旋作一团。这令他眩晕的旋团里，扬州是天，《儒林外史》是月，程晋芳、金兆燕和他自己都是忽明忽暗的星。而他这一颗，则属于王冕观天象时看见的那颗被贯索犯着的文昌星，正在厄运中挣扎求索。

吴敬梓独自在扬州小客栈里住着，夜里从醉梦中醒来，浑身奔涌的血流渐渐凝固，身子拙笨，大脑一片茫然，几乎忘记自己是来做啥了。最后只有与他交情最深的程晋芳还敢来看他。程晋芳的可贵之处在于，从前尽管家里很富有，但他一心放在读书和做学问上，把大部分的资财都用在买书和接济读书人上了。他曾买过五万多册书，不是自己占有，而是供那些想读书的人来读。有很多贫穷的读书人到他这里来读书，还提供食宿，还能与他交流学问。程晋芳最好交友，"遇文学人，喋然意下，敬若严师。虽出己下者，亦必推毂延誉，使其满意"。他的文友虽很多，但最看重的是袁枚和吴敬梓等。

据有关专家的考证资料介绍，《儒林外史》中不少人物与程晋芳有一定关系。例如，书中重要正面人物庄徵君，就是以程晋芳的族祖程廷祚为原型创作的。庄徵君这个人物在《儒林外史》第三十四回至第四十九回屡屡出现，说他"是朝廷征召过的"，礼部侍郎徐某曾推荐过他，太子太保某欲纳为门墙，但庄徵君却不愿意走这个门路，"闭门著书，不肯妄交一人"，是吴敬梓赞佩的人物之一。再如《儒林外史》中庄徵君有个族侄叫庄濯江，有的研究专家认为，此人就是按照程晋芳的形象来塑造的，而更多的专家认为是以程梦星为原型来写的。程梦星是程晋芳的伯父，梦星虽为伯父，才名也很高，然晋芳却有些不同看法。袁枚《随园诗话》之十二云："鱼门虽呼午桥为伯父，意颇轻之。"《儒林外史》第四十一回中出现的庄濯江，虽是一个才士，又能诗画，但却隐去翰林身份，更像一个商人；而且一双眼睛老是在青年才女沈琼枝身上转溜。这恐怕是吴敬梓受了程晋芳"微言"影响的结果。沈琼枝这个大胆、泼辣、多慧而且一身正气的年轻女子形象，更与淮安盐商关系密切。按《儒林外史》所叙，沈为常州贡生沈大年之女，小时丧母，生活艰苦。其父将她嫁与扬州盐商宋某，宋却以妾纳之。沈女知后，将其室金银器物捆载，易装逃至南京，以卖自制绣品、诗扇为生。后被江宁知县协查拿获。因沈系才女，并能当庭作诗，得知县赏识，差人善解扬州，并嘱妥善解决。事实上，沈女的原型为松江女子张宛玉，她误嫁淮安盐商程某，而非扬州盐商。沈不耐其俗，因而私逃去南京的。后得江宁知县袁枚妥善解决。当时淮安经营盐业程姓商人，有十三家之多，均为程晋芳的族人。此事发生时，正是吴敬梓二次来淮之际，他可能亲见亲闻此事，因而将此事改头换面写入《儒林外史》第四十一回中。

因为程晋芳对吴敬梓有着如此莫逆的关系，吴敬梓不能不把绝望中忽然又想见郑板桥的打算说给程晋芳。这回程晋芳却明确摇头说，以我之见，大先生的书只能由私人刻坊刊刻了！哪儿刻都得有人掏腰包才行，此人必是有钱而不恋惜的人物，就如你我当年家财万贯且乐于助人那样的主儿。我看郑先生不会对此事热心。他交往的多是书画怪士，文人都不曾交。他在山东当过县令，写《聊斋》那位蒲松龄，他就从没见上一面。他与没有官身的稗史文人，定是有隔膜的！

程晋芳这番话，对吴敬梓说来相当沉重，他也不是没这样想过。但无望的人总得寻找希望，但凡有一丝希望，便会当救命稻草去抓的。听程晋芳说出官身二字，吴敬梓便像一只皮球被刀子刺穿，一下泄了气，不得不把郑板桥这根想象中的稻草彻底放弃。

程晋芳也无法再就刊刻的话题说下去，只是劝他从长计议，先安心养息身体，留得青山在，才能有柴烧。

刊刻的事没一点儿希望，程晋芳只好劝吴敬梓回南京家里好生养病。吴敬梓来时走的旱路，回时想走水路，顺路看看邗江，再过一回镇江和真州，从燕子矶进南京城。

吴敬梓离开扬州那天，没等程晋芳送行就在黎明时候，到了玉漕河码头。黎明的扬州，像瘦西湖里浴过的美女，妩媚而安详地睡着，玉漕河码头一片宁静。埠口周边的商铺一家也没开门。吴敬梓站在码头望着晨曦中的观音山和铁佛寺，不觉眼里折出泪光。

直到太阳升得很高了，玉漕河码头仍没有船只过往。码头上人也极稀少。吴敬梓问过路人才得知，玉漕河码头已经好几天没有船来了，人们都去茱萸湾头乘船。于是心中空落落的吴敬梓便来到城护城河东邗江畔的茱萸湾头，这里是京杭大运河经由扬州的最大码头。可是这里却依然是莫名其妙的冷清。一打听，邗江上的所有船只，上停在黄珏埠头，下停扬子江边的三江营。吴敬梓再一打听，才知道，去南京只有去施家桥乘车马，打真州那面走陆路。

直到这时，吴敬梓仍不知为什么邗江和扬子江的水路都不通船了。他只好按指点，去往施家桥，找到了去南京的车马。

马车在鞭声中跑起来那一刻，吴敬梓回望扬州，那扬州已像是在梦里了。孤独的回乡路上，吴敬梓默默无语。车夫耐不住寂寞，与他搭讪说，好多人都在紧赶慢赶来扬州，你为甚忙着离开？

吴敬梓反问车夫，为什么好多人要赶来扬州？车夫笑他简直是读书读愚啦，竟没听说乾隆爷要来江南巡视。这些天邗江上的船都不许行走，那是给乾隆爷让道哪！

吴敬梓将信将疑，车夫说，你没看邗江两岸多了那些彩牌坊，不年不节，不是皇帝来，谁会花费这么大的气力。邗江边水田里，没有稻苗的，都用麻秧染上绿色了，这不是给皇帝看还能给谁看？

此时的吴敬梓更加不再流连扬州，便对车夫说，即便皇上想在扬州见我，我也断无心想见皇上！

车夫很是奇怪，你这个先生真是怪，连皇帝都不想见！

吴敬梓无言以对，也不再跟车夫说话，聋哑人一般。

乾隆帝下江南的消息，扬州府上一年就知道的。在这之前，扬州府派出官员勘察路线，修桥铺路，盖建行宫。还请来了一大堆文人名士研讨迎驾方式。为了一博龙颜大悦，扬州府要求，乾隆爷可能经过的御道一定宽阔平直，不宽不直的，就拆房子，平祖坟，还借整肃盗匪的名义把无辜的平民投进监牢。

乾隆爷来了，扬州城龙光四射。乾隆乘的御舟被称为安福舻、翔凤艇，共有五艘，制作工艺极其精美。皇帝出巡的排场更是奢华得惊人。随行的王公大臣、侍卫官员有两千多人，水路上动用大小船只总共一千多艘次，陆路上征用乘马六千匹、马车四百辆、骆驼八百头，征调纤夫三千六百人、服役的民夫上万人。从北京到杭州，兴建了行宫三十所，没有行宫的地方，就搭起黄布城和蒙古包毡房。凡是御驾经过的道路要洒水除尘，沿途三十里以内，地方官员一律穿上官服迎驾，所有的绅士、读书人、老年百姓都要到现场排队跪拜，以显"盛世"气象。

地方官员和富商为了讨好皇上，挖空了心思。他们在河道里安排龙舟灯舫，在岸上搭建彩棚，扬州府把皇家队伍要路过的地方，全在城外用红绿绸缎装饰成一枚巨大的桃子，十多里外就能望见，乾隆帝的御舟一到，突然烟火大发，巨桃开裂，桃子里出现一个剧场，有许多真人在演戏。

扬州迎驾的队伍也十分庞大，一些文人名士也排列在州府官绅之后，只是远远地望见从船上走下一群人，谁也没有见到皇帝的龙颜。据说，乾隆帝在扬州大虹园停留时，夸赞说，这里风景不错，很像北京南海的"琼岛春荫"，就只少一座喇嘛塔。

扬州官员听见了，暗地买通太监取得图样，立即兴工，很快就添造出一座喇嘛白塔。这些操办的官员、富商，都得到了乾隆帝的褒奖。

江淮以及江南地区读书人很多，乾隆帝就宣布增加所到地方的官学生员名额，还破格赏赐六百多人进士及第的资格。对于沿途居住的退休老臣，乾隆帝给予特别的优待和礼遇，每次来迎驾，都要升一级官爵。乾隆帝用这些办法，笼络汉族读书做官的人，以及民心。

乾隆帝的南巡在扬州驻停不过五天，他的庞大船队便一路向南行驶，一些达官显贵便想着法儿尾随而去。

与皇上背道而行的吴敬梓，博学鸿词科的京试都曾被巡抚举荐过的，这种邀文士迎銮而有好处可得的活动，若他也感兴趣的话是有可能受邀的，但他早已没了兴趣，只身一人远远躲开了扬州。

乾隆十九年（1754），吴敬梓再次奔赴扬州，为的仍是书稿刊刻的事。而这时《儒林外史》手稿已由金兆燕安排，搬出了扬州诗局，转入金兆燕朋友的私人刻坊保存。吴敬梓此次来扬州，是想看看，转入私家刻坊的书稿运气如何，见仍无希望，便觉逗留扬州已无意思，决定早早回南京家中去卒岁。

渡江南归之前，吴敬梓倾囊中所有备了酒食，邀集友人前来聚会了一次。痛饮数杯之后，他便有了醉意，吟诵起张祜的《纵游淮南》诗来，而且吟诵了好几遍：

　　十里长街市井连，月明桥上看神仙。

　　人生只合扬州死，禅智山光好墓田。

诗中的"人生只合扬州死"一句，他反复吟诵数遍，在座的友朋无不诧异，但不解何故。隔了几日，即农历十月二十八日，吴敬梓爱子吴烺的朋友、诗人王又曾刚好从京南返，路过扬州，听说吴敬梓也在扬州，便按打听到的地址前往拜访，竟见到了。

王又曾字受铭，又字毅原。浙江秀水（今嘉兴）人。他曾数度客游秦淮，闻知吴敬梓文名，但始终未能谋面。乾隆十六年（1751），弘历南巡那次到了江宁，召试士子，他和吴烺同时参加考试，"均蒙异数"而被赐举人授内阁中书，又同时北上京华供职。两人"共风雨，数晨夕，至专且久"，交谊极为深笃。王又曾此次南返，终于拜会到吴敬梓。听王又曾说吴烺情况尚好，吴敬梓心情也好了一些，又从儿子身上生出一线刻书的希望。

临回南京前，吴敬梓又去王又曾的船上回拜。大运河的水声与桨声一声接一声地响着，漕运船头的灯火明明灭灭，与天上的星星连接在了一起。吴敬梓十分亢奋，挥手遥指远处，对王又曾说，待明年我的娘儿回家转，也许我的《儒林外史》便有望付刻了。

王又曾也深信不疑，纵观大清国，年年都有人刊刻出书，大先生的文采极好，一本好书的刊刻该不会太难。

王又曾与吴敬梓两人虽系初次晤面，但分外投机，上下古今无所不谈。离船上岸之后，吴敬梓一再邀约王又曾来日与娘儿同到南京家里相会，直到王又曾应允，方依依分手。

当晚，吴敬轩回到寓所时夜色正浓。他因心情好转，又独自小饮数杯，虽然有些醉意，但神志还清楚，自行脱衣解带上床休息。此时已是下半夜了。这一天从晨至暮，吴敬梓都在会客，精神极为兴奋，但身体却十分疲惫。上床安枕不到一顿饭工夫，由糖尿病并发的高血压症突然恶化，痰涌不绝，连药物也来不及服用就辞世了。店家于惊惧之中，抚尸呼唤，客官客官，你快点儿醒来，千万别在我这里归西，坏了我的生意啊！

吴敬梓眼睛睁着，但再也没能发出一丝回答店家的声息。

慌作一团的店家，一时弄不清过世于店里的吴敬梓身份，不住地责怪，这先生一住就是十九日，也不知他是谁人。店家无奈之下急惶惶报到官府，说从没见这死者正儿八经吃过饭食，就当是饿殍吧？！

衙役大怒说，扬州城是皇上圣临不久之地，岂会有饿殍？立即亲往店中调查，似觉在卢大人家的文人聚会时见过，便找程晋芳询问，方知是吴敬梓。

程晋芳见床榻上已僵硬的吴敬梓，遗相极其狼狈，不觉泪雨滂沱，立即向扬州文友发出讣告，众位文友纷纷前来料理。店家原以为寻找逝者家人要耗费许多周折，不想却是这么容易。

王又曾于二十九日凌晨在舟中收到讣闻，不禁惊叹：又曾愿见之心，积之数岁，得一见矣，而先生遽一夕而殒。人生怪愕之事，无逾于此！

即刻，王又曾也赶赴吴敬梓寓所，协助料理丧事。大家在检点遗物时发现，除了典当衣服的钱还剩一点儿之外，已囊空如洗了。王又曾见此窘况，立即去两淮盐运使署，向卢见曾诉说详情。卢见曾尽管并未特别青睐吴敬梓，也不胜伤感，慨允承担一切丧葬费用。

一切安排妥当之后，金兆燕亲自扶柩，将吴敬梓的遗柩从扬州用船运回南京，直到吴烺从京城匆匆赶回，人们才把吴敬梓安葬在南京城西北的清凉山下。

吴敬梓最为莫逆的忘年之交程晋芳，专门写下一篇《文木先生传》。全文如下：

文木先生传

先生姓吴氏，讳敬梓，字敏轩，一字文木，全椒人。世望族，科第仕宦多显者，先生生而颖异，读书才过目，辄能背诵。稍长，补学官弟子员①。袭父祖业，有二万余金。素不习治生，性复豪上，遇贫即施，偕文士辈往还，饮酒歌呼穷日夜，不数年而产尽矣。

安徽巡抚赵公国麟闻其名②，招之试，才之，以博学鸿词荐③，竟不赴廷试，亦自此不应乡举④，而家益以贫。乃移居江城东之大中桥，环堵萧然⑤，拥故书数十册，日夕自娱。窘极，则以书易米。或冬日苦寒，无酒食，邀同好汪京门、樊圣谟辈五六

---

① 弟子员：汉代称太学生为弟子员。明清称县学生员为弟子员。
② 赵公国麟：赵国麟，字仁圃，山东泰安人。康熙进士。乾隆间累官至文渊阁大学士。
③ 博学鸿词：科举考试的一种名目。这里指清乾隆二年（1737）举行的一次。
④ 乡举：乡里举荐。
⑤ 环堵：四周的土墙。陶渊明《五柳先生传》："环堵萧然，不蔽风日。"

人，乘月出城南门，绕城堞行数十里①，歌吟啸呼，相与应和。逮明，入水西门，各大笑散去，夜夜如是，谓之"暖足"。余族伯祖丽山先生与有姻连②，时周之③。方秋，霖潦三四日，族祖告诸子曰："比日城中米奇贵，不知敏轩作何状。可持米三斗，钱二千，往视之。"至，则不食二日矣④。然先生得钱，则饮酒歌呶⑤，未尝为来日计。

其学尤精《文选》，诗赋援笔立成，夙构者莫之为胜。辛酉、壬戌间⑥，延至余家，与研诗赋，相赠答，惬意无间。而性不耐久客，不数月，别去。生平见才士，汲引如不及。独嫉时文士如仇⑦，其尤工者，则尤嫉之。余恒以为过，然莫之能禁。缘此，所遇益穷。与余族祖绵庄为至契⑧。绵庄好治经，先生晚年亦好治经，曰："此人生立命处也。"

岁甲戌⑨，与余遇于扬州，知余益贫，执余手以泣曰："子亦到我地位，此境不易处也，奈何？"余返淮，将解缆，先生登船言别，指新月谓余曰⑩："与子别，后会不可期。即景怅怅⑪，欲构句相赠，而涩于思，当俟异日耳。"时十月七日也，又七日

① 城堞（dié）：城墙。堞，城上如齿状的矮墙。
② 丽山先生：程丽山，与程廷祚（绵庄）是同辈，事迹不详。
③ 周：通"赒"，救济。
④ 不食：这里指断炊。
⑤ 歌呶（náo）：歌喧。
⑥ 辛酉、壬戌：指乾隆六、七年（1741—1742）。
⑦ 时文：科举应试之文。明清时指八股文。
⑧ 绵庄：程廷祚，字启生，号绵庄。乾隆初以诸生召试鸿词科，未入等。自此遂不应乡试，闭户穷极以终。
⑨ 甲戌：乾隆十九年（1754）。
⑩ 新月：初出的月亮。
⑪ 怅怅（liàng）：惆怅。

而先生殁矣。先数日，衰囊中余钱①，召友朋酣饮。醉，辄诵樊川"人生只合扬州死"之句②，而竟如所言，异哉！

先是，先生子烺已官内阁中书舍人③，其同年王又曾毅原适客扬④，告转运使卢公⑤，殓而归其殡于江宁⑥。盖享年五十有四。所著有《文木山房集》、《诗说》若干卷。又仿唐人小说为《儒林外史》五十卷，穷极文士情态，人争传写之。子三人，长即烺也，今官宁武府同知⑦。

论曰：余平生交友，莫贫于敏轩。抵淮访余，检其橐⑧，笔砚都无。余曰："此吾辈所倚以生，可暂离耶？"敏轩笑曰："吾胸中自有笔墨，不烦是也。"其流风余韵，足以掩映一时⑨。窒其躬⑩，传其学，天之于敏轩，倘意别有在，未可以流俗好尚测之也。

可以告慰一代文豪的是，他的爱子吴烺，后来得官中书舍人，乾隆三十五年（1770）俸满引见，升山西宁武府同知，后署理知府。任内多善政，这算是可让吴敬梓瞑目的事吧。但一直替吴敬梓保护着《儒林外

---

① 衰（póu）：聚集。

② 樊川：唐代诗人杜牧，字牧之，京兆万年（今陕西西安）人。晚年官至中书舍人，居长安城南樊川别墅，后世因称"杜樊川"。所引诗句见《纵游淮南》。

③ 烺（lǎng）：吴烺，字荀叔，号杉亭。吴敬梓长子。中书舍人：明清时掌书写诰敕等事。

④ 同年：科举时同榜考取的人。王又曾：字受铭，号毅原，浙江秀水人。乾隆进士，官刑部主事。著有《丁辛老屋集》。

⑤ 转运使卢公：指两淮盐运使卢见曾。见曾字抱孙，号雅雨，山东德州人。时官两淮都转盐运使。

⑥ 殓：给死者穿着入棺。殡：埋葬。江宁：今江苏南京市。

⑦ 宁武府：今山西宁武。同知：知府的副职。

⑧ 橐（tuó）：盛物的袋子。

⑨ 掩映：遮掩衬托。

⑩ 窒：遏制。躬：身体，引申为本身。

史》手稿的金兆燕明白，《儒林外史》何时能刊刻出来，才是真正能让吴大先生瞑目的事。可这事，何日才能办成啊?!

这一年江淮的冬天奇冷无比，淮河、大运河都出现过冰冻。金兆燕犯愁《儒林外史》刊刻之余，也在挂念，大先生在另一个世界，会有人陪他暖足吗?!

25. 不朽

一代文豪吴敬梓，猝死于乾隆十九年（1754）扬州一家小客店里，险些被当饿殍收尸。他是在对《儒林外史》能否刊刻问世的等待中病猝而死，死得悄然无声却令人心寒。

吴敬梓的遗像，是由他的画家朋友王溯山凭记忆画出来的。这幅画像，成了后来《儒林外史》各种刻本的作者像。在画像丝丝缕缕的线条里，后人似能看出画家深深的思索。王溯山是在思索自己的百幅画也抵不住吴敏轩那部尚无望刊刻的《儒林外史》吗？还是在诉说最受愧对的是大先生这样说真话讽时弊，留下无价之作，生前却分文无得的不公吗？一部杰作的代价，非得是许许多多的债务和贫病早亡吗？世道是怎么了？作画的可以自定润格，甚至未经动笔就可先得酬银大笔，可吴敏轩那么好一部大师之书，生前所得却是无尽的白眼和无休赊借！

王溯山画完吴敬梓的遗像，独自在大文豪多次驻足过的地方，焚烧了成刀的黄纸。这些纸，足可以让先生在另一个世界，不用欠债赊纸便可著书立说了吧？

这以后的日子，更让金兆燕陷入无尽的焦虑。大先生留下的手稿成了他心头的巨石，一天不刊刻于世，便一天没法轻松。那时的扬州诗局，刊刻的生意十分红火。来自朝廷的御文宗卷多得忙不过来；来自省州府道官员的文集卷册多如牛毛。刊刻的费用也一路攀升。按着市价估算，吴敬梓的《儒林外史》刊刻下来，没有五千两银子怕是办不到了。

两年后，金兆燕辞去了扬州诗局的差事，去了一个很小的私人刻印社谋生，同时开始备习科试。他到刻印社之后，承担的校勘事务更加繁琐而辛苦。这个活儿，金兆燕一共做了十多年。

直到乾隆三十一年（1766），金兆燕省试中了进士，官任扬州府学教授，才得以通过一个小刻印社，把《儒林外史》刊刻于世。这个刻本至今已失传，但它却是《儒林外史》的最早刻本，也是嘉庆八年（1803）卧闲草堂本最原始的草考本。

值得一提的是，与吴敬梓同时代的山东人蒲松龄，曾在四十岁时写成的狐鬼小说《聊斋志异》，也未能及时刊刻出来，现存最早的刻本，也成于乾隆三十一年（1766）。蒲松龄卒于清康熙五十四年（1715），这一年吴敬梓才十四岁。《聊斋志异》正版刻本面世时，距蒲松龄去世已半个世纪。真是一代文人有厄啊！

值得告慰先生英灵的是，《儒林外史》早已成为中国十大古典文学名著（或说五大古典文学名著）之一，也成为不朽的世界文学名著，不断有各种文字的新版本问世。先生赊酒饿腹写下的杰作，如今年年都有稿酬奉献给全人类。

《儒林外史》是部有着思想家气质的文化小说巨著，是高雅的文学杰作。它与通俗小说有着截然不同的品质。

中国乃至世界近代长篇小说，结构方式多由主要人物（即主人公）和基本情节为主线，构成一个首尾连贯的故事。《儒林外史》则是对中国百年知识分子厄运进行反思和探究，把几代知识分子放在这个大历史背景中去描写，人散事散而主题思想不散，独创出"全书无主干，仅驱使各种人物,行列而来,事与其来俱起,亦与其去俱讫,虽云长篇,颇同短制"(鲁迅《中国小说史略》)的形式,有意别于传统通俗小说靠紧张情节推进,人物脸谱化、类型化的窠臼,而力求遵循生活原貌,描绘真实鲜活的日常生活自然形态,这样的写作追求至今仍不落伍。

吴敬梓先生根据自己亲身生活经验,又假托前朝,对百年知识分子的厄运进行思考,以此为纲线,以"楔子"为针"敷陈大义","隐括全文",最后以"添四客述往思来　弹一曲高山流水"呼应开篇,而使全篇浑然一体。全书大体可分三大部分。一大部分主要讽刺科举制度下儒林各色可憎人物,如周进、范进、王德、王仁、严贡生、严监生等等,及社会上的腐败和堕落风气。二大部分主要是描写君子文士,如作者自况的杜少卿,及迟衡山、庄绍光、虞育德、萧云仙等真儒名贤的思想行为。三大部分,主要描写真儒名贤理想的破灭,社会风气更加恶劣,以至于陈木南、汤由、汤实二公子等已堕落到泡在妓院谈论科场名士风流的地步。可贵的是,先生并没绝望,因而除在开篇塑造了一个完美的理想人物王冕,又在结尾添写了自食其力的四位知识新人,以呼唤与寄托未来。

《儒林外史》,既没有惊心动魄的传奇渲染,也没有情意缠绵的动人描写,而重在展示随处可见的日常生活和人的精神面貌。全书写有二百七十多人,除儒林中各色人等外,还把与之相关的三教九流人物密切写入,从而成为中国封建社会晚期的巨幅社会风俗画卷。

《儒林外史》注重通过平凡生活中平凡小事的描写,塑造人物性格,毫无类型化、脸谱化之感。几百个人物,不但性格各异,而且内心世界也多有描涉,细致入微地体现出人物性格的发展变化。同时,这部巨著改变了传统小说以说书人的评述模式,用客观叙述方式,不对人物妄加评论,而把评断的权力完全交给读者。

"五四"新文化运动的领袖人物陈独秀在《〈儒林外史〉新叙》中

曾说："中国文学有一层短处，就是：尚主观的'无病而呻'的多，知客观的'刻画人情'的少。《儒林外史》之所以可贵，就在它不是主观的，理想的——是客观的，写实的。这是中国文学书里很难得的一部章回小说。看了这部书，试回头想一想，当时的社会情形是怎么样？当时的翰林、秀才、斗方名士是怎么样？当时的平民又是怎么样？——哪一件事不是历历如在目前？哪一个人不是惟妙惟肖？吴敬梓他在二百年前创造出这类的文学，已经可贵；而他的思想，更可令人佩服。"

而吴敬梓狂狷豁达的性格，又使他睥睨群丑，轻蔑流俗，这种气质与禀赋，必然使他采用讽刺的手法达到批评现实的目的。

鲁迅在《中国小说史略》中简括论述中国讽刺小说渊源和发展时说："寓讥弹于稗史者，晋唐已有，而明为盛，尤在人情小说中。"然而多数作品或"大不近情"，类似插科打诨；或非出公心，"私怀怨毒，乃逞恶言"；或"词意浅露，已同谩骂"。《儒林外史》将讽刺艺术发展到新的境界，"秉持公心，指摘时弊"，"戚而能谐，婉而多讽"，"于是说部中乃始有足称讽刺之书"。

《儒林外史》这部讽刺之书，除了具有"以公心讽世"的伟大主题思想和巨大文化容量外，最为突出的是，作者将中国讽刺小说提升到与世界讽刺名著并列而无愧的地位。关于对这部小说讽刺艺术的评价，我觉最为言简意赅者，莫过于鲁迅先生在《中国小说史略》第二十三篇《清之讽刺小说》中那一段文字：

敬梓之所描写者……既多据自所闻见，而笔又足以达之，故能烛幽索引，物无遁形，凡官师，儒者，名士，山人，间亦有市井细民，皆现身纸上，生态并作，使彼之世相，如在目前……而时见珍异，因亦娱心，使人刮目矣。敬梓又爱才士，"汲引如不及，独嫉'时文士'如仇，其尤工者，则犹嫉之。"（程晋芳所作传云）故书中攻难制艺出身者亦甚烈，如令选家马二先生自述制艺及以制艺之所以可贵云……《儒林外史》所传人物，大多实有其人，而以象形谐声或廋词隐语寓其姓名，若参以雍乾间诸家文集，往往十得八九。此马二先生字纯上，处州人，实即全椒冯粹中，为著者挚友，其言直率，又尚上知春秋汉唐，在"时文士"中实属诚笃博通之士，但其议论，则不特尽揭当时对于学问之见解，且洞见所谓儒者之心肝者也。至于性行，乃亦君子，例如西湖之游，虽全无会心，颇杀风景，而茫茫然大嚼而归，迂儒之本色固在……至叙范进家本微寒，以乡试中式暴发，旋丁母犹，翼翼尽礼，则无一贬词，而情伪毕露，诚微辞之妙选，亦狙击之辣手矣……此外刻画伪妄之处尚多，掊击习俗者亦屡见。其述王玉辉之女既殉夫，玉辉大喜，而当入祠建坊之际，"转觉心伤，辞了不肯来"，反又自言"在家日日看见老妻悲恸，心中不忍"（第四十八回），则描写良心与礼教之冲突，殊极刻深（详见本书钱玄同序）……

鲁迅先生在《中国小说的历史的变迁》第六讲《清小说之四派及其末流》中进一步说："在清朝，讽刺小说反少有，有名而几乎是唯一的作品，就是《儒林外史》。《儒林外史》是安徽全椒人吴敬梓作的。敬梓多所见闻，又工于表现，故凡所有叙述，皆能在纸上见其生态；而写儒者之奇形怪状，为独多而独详。当时距明亡没有百年，明季底遗风，倘留存于士流中，八股而外，一无所知，也一无所事。敬梓身为士人，熟悉其中情形，故其暴露丑态，就能格外详细。其书虽是片段叙述，没有线索，但其变化多而趣味浓，在中国历来作讽刺小说者，再没有比他好的了。一直到了清末……有李保嘉用南亭亭长的假名，作了一部《官场现形记》。这部书在清末很盛行，但文章比《儒林外史》差多了；……嗣后又有广东南海人吴沃尧……也用了我佛山人的假名，作了一部《二十年目睹之怪现状》。这部书也很盛行，但他描写社会黑暗面，常常夸大其词，又不能穿入隐微，但照例慷慨激昂，正和南亭亭长有同样的缺点。这两种书都用断片凑成，没有什么线索和主角，是同《儒林外史》差不多的，但艺术的手段却差得远了；最容易看出来的就是《儒林外史》是讽刺，而那两种都近于谩骂。讽刺小说是贵在旨而语婉的，假如过甚其辞，就失了艺术上的价值，而它的末流都没顾到这一点，所以讽刺小说从《儒林外史》而后，就可以称为绝响。"

　　茅盾先生在《谈我的研究》一文中说："至于《红楼梦》，在我们过去的小说发展史上固然地位颇高，然而对于现在我们的用处会比《儒林外史》小得多了。如果有什么准备写小说的年轻人要从我们旧小说堆里找点可以帮助他'艺术修养'的资料，那我就推荐《儒林外史》。"

　　《儒林外史》成为我国古代讽刺文学的典范，吴敬梓对生活在封建末世和科举制度下的封建文人群像的成功塑造，以及对吃人的科举、礼教和腐败事态的生动描绘，使他成为我国文学史上批判现实主义的伟大作家。《儒林外史》不仅直接影响了近代谴责小说，而且对现代讽刺文学也有深刻的启发。美国著名学者亨利·韦尔斯也大加赞美说："《儒林外史》是一部极为出色的著作，为不争之实，其风格活泼生动，刻划中国文人阶级及广泛社会众生相，实无其右者。全书充满浓郁之人情味，足堪跻身世界文学史杰作之林，可与意大利薄伽丘、西班牙塞万提斯、法国巴尔扎克或英国狄更斯等人的作品相抗衡。"

　　因此我们可以说，《儒林外史》不仅成为中华民族的精神瑰宝，也成为全世界的璀璨名著，是我国清代文学中较早出现外文译本且经受住了时间考验的经典之作。吴敬梓的名字，已同他的《儒林外史》不朽于源远流长的华夏中国文学史。

　　据李汉秋先生所著《〈儒林外史〉外文译本》等文章介绍，《儒林外史》已有如下外译文本：

英译文

《儒林外史》第一回片段原载 1939 年《英文杂志》,收入潘正英编《中国十大名著选译》。

徐真平翻译的《儒林外史》最后一回,题目为《四位奇人:儒林外史之结尾》,载于上海、南京出版的《天下月刊》第 11 期(1940—1941 年版,178—192 页)。

王际真翻译的《儒林外史》片段英译文,题目是《两学士中举》,收入高乔治编辑的《中国幽默与智慧》一书(189—208 页)。此书由纽约科沃德-麦卡恩公司于 1946 年出版,纽约斯特林出版公司 1974 年再版(共 347 页)。所译内容为《儒林外史》第二、三两回,即周进与范进中举的故事,译文非常引人入胜,在欧美获得好评。

新中国成立后,著名翻译家杨宪益与戴乃迭合译的片段英译文,题目是《吴敬梓——儒林外史》载于北京外文出版社出版的《中国文学》1954 年 4 月号(5—68 页)。所译内容为《儒林外史》的前七回,此七回译文 1957 年归入译者的《儒林外史》之全译本《儒林》一书。译文流畅而精确,能够传达原意。

张心沧翻译的片段英译文,题目是《慷慨的年轻学士》,收入张心沧编译的《中国文学——小说与戏剧》一书(329—381 页),此书由芝加哥阿尔定出版公司及爱丁堡大学出版社于 1973 年出版。所译内容为《儒林外史》的第三十一、三十二两回,即杜少卿的故事。译文被认为是高水平的,译者在译文后还作有注释。

杨宪益、戴乃迭合译的《儒林》,是迄今为止唯一的一部

《儒林外史》之英文全译本（共五十五回），由北京外文出版社于 1957 年出版，共 721 页。此译本书前有现在中国著名画家程十发 1951 年 8 月所作吴敬梓彩色画像一幅和现在中国著名作家及评论家吴祖缃的《序言》一篇，书中还有程十发所作插图多幅，书后并附录《〈儒林外史〉所涉及的管制及科举制》一文。1963 年和 1973 年，北京外文出版社重印了这个译本的第二版和第三版，这两版书前都增加"小说主要人物表"，第三版无序言，但在附录《〈儒林外史〉所涉及的管制及科举制》一文中增入汉文专有名词与译文相对照。美国纽约格罗西特与邓拉普出版公司于 1972 年也重印了这个译本，同时加入夏志清撰写的《导言》。

法译文

民国翻译家徐仲年翻译的《儒林外史》之片段法译文，题目是《范进中举》，收入徐仲年编译的《中国诗文选》一书（282—293 页），此书由巴黎德拉格拉夫书局于 1933 年出版（全书共 445 页）。所译内容即《儒林外史》第三回"周学道较士拔真才　胡屠户行凶闹捷报"，是根据上海亚东书局 1922 年版《儒林外史》排印本译出的。

翻译家吴益泰翻译的《儒林外史》的法译文有两段，一段题作《马二先生》，一段题作《两学士——张静斋与范进》，收入吴益泰编译的《中国小说概论》一书（115—118 页），此书由巴黎韦加出版社于 1933 年出版。两段内容分别为《儒林外史》的第四回和第十四回的摘译。在这两段译文之前，吴益泰摘译了鲁迅先生《中国小说史略》中的一段评论文字："《儒林外史》所传人物，大都实有其人，而以象形谐声或廋辞隐语寓其姓名，若参以雍乾间诸家文集，往往十得八九。此马二先生字纯上，处州人，实即全椒冯粹中，为著者挚友，其言直率……至于性行，乃亦君子，例如西湖之游，虽全无会心，颇杀风景，而茫茫然大嚼而归，迂儒之本色固在。"

贺师俊翻译的《儒林外史——文学小说》是一部《儒林外史》的法文选译本，由巴黎 L·罗德斯坦书局于 1933 年出版，共 207 页。书中附有程晋芳《吴敬梓传》的译文，并附译者的研究文章，对《儒林外史》的作者、思想、故事情节及主要人物做了分析和介绍。

德译文

《儒林外史》德文译本由杨恩霖与格哈德·施密特合译，由诺亚·基彭霍伊尔与弗里德里希·明科维茨加工润色，是五十五回的全译本，1962 年由德意志民主共和国魏玛古斯道夫·基彭霍伊尔出版社出版，1201 页。此书译文非常严肃认真，它的再版精装本（831 页）扉页有译者杨恩霖墨笔所题"儒林外史"四字。此两版书中都附有"小说人名表"、"小说主要人物编年简介"以及德国汉学家伊尔玛·彼得斯所作长篇跋文。这篇跋文介绍了吴敬梓的生平、思想和著作情况，还提到吴敬梓自幼受家庭和父亲的影响，后来又受前辈先进思想家顾炎武、黄宗羲、颜元等人影响的情况。伊尔玛·彼得斯写道："吴敬梓是以正统的儒家思想作为他立身处世的准则，注重德行与操守，所以他轻视功名与富贵，反对猎取功名富贵的八股文。""要读懂《儒林外史》反对八股文和科举制度的主题，就需要了解当时中国科举制度的情况。这种制度束缚读书人的思想、限制读书人的知识，使读书人的思想僵化而停步不前，同时败坏社会风气。"伊尔玛·彼得斯在跋文最后说："《儒林外史》的内容会使德国读者感到生疏而奇特，但它是一部有趣的书。在今天的中国，在人民掌权的条件下，书中描写的事情早已过去而成为历史陈迹了。然而，你读了它的许多故事，会帮助你比较容易地了解中国社会文化的历史变迁，会使你懂得这种变迁是多么重要，它的不少故事在今天的中国仍具有现实的意义。《儒林外史》有好些地方不好翻译，如儒林人物的生活细节、故事发生的背景、专有名称、官位职衔等等，特别是作者的讽刺性的语言，译成德文时非常困难。这个译本的文字有些地方对德国读者恐怕仍不好理解，但总的来说，这个译本对德国读者了解中国的文化是会起到一定的作用的。"

俄译文

前苏联翻译家阿·伊文翻译的《儒林外史》前八回的俄译文连载于 1929 年出版的《青年近卫军》杂志第 18 期（32—45页）、第 19 期（38—49 页）、第 20 期（23—41 页）、第 21 期（37—48 页）。新中国成立之后，北京出版的俄文版《人民中国》1955 年第三期（23—28 页），载有《儒林外史》第三回的俄译文，标题是《范进中举》。《儒林外史》的俄译文从此不断得到丰富。

苏联汉学家对中国古典文学名著的翻译一向十分重视，他们有的人一生专门研究和翻译某一作家的作品。如著名汉学家阿列克谢耶夫就以毕生精力从事《聊斋志异》的研究和翻译，而德·沃斯科列辛斯基则是专门研究吴敬梓和翻译《儒林外史》的著名汉学家。沃斯科列辛斯基生于1926年，军事外语学院毕业，曾发表过不少研究吴敬梓及其著作的论文，并以题为《十八世纪中国讽刺文学家吴敬梓和他的小说〈儒林外史〉》的论文取得博士学位。他所翻译俄《儒林外史》是五十五回全译本，由 B·塔斯金校订，1959 年由莫斯科国家文艺出版社出版（631 页）。这个全译本书中有程十发所作插图，并有沃斯科列辛斯基所作长篇《序言》。在这篇《序言》中，沃斯科列辛斯基介绍了吴敬梓的生平、清朝的科举制度，也对《儒林外史》作了分析和评论。他写道："1754 年 12 月的一天，在中国中部的一个城市——扬州，卓越的讽刺艺术家吴敬梓悄然离开了人世，他的死，对这个城市的市民来说甚至是不知不觉的。扬州市民很少知道他们身边住着一位有名的大作家，相识的人也只知道他是个不得志的贫穷的诗人。然而吴敬梓是可以与中国最伟大的作家并驾齐驱的。他曾写过许多篇诗歌，足以代表他的艺术成就的就是讽刺小说《儒林外史》。这部小说是作家卓越天才的里程碑，直到今天它仍是中国古代文学的典范作品之一。""这部小说的内容很少离开作者本身的阅历，它的描写细腻而深刻。正像语言艺术大师一样，吴敬梓所提炼的文学语言是非常生动、鲜明而有力的，他借助人物对话能痛快淋漓地揭露人物的内心世界。比如，我们听到贡生杨执中的谈吐，立刻就能判断出这是个骗子和无赖；我们听到周进或范进的谈吐，能够从不同角度感觉到他们内心的空虚和渺小。吴敬梓广泛运用古代书面语言、民间口头语言以及谚语和俗语，刻画出不同人物的性格特征。所以他的小说虽是在两个多世纪之前写成的，今天仍然得到中国人民的普遍热爱。无疑，通过这篇小说，苏联读者也可以更多地了解伟大中国人民过去的历史。"沃斯科列辛斯基在这篇《序言》中还提到他翻译《儒林外史》"曾得到中国文学家、北京大学教授吴组缃的帮助"，他对此深表感谢。

越译文

越南文译本《儒林外史》由翻译家潘武及汝成合译，由河内文学院文化出版社于1961年出版。这是根据北京人民文学出版社1959年版《儒林外史》译出的，为五十五回全译本，共分三卷（卷一，283页；卷二，275页；卷三，278页）。书前有译者潘武和汝成合写的《序言》，对吴敬梓及其作品作了概括评述。《序言》中说："1954年12月11日中国文艺界在吴敬梓逝世200周年纪念会上，肯定施耐庵的《水浒传》、曹雪芹的《红楼梦》和吴敬梓的《儒林外史》作为中国古代小说中最具有价值的作品。清代同治年间一位小说评论家曾说：'慎勿读《儒林外史》，读之乃觉身世应酬之间，无往而非《儒林外史》！'由此可见这部小说艺术效果之强烈。鲁迅在《中国小说史略》中肯定《儒林外史》是一部讽刺社会的小说，认为它的艺术讽刺诗是空前绝后的。""《儒林外史》有三个突出的特点：内容现实，思想民主，讽刺深刻。正是这三点，使我们今天重读它，也不觉为它的清新、奇特而惊讶！"

日译文

日本汉学家中最先提到《儒林外史》的，是明治时代的森槐南，他在《作诗法讲话》（1911 年文会堂出版）这本著作中曾说到，要研究中国清代社会风俗，《儒林外史》是不可缺少的一部书。

日本最早翻译《儒林外史》的译者是濑沼三郎，他所译的五十五回全译文连载于 1935 年 4 月 2 日至 12 月 1 日的《满洲日报》。

在日本流传较广的《儒林外史》五十五回全译本，是由冈本隆三与稻田孝先后译出的。冈本隆三译全书的前二十六回，1944 年东京开成馆作为译本的"上卷"出版。稻田孝继冈本隆三译完全书的后二十九回。1960 年平凡社将冈本隆三与稻田孝的译文合为一书出版，列入《中国古典文学全集》。

稻田孝翻译的《儒林外史》全译本，1968 年由东京平凡社出版，800 页，并附插图，列入"中国古典文学大系"。

小田岳夫与冈本隆三合译的《〈儒林外史〉——王冕的故事》，载《日本与日本人》二卷十二期和三卷一至三期（1951—1952）。

《中国语杂志》编辑部译《儒林外史》，中国语造纸四卷四、五、六期，1949 年 9 月—11 月。

木下彪译《儒林外史钞注》，载冈山大学法文学部学术纪要，1954 年 3 月。

……

附录一 吴敬梓年表

康熙四十年（1701）

吴敬梓诞生于安徽全椒一个科举世家的名门望族，出生后便过继给伯父吴霖起为嗣子，字敏轩，号粒民。

是年，顾炎武已故二十年，黄宗羲已故六年。

康熙四十一年（1702）

吴敬梓二岁。

是年，嗣父吴霖起已候补拔贡十六年。

万斯同故。

康熙四十四年（1705）

吴敬梓五岁，嗣父为其请塾师先生。

是年全祖望生。

康熙四十八年（1709）

吴敬梓九岁，其所居全椒探花府修缮完工。

是年，圆明园在京城西郊动工兴建。

康熙五十年（1711）

吴敬梓十一岁。

是年，戴名世《南山集》案发。

康熙五十二年（1713）

吴敬梓十三岁，是年嗣母（金泽芳）病故。

是年，《南山集》案作结：戴名世立斩，其家人从宽免治罪。受牵连的汪灏、方苞等免予治罪。

康熙五十三年（1714）

吴敬梓十四岁，随嗣父赴赣榆县教谕任所读书。

康熙五十四年（1715）

吴敬梓十五岁，在嗣父任所赣榆写下生平第一首诗而在当地小有名气。

是年，蒲松龄死。《聊斋志异》传抄本流现鲁、皖、苏等地。

康熙五十五年（1716）

吴敬梓十六岁，与陶媛儿成婚。

是年，《康熙字典》编纂完成。毛奇龄死。袁枚生。

康熙五十七年（1718）

吴敬梓十八岁，在赣榆作为全椒生员考为秀才。

康熙五十八年（1719）

吴敬梓十九岁，长子吴烺诞生。

是年，友人程晋芳出生，同里亲友金兆燕出生；孔尚任死。

康熙六十一年（1722）

吴敬梓二十二岁，参加安庆乡试，未第。

是年末，康熙帝第四子胤禛在太和殿即皇帝位，历史上称雍正帝。随后，他祭告天地、宗庙、社稷，布告天下，以明年为雍正元年。

雍正元年（1723）

吴敬梓二十三岁。

是年元月一日，雍正帝连续颁发了十一道训谕，对文武百官提出了明确的要求（内容如第二章 10 节所引），反映了雍正帝整顿吏治的决心。是年，嗣父被罢免官职，并于当年病故。

雍正三年（1725）

吴敬梓二十五岁，备考博学鸿词科。

是年十二月十一日，刑部等衙门罗列年羹尧九十二大罪状，要求处以极刑。

蒋士铨生。

雍正七年（1729）

吴敬梓二十九岁，乡试受挫，以"文章大好人大怪"名落孙山。

雍正八年（1730）

吴敬梓三十岁,流落为南京秦淮寓客，写下《除夕感怀数首》,

在既没安家又没立业的迷茫中赋诗发"不婚不宦"之语。

是年八月十九日巳刻，京师（今北京）发生了强烈的地震。震前忽然狂风暴雨大起，接着发生地震，掀动了桌椅，打碎了器皿。民房、皇宫、圆明园、畅春园均有损坏，太和殿的一角也倾颓了。地震造成二万多人死亡。雍正皇帝躲到了船上，随后又住进了临时搭起的帐篷，没敢回宫理政。

是年秋，吴敬梓与忘年棋友、乡医叶草窗的女儿叶惠儿成婚。

雍正九年（1731）

吴敬梓三十一岁，家族纠纷升级，开始变卖全椒的房屋和田产，移家南京秦淮水亭，写下《移家赋》。

是年清政府战事频繁，如诺尔布叛清，清政府决定对准噶尔部用兵等。

安徽桐城派重要作家姚鼐出生。

雍正十一年（1733）

吴敬梓三十三岁，移家南京两年多，结交诸多江淮学者、文人如程廷祚、王溯山等。

是年，清廷下令各省均设置书院，供士人考科举之用。

雍正十二年（1734）

吴敬梓三十四岁，开始厌恶科举考试。

是年，古州苗民哗变，雍正帝命贵州提督哈元生为扬威将军，湖广提督董芳、杨凯为副将军，调云南、湖广、广东、广西之兵往援进剿，要求他们"痛加剿除，务心根除，不遗后患"。后吴敬梓结识杨凯将军。

雍正十三年（1735）

吴敬梓三十五岁，在秦淮水亭屡聚友人，纵论诗文，愈加厌恶科考。

是年，雍正帝暴死，弘历即皇帝位。九月初三日，弘历御太和殿，祗告天地、宗庙、社稷，布告天下，以明年为乾隆元年。弘历即人们所称乾隆帝。

是时政府诏令内外大臣荐举"博学鸿词"的学者。

乾隆元年（1736）

吴敬梓三十六岁。

是年三月，安徽巡抚赵国麟行文到全椒，将正式荐举他入京应博学鸿词的考试，先生以病为由三拒荐考，且自此不应乡举。

九月，乾隆帝在保和殿御试博学鸿词一百七十六人，取中刘纶等十五人，分别授于翰林院编修、检讨、庶吉士等官。

乾隆二年（1737）

吴敬梓三十七岁。

四月，海宁石塘工竣。该石塘在浙江海宁城南，长五百丈，密签长桩，平铺巨石，灌以米汁、灰浆，扣以铁钉、铁锔，十分坚固。时吴敬梓在杭州游历。

是年，纪昀生。

乾隆三年（1738）

吴敬梓三十八岁，发誓不习八股。

是年四月，乾隆帝以各省学田银粮，原为给散各学廪生贫生所用，但为数无多，或遇歉年，贫生不能自给，难免饥馁；而伊等身列胶庠，不便与贫民一例散赈。遂决定嗣后凡遇地方放赈时，该督抚、学政令教官开列贫生名籍，送地方官核实详报，按人数多少，均匀分给。

是年大学士嵇鲁筠病逝；章学诚、任大椿生。

乾隆四年（1739）

吴敬梓三十九岁，《文木山房集》编到这一年为止。是年先生开始创作稗史。

乾隆五年（1740）

吴敬梓四十岁，生活屡遭困顿，日见艰窘，创作长篇稗史的决心却愈坚。

是年赵翼生。

乾隆六年（1741）

吴敬梓四十一岁，彻底放弃乡试，自此没再出现在科举考场。

是年七月，山西学政喀尔钦因贿卖生员，被即行正法。先是三月初八日，山西巡抚喀尔吉善疏参山西学政喀尔钦，贿卖文武生员，赃证昭彰，并买有夫之妇为妾，声名狼藉，廉耻荡然，请旨革职。乾隆帝谕著革职，其败检淫泆等情，命侍郎杨嗣璟前往山西，会同该抚严审定拟具奏。五月十七日，以喀尔钦罪已被审实，将其家产查抄入官，本人拿解来京。七月初二日，刑部议奏，将革职学政喀尔钦拟斩立决。乾隆帝谕令解部，即行正法。

是年大学士徐元梦死，惠士奇死。

是年吴敬梓堂兄吴檠中举人。

乾隆七年（1742）

吴敬梓四十二岁，消渴病症在稗史写作中加剧。

是年入夏，南方多雨，山水暴发，黄淮交涨，湖水漫溢，河道决口，致使江苏、安徽、湖南、湖北、贵州、江西、浙江、山东等省均有受灾地区。其中江苏、安徽两省水灾尤为严重。安徽凤阳、颖州、泗州所属十九州县，因淮河水发，田园庐舍被淹，夏麦、秋禾无收。江苏徐州、海州、淮安、扬州四府所属二十九州县，因黄河异涨、洪泽湖漫溢、堤坝冲决，毁民居数万间，人畜死亡难计。淮北盐场、荡地、盐池尽被水淹，灶户停扫。扬州一带中产之家至极贫之户，俱都流离四散惨苦万状。两省灾民有数百万之多。乾隆帝闻报，指示两省督抚，不拘常例，竭力拯救。

乾隆九年（1744）

吴敬梓四十四岁。

是年，圆明三园基本建成，占地面积为三百四十七公顷。

是年钱培、汪中出生。

乾隆十年（1745）

吴敬梓四十五岁，生活和身体状况更加艰窘，稗史创作遇困。

是年，先生堂兄吴檠中进士。

大学士鄂尔泰死。

乾隆十一年（1746）

吴敬梓四十六岁。

《九宫大成南北词宫谱》编成。该书由周祥钰等撰，八十二卷。收集南北曲二千零九十四个曲牌，连同变体共四千四百六十六个曲调，尚有北曲套曲一百八十五套，南北合套三十六套。汇集唐、宋、元、明、清诸宫调及曲调，较为详备。

是年洪亮吉生。

乾隆十四年（1749）

吴敬梓四十九岁。《儒林外史》创作接近尾声。

是年方苞去世。方苞，号望溪，安徽桐城人。康熙四十五年
（1706）进士，因为给戴名世《南山集》作序，案发受牵连入狱，
不久免罪入旗。因文学有名望，受大学士李光荐举，召入直南书
房。命充武英殿修书总裁。雍正帝即位，赦方苞及其族人出旗归
原籍。后迁内阁学士，命教习庶吉士，充《一统志》总裁、《皇
清文颖》副总裁。乾隆元年（1736），充《三礼义疏》副总裁。
升礼部侍郎。方苞一生致力于古文复兴运动，为清代散文桐城派
的创始人。他主张为文要"通经明理"，讲究"义法"，强调内容
与形式的统一，提出"义以为经，而法纬之，然后为成体之文"，
建立起桐城派的文论基础。这对纠正南宋以来空疏芜杂的文风有
一定积极作用。但他受程、宋理学影响很深，要求文章内容必须
"阐道翼教，有关人伦风化"，语言上一味追求淳厚古朴，轻视
诗词、歌赋、小说、戏曲等文学形式，又使散文的发展受到严格
的限制。他著有《方望溪先生全集》，多为经说、书序及碑传之
属。也有一些寓意深刻、语言简洁的文章，如《狱中杂记》《左
忠毅公逸事》等，都是清代散文中的优秀作品。

是年黄景仁生。

乾隆十五年（1750）

吴敬梓五十岁，《儒林外史》已完稿，待刻。

是年，李绂因病去世。李绂，字巨来，号穆堂，江西临川人。家
贫好学，博闻强记，读书过目成诵。康熙四十八年（1709）进士，
改庶吉士，散馆授编修，累迁至左副都御史。乾隆元年（1736），
为户部侍郎，方开博学鸿词科，李绂所举已众，又嘱别官代荐所

知者。乾隆帝责其妄举，降为詹事。后迁内阁学士。李绂一生治学，学术宗陆九渊，经济取王安石，文章取欧阳修、曾巩，于经史有根底，议论有见地。他反对空谈心性，主张躬行实践，注重匡时济世。所著有《穆堂类稿》、《别稿》、《陆子学谱》、《宋子晚年全论》等。

是年金铎死。

乾隆十六年（1751）

吴敬梓五十一岁，于贫病之中奔跑《儒林外史》刊刻之事。

是年，乾隆帝南巡，吴敬梓之子吴烺迎銮，召试奏赋，赐举人，授内阁中书。后来吴烺官至宁夏府同知，署过一回知府，因病告归，著有《周静算经图注》，乾隆戊子刊成。

乾隆十七年（1752）

吴敬梓五十二岁。

是年八月，顺天乡试，主考房官入帘时，在内帘监试御史蔡时田行李内搜出关节二纸，外帘监试御史曹秀先辨认，系其侄举人曹咏祖笔迹。乾隆帝以为即位以来，留意整饬，应当诸弊尽除，人知畏法，不料尚有憨不畏死，藐法行私，潜通关节者，实出情理之外。蔡时田身为御史，以监试为职，竟然受带关节，尤属不法，实在可恶。命将蔡时田革职，曹咏祖革去举人，曹秀先解任；案内有名人犯交在京总理事务王大臣会同刑部严加刑讯，切实审拟定罪。十四日，和硕履亲王允裪等复奏；将蔡时田严刑鞫讯，据供所带关节二纸，原拟入帘时，遇有相识之人，相机转托，并非实有其人，质问曹咏祖，所供相同。于是，以"蔡时田身为御史，奉命监试，反倒收受关节，串通嘱托；曹咏祖奔竞夤缘，藐法营私，情罪俱为重大"，二人均被处以斩刑。

乾隆十九年（1754）

吴敬梓五十四岁，猝死扬州一小客栈，安葬于南京清凉山下。

乾隆三十一年（1766）

金兆燕省试中了进士，官任扬州府学教授，才得以通过一个小刻印社，将吴敬梓的遗作《儒林外史》刊刻于世。这个刻本至今已失传，但它却是《儒林外史》的最早刻本。

嘉庆八年（1803）

卧闲草堂刊刻社才根据金兆燕通过民间小刊刻社的草考本将《儒林外史》正式刊行。是时吴敬梓逝世已约五十年。

（根据胡适先生《吴敬梓年谱》、陈美林《吴敬梓评传》及《吴敬梓集系年校注》整理）

附录二　参考文献

1. 《儒林外史》，吴敬梓，上海古籍出版社。

2. 《文木山房集》，吴敬梓，古典文学出版社。

3. 《吴敬梓集系年校注》，中华书局。

4. 鲁迅《中国小说史略》等。

5. 胡适《吴敬梓传》等。

6. 《儒林外史新叙》，陈独秀，上海亚东图书馆。

7. 《〈儒林外史〉资料汇编》，南开大学出版社。

8. 《〈儒林外史〉研究资料》，李汉秋主编，上海古籍出版社。

9. 《吴敬梓与〈儒林外史〉》，吉林文史出版社，中国文化知识读本。

10. 《儒林外史与中国士文化》，胡益民、周月亮，安徽大学出版社。

11. 《吴敬梓评传》，陈美林，南京大学出版社。

12. 《吴敬梓传》，陈汝衡，上海文艺出版社。

13. 《文木乡音》，吴敬梓纪念馆编印。

14.《吴敬梓之悲欢沉浮录》，金厚钧，作家出版社。

15.《南谯民间故事》，贲明广，三秦出版社，安徽民间故事集成滁州卷南谯分册。

16.《滁州历史文化遗存》，安徽人民出版社。

17.《中国历代著名文学家评传》（第五卷），山东教育出版社。

18.《安徽历代著作家小传》，南京大学出版社。

19.《明清小说研究》，于天池，北京师范大出版社。

20.《吴敬梓诞辰 310 周年纪念文集》，全椒县委、县政府、全椒县文联编。

21. 魏光奇《清代科举制度概述》等文章。

2013 年夏初稿于苏家屯区大沟乡臧双村

2013 年秋定稿于沈阳，洮昌花园听雪书屋

第一辑已出版书目	1	《逍遥游——庄子传》 王充闾 著
	2	《书圣之道——王羲之传》 王兆军 著
	3	《千秋词主——李煜传》 郭启宏 著
	4	《草泽英雄梦——施耐庵传》 浦玉生 著
	5	《戏看人间——李渔传》 杜书瀛 著
	6	《心同山河——顾炎武传》 陈 益 著
	7	《孤独的绝唱——八大山人传》 陈世旭 著
	8	《泣血红楼——曹雪芹传》 周汝昌 著
	9	《旷代大儒——纪晓岚传》 何香久 著
	10	《烂漫饮冰子——梁启超传》 徐 刚 著
第二辑出版书目	11	《忠魂正气——颜真卿传》 权海帆 著
	12	《花红别样——杨万里传》 聂 冷 著
	13	《感天动地——关汉卿传》 乔忠延 著
	14	《西风瘦马——马致远传》 陈计中 著
	15	《此心光明——王阳明传》 杨东标 著
	16	《梦回汉唐——李梦阳传》 泥马度 著
	17	《天崩地解——黄宗羲传》 李洁非 著
	18	《幻由人生——蒲松龄传》 马瑞芳 著
	19	《儒林怪杰——吴敬梓传》 刘兆林 著
	20	《史志巨擘——章学诚传》 王作光 著

图书在版编目（CIP）数据

儒林怪杰：吴敬梓传 / 刘兆林 著. -- 北京：作家出版社，2014.7

（中国历史文化名人传丛书）

ISBN 978-7-5063-7157-5

Ⅰ. ①儒… Ⅱ. ①刘… Ⅲ. ①吴敬梓（1701～1754）- 传记 Ⅳ. ①K825.6

中国版本图书馆CIP数据核字（2013）第247460号

儒林怪杰——吴敬梓传

作　　者：刘兆林
责任编辑：田小爽
书籍设计：刘晓翔＋韩湛宁
责任印制：李卫东　李大庆
出版发行：作家出版社
社　　址：北京农展馆南里10号　　　　邮　　编：100125
电话传真：86-10-65930756（出版发行部）
　　　　　86-10-65004079（总编室）
　　　　　86-10-65015116（邮购部）
E-mail:zuojia@zuojia.net.cn
http://www.haozuojia.com（作家在线）
印　　刷：北京汇林印务有限公司
成品尺寸：152×230
字　　数：230千
印　　张：17.5
版　　次：2014年7月第1版
印　　次：2014年7月第1次印刷
ISBN 978-7-5063-7157-5
定　　价：60.00元（精）